災害対応の地域研究②

災害復興で内戦を乗り越える

スマトラ島沖地震・津波とアチェ紛争

西 芳実 著

京都大学学術出版会

津波で内戦が終わった

二〇〇四年一二月二六日、スマトラ島沖でマグニチュード九・一の地震が発生した。大津波がインド洋沿岸諸国を襲い、一四か国で二二万人に上る犠牲者を出した。なかでもインドネシアのアチェ州は、死者・行方不明者が一七万三〇〇〇人に及ぶ大きな被害を受けた。

アチェでは一九七〇年代からインドネシアからの分離独立を掲げる独立派ゲリラとインドネシア国軍の間で内戦が続いていた。津波が襲ったのは、政府がアチェ州に戒厳令を敷いて独立派ゲリラの掃討作戦を展開し、内戦の緊張が最高潮に達していた状況下だった。

上）学生デモ隊を排除するためにバンダアチェ市内に展開する治安当局（1999年3月）。

中）紛争が激化する中、放火により焼失した商店街。火をつけたのが誰なのかは明らかになっていない（1999年6月）。

下）津波でアチェ州の州都バンダアチェ市は市街地の三分の一が全壊し、人口の五分の一を失った。

支援団体ごとにデザインが異なる復興住宅。モスク（中央後方）や津波避難棟（左奥）も見える。

国際支援の「実験場」となったアチェ

アチェの津波被災地支援のため、世界五四か国の五〇〇を超える団体から二万人以上の支援者がアチェを訪れた。規模や目的が異なるさまざまな支援者の活動を調整するため、被災地の中心であるバンダアチェ市に大統領直属のアチェ・ニアス復興再建庁（ＢＲＲ）が設置され、国外からの支援者たちは、国内各地からアチェを訪れた約二万人のボランティアとともに、復興再建庁の調整のもとで緊急支援や住宅再建、生業回復などの支援活動を行った。

支援者たちはそれぞれの社会で最先端である考え方や物資を持ち込んだ。支援団体ごとにデザインが異なる復興住宅、平等性や透明性を重視した生業支援プログラム、最先端の技術や知識を利用した防災教育や避難訓練といった多彩な支援事業が展開するさまは、さながら復興支援の見本市の様相を呈していた。

右）住民はグループをつくり支援を受けた（第３章参照）。
下）仮設住宅の一角に整理整頓された食用油、ビタミン剤、食器、調理器具などの支援物資。よく見るとそれぞれの支援団体のロゴが付されている。

弔いのなかに生きる

物質面や制度面を中心とする社会全体の復興が進んでいく一方で、亡くなった人々をどう弔うかを含め、心や暮らしの復興は一人一人異なって進んでいく。社会全体の復興と個人の復興のあいだに生じるずれに一人一人が折り合いをつけ、残された者として生を歩もうとしている。

上）集団埋葬地で津波により生き別れた子に祈りを捧げる女性。

右）約１万5000人が埋葬されたムラクサ集団埋葬地。墓標はなく、埋葬場所には立ち入りが禁じられている。人々は脇の通路に座ってそれぞれの祈りを捧げている（第５章参照）。

また、社会として被災と復興の経験を受け止め、それを人類社会全体の経験として世界のほかの地域の人々や次世代に伝えるため、バンダアチェの街全体を津波災害の追悼の中心地にするとともに、津波災害の研究と教育の発信地にしようとする取り組みが進められている。

右）津波で内陸に運ばれた発電船とその周囲の土地を利用して開設された津波教育公園（第７章参照）。

下）遺体の回収作業を行ったインドネシア赤十字が保管している住民登録証。遺体の多くは家族と対面しないまま集団埋葬地に埋葬された。遺族は住民登録証だけ回収され、本人はどこかで生き延びている可能性に一縷の望みをかけ、住民登録証の写真を切り取り尋ね人欄に広告を出した（第１章、第５章参照）。

衣食住と教育——女性たちの復興

世界各地から訪れる支援者をもてなし、被災者たちを日々の活動に向かわせる原動力となったのは、自身も被災者であるアチェの女たちの日常の営みだった。

インドネシアでの会議に欠かせないお茶菓子を用意し、津波後に増えた会議に味を添えた。被災後にいち早く幼稚園をつくって子どもたちの教育とトラウマケアを担い、小中学校では防災教育を支えた。色とりどりのヘルメットでバイクに跨り、避難所、市場、学校、役場と各所を飛び回る女たちは組織を越えて人々を結びつけた（第4章・第9章参照）。

八百屋。毎日の買い物の場は情報交換の場でもある

協力してお茶菓子を準備する

右）会議の受付ではにっこり微笑んで資料とお茶菓子を渡すおもてなし
下）同僚を失い、自身も被災しながら子どもの教育に取り組む教員たち

「災害対応の地域研究」シリーズの刊行にあたって

山本　博之

東日本大震災と福島原発事故が発生した二〇一一年、日本社会は大きな変容を迎えた。震災と原発事故からの復興への長い過程が始まったことだけではない。「正しさ」に対する信頼が大きく揺らいだためである。

高さ一〇メートルに及ぶ頑丈な防潮堤が津波で破壊されることや、中東諸国で「民主化」運動が起こって長期政権が倒されることは、各分野の専門家にとっても想定外のことだった。私たちは自然現象でも社会現象でも想定外の事態が生じうることを改めて思い知らされた。また、震災と原発事故への対応を通じて既存の権威への信頼が崩れ、政府、マスコミ、学者、大企業などが発表する情報は常に信用できるわけではないという認識が広まった。現実社会の諸問題に対して誰もが納得する正解はもはやどこにも存在せず、私たちはどの選択肢にもリスクがあることを承知した上で自己の責任で一つ一つ決断していかなければならない状況に置かれている。そこでは、宗教や国家・民族といった古くからある規範も、科学技術のような客観性と合理性に重きを置く立場も、さらには個人的な信念や妄想までもが対等に扱われ、議論を通じて立場の違いが解消されることはほとんど期待できない。しかも、社会が深刻な亀裂を抱えているだけでなく、その亀裂ゆえに今の社会を次の世代に渡せるかどうかも危ぶまれている。

これは日本国内に限った問題ではない。今日では世界から孤立して生きていくことは不可能だが、だからといってボーダーレスでフラットなグローバル人になれば幸せになれるという考え方にも現実味は感じられない。世界は繋がっているため、自分だけよい生き方をしようと努力しても幸せが得られるとは限らない。場の成員の出入りが激しく、考え方が互いに異なる人が常に隣り合わせに存在する世界で、何が正解なのか誰にもわからないまま、私たちは生活の場を築き、発展させていく術が求められている。

世界は災いに満ちている。しかし、逆説的だが、災いのなかにこそ、今日の世界が抱える問題を解消する可能性が秘められている。その意味で、二〇〇四年は日本社会にとって大きな変化を迎えた年として記憶されることだろう。自分たちの生活を守る上で国が頼りになるとは思えないが、そうかといって国にかわる現実的な選択肢も見当たらないという思いが、従来に増して強く印象付けられたのがこの年だった。その思いは、今世紀に入って米国同時多発テロや小泉純一郎による「構造改革路線」およびそれに伴う「格差社会」意識の浸透によって感じられはじめ、二〇〇四年になって年金未納問題や「自己責任」論などの登場により、国は何もしてくれないことがもはや仮説ではなく前提となった。その一方で、災害発生時のボランティアによる救援・復興支援に見られるように、国によらない人々の助け合いの輪は確かなものとなり、国境を越えた人と人との繋がりもいっそう現実味を増している。一九九五年の阪神淡路大震災で見られた被災地でのボランティア活動は二〇〇四年一〇月の中越地震ですっかり定着し、さらに同年一二月のスマトラ島沖地震・津波では海外の被災地に対しても多くの支援の手が差し伸べられた。東日本大震災では国内各地からのボランティア活動に加え、外国からも多くの支援が寄せられた。想定外の、いつ起こるともしれない災害に備えるためにも、そして起こってしまった災害を契機とする繋がりをより豊かなものにするためにも、二〇〇四年から一〇年を迎える今、救援・復興、防災・減災を含めた災害対応の全体を社会的な面に注目して捉え直すときが来ている。

災害は、特殊な出来事ではなく、日常生活の延長上の出来事である。私たちが暮らす社会はさまざまな潜在的な課題を抱えている。災害とは、物を壊し秩序を乱すことでそれらの課題を人々の目の前に露わにするものであり、社会の中で最も弱い部分に最も大きな被害をもたらす。災害で壊れたものを直し、失われたものの代用品を与えることで被災前に戻そうとすれば、社会が被災前に抱えていた課題も未解決の状態に戻すことになってしまう。災害への対応は、もとに戻すのではなく、被災を契機によりよい社会を作り出す創造的な復興でなければならない。災害時の緊急対応の現場はさまざまな専門家が集まる協働の場である。その機会をうまく捉えて創造的な復興に取り組むには、被災前からの課題を知り、それにどう働きかければよいかを理解する「地域研究」の視点が不可欠である。

復興には、街並みや産業、住居などの「大文字の復興」と、一人一人の暮らしや心理面を含む「小文字の復興」の二つがある。大文字の復興は目に見えやすく、達成度を数で数えやすいのに対し、小文字の復興は目に見えにくく、数えにくい。そして、大文字の復興と小文字の復興は必ず進み方にずれがあり、多くの場合、大文字の復興が先行して小文字の復興はその後を追う。小文字の復興は人によって長い時間がかかり、内容も個人差が大きいため、外から見てわからなくても内面で問題を抱え続けていることもある。災いを通じて人と人とが繋がるためには、目に見えにくく、数えにくい一人一人の復興の様子を読み解く力が求められる。

日本社会は今後、東日本大震災と原発事故からの復興に加え、他の災害や戦争を含む過去の出来事をどう捉えてそれにどう臨むのかを含めて、何重もの「復興」に取り組んでいくことになる。しかも、その「復興」は日本社会のなかだけで考えて済ませることはできない。本シリーズでは、世界にこれまでにどのような災いがあり、それに巻き込まれた人々がどのような経験をしてきたかを、被災直後・被災地だけではない時間と空間の広がりの中において捉えている。

災害対応は一部の専門家に任せるだけでは完結しない。協働の輪の欠けた部分を繋ぐのは、社会のそれぞれの立場でそれぞれの専門や関心を持つ私たち一人一人である。災害対応の現場で何が起こっているかを知り、それをどう捉えるかを考える手がかりを示すことで、協働がより豊かになることを期待して、ここに「災害対応の地域研究」シリーズを刊行する。

災害復興で内戦を乗り越える——スマトラ島沖地震・津波とアチェ紛争

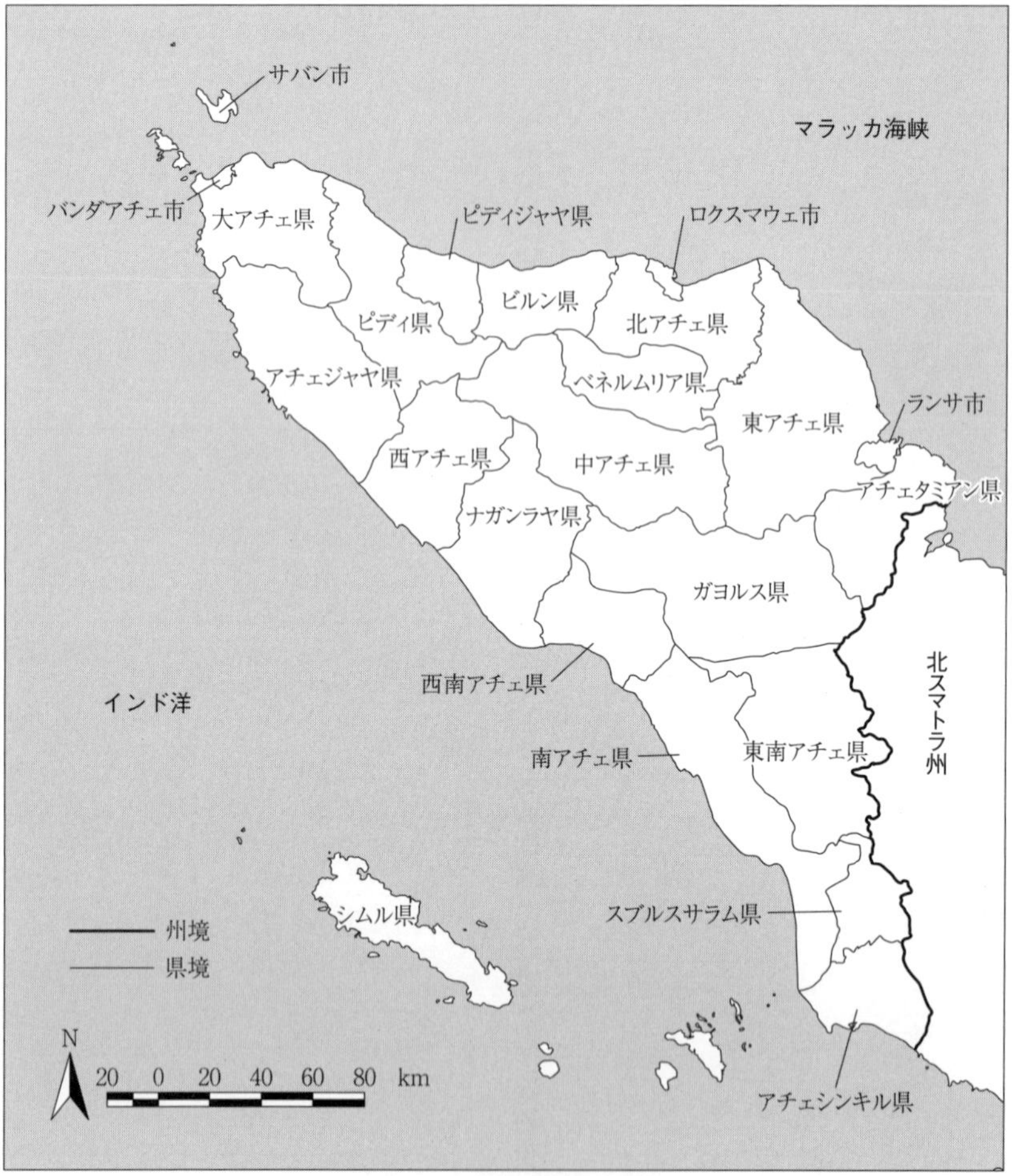

ピディジャヤ県、スブルスサラム県は2007年にそれぞれピディ県、アチェシンキル県から分立した。

アチェ州（県市別）

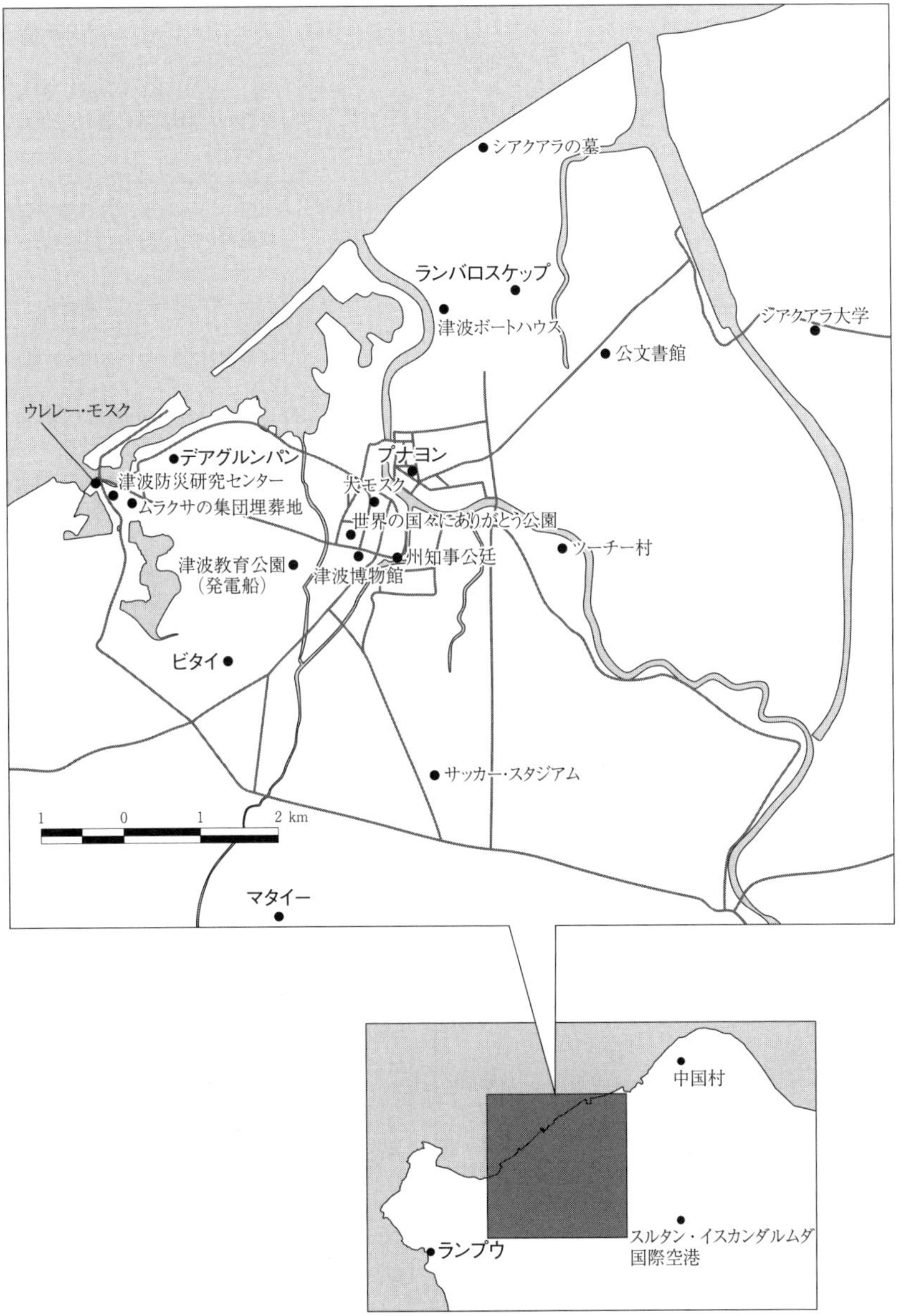

バンダアチェ市とその周辺

アチェ災害・紛争復興関連年表

年	事項
13世紀末	アチェ北海岸部の王国がイスラム化してサムドゥラパサイ王国になる（1520年にアチェ王国に統合される）
16世紀初め〜	アチェ王国が勢力を拡大、17世紀前半のイスカンダルムダの時代に全盛期を迎える
1873年	オランダによるアチェの植民地化に抵抗するアチェ戦争（〜1912年）、これによりアチェ王国はオランダ領東インドの一部に
1942〜45年	日本軍政期
1945〜49年	インドネシア独立戦争
1950年	インドネシア共和国独立、アチェは北スマトラ州の一部に
1953年	アチェでダルル・イスラム運動（イスラム共和国建設運動）始まる（〜1962年）。この間にアチェが州になり（1957年）、さらに特別州に（1959年）
1976年12月	ハサン・ティロがスマトラ・アチェ国の独立を宣言、自由アチェ運動（GAM）によるアチェ分離独立運動が始まる
1989年	アチェ州北部3県でインドネシア国軍が軍事作戦を実施（〜1998年8月）
1998年5月	インドネシア政変、スハルト大統領が退陣し、30年以上続いたスハルト体制が終わる
1999年11月	アチェの分離独立の賛否を問う住民投票の実施を要求する住民大集会（バンダアチェ）
2000年5月	国際NGOの仲介によりインドネシア政府とGAMが戦闘一時休止合意を結ぶ
2001年4月	インドネシア政府、GAM掃討作戦を実施
8月	アチェ州特別自治法（2001年第18号法律）施行、州名をナングロ・アチェ・ダルサラーム州に変更
2002年12月	インドネシア政府とGAMがジュネーヴで「敵対行為の停止」合意を結ぶ
2003年5月	インドネシア政府、アチェ州に戒厳令を布告（2003年第28号大統領令）、GAM掃討作戦を実施
2004年5月	インドネシア政府、戒厳令を民政非常事態に格下げ（2004年第43号大統領令）
7月	大統領選挙、インドネシア初の国民直接投票によりスシロ・バンバン・ユドヨノが大統領に選出される
12月	26日、スマトラ島沖地震・津波発生、アチェ州と北スマトラ州ニアス島に甚大な被害
2005年1月	インドネシア政府とGAMが和平交渉を再開
2月	15日、仮設住宅への入居開始、公務員はこの日より職場復帰
3月	26日、インドネシア政府、緊急支援期間終了を宣言。28日、ニアス島沖地震（マグニチュード8.6、死者1,346人）
4月	30日、アチェ・ニアス復興再建庁（BRR）発足（2005年第63号大統領決定）
5月	18日、アチェ州の民政非常事態が解除される（2005年第38号大統領決定）
8月	15日、インドネシア政府とGAMがヘルシンキで和平合意文書に署名。30日、アチェ政治犯に恩赦 復興住宅への入居が始まる
9月	15日、和平合意の遂行監視のためEUとASEAN加盟5か国からなるアチェ監視団（AMM）を設置
12月	26日、集団埋葬地で津波被災一周年追悼記念式典。27日、GAMが武装解除。29日、インドネシア国軍のアチェ州への増派部隊の撤退完了。 バンダアチェ市内の復興住宅・仏陀ツーチー村への入居開始
2006年1月	アチェとマレーシアを結ぶフェリー航路再開
8月	アチェ州の自治を定めたアチェ統治法（2006年第11号法律）が施行される
10月	シアクアラ大学に津波防災研究センター（TDMRC）が設置される
12月	アチェで住民の直接投票による地方首長選挙が実施され、イルワンディ州知事が選出される
2007年2月	第1回アチェ・インド洋研究国際会議（ICAIOS）がバンダアチェで開催される
6月	災害対策基本法施行（2008年、国家災害対策庁（BNPB）が発足）
11月	イスカンダルムダ空港にエア・アジアが就航、国際便の発着が増加
2008年4月	発電船を含む地区が津波教育公園として開園
10月	ハサン・ティロが亡命先のスウェーデンからアチェに帰郷
12月	バンダアチェのブランパダン広場に「世界の国々にありがとう」公園が開園
2009年2月	アチェ津波博物館が完成（開館は2011年4月）
4月	州議会選挙でアチェ党（2007年設立）が第一党に。アチェ・ニアス復興再建庁が解散。
2010年6月	ハサン・ティロ、バンダアチェで死去
2011年9月	西南海岸部の道路が開通（2013年1月にはバンダアチェ＝ムラボ間が車で3時間半に）。 シアクアラ大学に大学院防災学研究科が設置される
2012年4月	地方首長選挙でザイニ・アブドゥラ（アチェ党）が州知事に選出される 11日、アチェ州西南海岸沖を震源とするアチェ地震（マグニチュード8.6、死者10人）が発生
2013年7月	2日、アチェ州内陸部を震源とするガヨ地震（マグニチュード6.1、死者43人）が発生

目次

はじめに

「津波で何もかも失ったのに、アチェの人たちはなぜみんな笑顔なんですか。」

これは、スマトラ島沖地震・津波（インド洋津波）で村によっては住民の約九割が亡くなったインドネシアのアチェ州で、災害直後に現地入りして報道や人道支援に従事した人たちからしばしば尋ねられた問いである。

二〇〇四年一二月二六日、スマトラ島北部の西海岸沖でマグニチュード九・一の大地震が発生し、それに伴う巨大津波がインド洋沿岸の地域を襲った。海辺のリゾート地に滞在していた欧米や日本の観光客も被災し、津波の映像がテレビ・ニュースで繰り返し配信されたこともあって、世界中の高い関心を集め、国連が「史上最大の支援作戦」と銘打った大規模な救援復興活動が開始された。

被害の範囲はインド洋沿岸の一四か国におよび、死者・行方不明者は二二万人に上った。国別に見て被害が最も大きかったのはインドネシアだった。スマトラ島の北西端にあって震源に最も近かったアチェ州は、海岸部に社会的インフラの多くが集中していたこともあって大きな被害を受け、死者・行方不明者は約一七万三千人、避難民は約四四万人に達した（インドネシア国家災害情報データベース調べ）。アチェ州の面積は約五万八〇〇〇平方キロメートルで、被災前の人口は約四二〇万人だった。日本の東北六県とほぼ同じ広がりを持つ土地に東北六県のほぼ半分の人口が住んでおり、東日本大震災の犠牲者数の九倍近い人々が犠牲になったと言えば、想像を絶する規模の被害がいくらかでも想像できるだろうか。

津波被災後または紛争下のアチェにて撮影

図1　バンダアチェの被害の様子。海岸から4kmの地点にある市中心部の大モスクがみえる（2005年2月）

アチェ州[*1]の内陸部は山脈が走り、人々は主に沿岸部で農業や漁業や商業に従事していたため、長い海岸線に沿って被害が出た。特に大きな被害が出たのはインド洋側の西海岸と、スマトラ島北端で政治・経済・文化の中心であり人口も集中していた州都バンダアチェ市周辺部だった。バンダアチェ市は、市街地の三分の一が全壊、三分の一が浸水する被害を受け、人口の五分の一を失い、州政府は機能不全に陥った（図1）。

マラッカ海峡に面する北海岸側では、他地域に比べて被害の規模は軽微だったが、スマトラ島をまわりこんできた津波の被害を受け、住宅が壊れたり漁船が流されたり水田が塩水をかぶったりするなどの被害を受けた。

これほど大きな被害を受けたアチェは世界中の関心を集め、報道や人道支援の専門家がいち早く現地入りした。そして、現地の惨状を目の当たりにした人たちに強く印象に残ったのが被災したアチェの人々の笑顔だった。アジア各地で人々の生きざまを撮り続けているある日本人カメラマンは、被災者の打ちひしがれた様子を撮影するつもりでバンダアチェに赴いたところ「思いのほか明るい表情に驚いた」とテレビ局の取材に答えてい

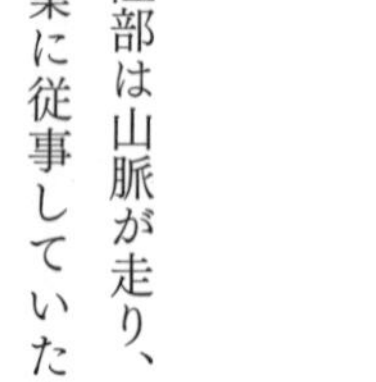

図2　「津波縁日」の様子（2005年12月）

る。[2] 紛争地での長い調査経験を有するある研究者は、津波後のアチェの人々の表情について「多くの紛争地の犠牲者の表情と異なっている。自然災害の被災地の人々の表情は明るい」とコメントした。[3] また、津波で妻や夫を亡くしたアチェの人々が避難民キャンプで生活している間に次々と再婚したことも人々を驚かせた。

アチェの人々の様子に対する違和感は、その後の復興過程でも繰り返し語られた。津波から一年目を迎えた二〇〇五年一二月二六日には、海岸近くにあって津波の直撃を受けたが倒壊を免れたモスクがお化粧直しで白く塗り直され、そのまわりに「津波縁日」が立った。被害の様子を描いたＴシャツやカレンダーを売る屋台が出て、訪れた人々は友達と相談しながらどの絵柄にしようか悩んでいた（図2）。縁日の一画には人々が津波に飲み込まれている阿鼻叫喚が描かれた大きな

---

*1　アチェ州の名称はアチェ特別州（Daerah Istimewa Aceh、一九五九〜二〇〇一年）、ナングロ・アチェ・ダルサラーム州（Nanggroe Aceh Darussalam、二〇〇一〜二〇〇九年）、アチェ州（二〇〇九年〜現在）と移り変わってきたが、本書では時期にかかわらずアチェ州とする。

*2　「津波一年　子供たちは今〜大石芳野　被災地を撮る〜」（ＮＨＫ「クローズアップ現代」二〇〇六年一月一七日放送）。

*3　二〇〇八年四月から七月まで開講された東京大学東アジア・リベラルアーツ・イニシアティブによるテーマ講義「アジアの自然災害と人間の付き合い方」（担当教員：小河正基・加藤照之）の中で、第一一回目の講義「災害とジェンダー問題」を担当した中西久枝氏による。

図3　遺体を運ぶトラック（2005年2月）

絵が掲げられ、その前で記念写真を撮らせるサービスも見られた。[*4] 津波からわずか一年しか経っておらず、仮設住宅で寝泊りしている人がまだ何万人もいる状態で、アチェの人々がまるで津波が他人事であったかのように明るい姿を見せていた。

この印象は、二〇〇六年五月に同じインドネシアでジャワ地震が発生し、ジャワの被災者と比べられたことでいっそう強められた。支援団体による住宅再建事業に対し、ジャワの人々は自分たちも相互扶助によって労働を提供し、支援者に感謝の意を忘れないのに対し、アチェの被災者たちは人を雇い、しかも支援者に注文をつけるといった具合である。国連ハビタットがアチェで製作した映画『象の間で戯れる』[*5]（Playing between Elephants）でも、支援団体の意向どおりに動かないばかりか、支援団体にさまざまな注文をつけ、時に支援団体の足元を見透かしたような交渉を行うアチェの人々とそれへの対応に苦労する支援団体の様子が描かれている。

ただし、津波から生き残ったアチェの人々が未曾有の災厄をすっかり忘れて新しい人生を歩んでいたわけではない。それは、たとえば、アチェ州の村々の墓地で遺体の再埋葬が行われたことにうかがえる。

津波直後の緊急対応の時期、津波で街じゅうに押し寄せた瓦礫を取り除き、瓦礫に埋もれていた遺体を回収して埋葬することが急務だった。数万体の遺体の身元を一人一人確認して埋葬している余裕はなく、遺体の多くはビニールシートに簡単に包まれ、トラックに積まれて市内一〇か所の埋葬地に運ばれ、広場に掘られた大きな穴に乱雑に埋められていった。被災直後の混乱の中、熱帯で遺体の腐敗が進む状況では、正式な埋葬とは言えないような埋葬の仕方であっても、それが残された人々に精一杯できる弔い方だった[*6]（図3）。

復興がやや落ち着いてきた頃、被災直後に運よく家族や親戚の遺体を見つけることができ、しかし正式に埋葬する余裕がなかったために集団埋葬地や近くの空き地に仮埋葬せざるを得なかった人たちが、遺体を掘り起こし、自分たちの村の墓地に正式に埋葬する姿がしばしば見られた。津波から二年が過ぎた頃から、アチェ州の各地で村の墓地に二〇〇四年一二月二六日没と刻まれた新しい墓碑がたくさん立つようになった。二年以上も経ってから遺体を掘り起こし、自分の村の墓地まで運んで再埋葬する姿に、亡くなった人たちを弔おうとするアチェの人々の執念が感じられた。

被災直後に見せた笑顔と、被災から二年も経ってから遺体を掘り返し再埋葬する執念。この二つはどうすればうまく結びつくのか。その裏には、アチェの人々の静かだが力強い思いがある。そのことを改めて感じたのは、津波から七周年を迎えた二〇一一年一二月二六日、バンダアチェ市の郊外で行われた津波七周年記念式典でのことだった。式典で演説したアチェ州知事のイルワンディは、会場に集まっていたアチェの人々に対し、私たちはかつて互いに銃を向け合った罪を背負っており、七年前の大災害を契機に新しい社会を作るに至ったが、自分たちが過去に犯した過ちを決して忘れることなくこれからの暮らしを営んでいこうと呼びかけた。そして、同じ年に発生した東日本大震災に触れ、私たちがアチェの経験を世界にきちんと伝えることができていたなら、もしかしたら日本の人たちの犠牲者を減らすことができたかもしれず、自分たちの経験をうまく発信できていないことが悔やまれると語った。これは、未曾有の大災害に襲われたアチェの人々が、世界中から関心と支援を受けて復興の道を歩んでこられたことに深く感謝するとともに、大災害を経験した自分たちがこれ

---

*4 「津波縁日」については第4章を参照。

*5 アルコ・ダヌシリ監督、二〇〇七年製作。日本では二〇〇七年山形国際ドキュメンタリー映画祭で上映された。詳しくは本シリーズ第一巻第7章参照。

*6 集団埋葬地と再埋葬については第5章を参照。

図4　紛争を避け避難する人々（1999年8月、大アチェ県）

からどのように生きていくのかを世界に示すことが、津波で亡くなった人たちに対しても関心と支援を寄せてくれた世界の人たちに対しても報いることになるという強い思いだった。

州知事が「アチェの人々はかつてお互いに銃を向け合った罪を背負っている」と語ったのは、インドネシアからのアチェの分離独立を掲げる自由アチェ運動（GAM）[*7]とインドネシア政府の間で三〇年にわたって武力紛争が続いており、政府側と独立派ゲリラだけでなく一般市民にも多くの死傷者が出ていたことを指している。[*8] 二〇〇三年には緊張が最高潮に達し、インドネシア政府はアチェに非常事態を宣言して独立派ゲリラ掃討のための軍事作戦を展開し、外国人は報道や人道支援の関係者であってもアチェ入域が厳しく制限された。人の出入りができなくなっただけでなく情報も閉ざされたため、外部社会からアチェで何が起こっているかをほとんど知ることができなくなり、アチェの人々は世界から閉ざされた状態で紛争状態のもとで暮らすことを余儀なくされた（図4）。

津波から八か月後の二〇〇五年八月、GAMとインドネシア政府の間で和平合意が成立し、三〇年に及ぶ武力紛争が終結した。二〇〇六年一二月には元GAMメンバーも参加して州知事選挙が行われ、津波前に元GAMメンバーとして逮捕・投獄された経験があるイルワンディが州知事に就任した。[*9]

このように、アチェの人々は世界から隔絶された状態で互いに銃を向け合う紛争を経験し、その最中に大津波による被害を受けた。津波で多くの人が亡くなり、見慣れていた景観は一変したが、世界中の関心を集め、

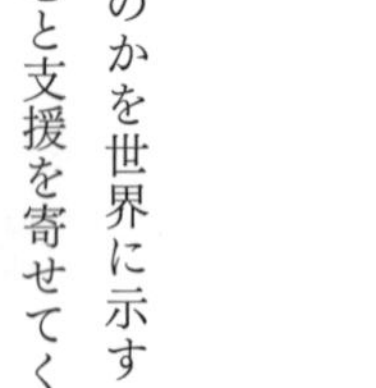

津波による甚大な被害から立ち直るための支援を得た。そして、長年続いた紛争に終止符を打ち、世界の人々に支えられながら災害と紛争からの二重の復興の道のりを歩み始めた。アチェの津波被災と復興を理解するためには、三〇年に及ぶ紛争を含め、アチェが自身を取り巻く世界にどのように位置づけられてきたかを、少し歴史をさかのぼって理解する必要がある。

アチェへ向けられるまなざし

アチェは、東南アジアの南端に広がる群島国家インドネシアの一地域である。インドネシアの首都ジャカルタから飛行機で四時間。東南アジアの西の玄関口であるマラッカ海峡に面したスマトラ島の北西端に位置する。かつてこの地にはアチェ王国と呼ばれる海洋交易国家があり、金やコショウを産出する広大なスマトラ島を後背地に、インド洋世界と東南アジア世界を結ぶ東西交易の拠点として繁栄した。[*10] 東南アジアのイスラム教徒にとってはメッカ巡礼への船出の地であり、また、メッカ帰りのイスラム知識人が集う場所でもあったことから、東南アジアにおけるイスラム学の中心地と目され、スランビ・メッカ（メッカのベランダ）と呼ばれた。[*11]

---

*7 組織名は英語ではスマトラ・アチェ民族解放戦線（Acheh/Sumatra National Liberation Front）。一九七六年一二月四日、現在のアチェ州ピディ県で、アチェ王国の主権を継承する国家としてアチェ・スマトラ国の独立が宣言され、ハサン・ティロを最高指導者とする独自の内閣が組織された。当時のアチェでは天然ガス開発が始まっており、「アチェが独立すればブルネイのようになれる」と訴えた。ハサン・ティロは、国際社会の支持を得る上で妨げになるとしてイスラム主義を前面に出すことを避け、民族自決原則による独立闘争を行った。

*8 紛争中の弔いに関しては第5章を参照。

*9 和平合意に関しては第2章、和平合意以降の州自治に関しては第7章を参照。

*10 アチェ王国については［Lombard 2006(1967)］［Lee 1995］、インド洋海域世界の交易史については［家島 2006］ならびに「インド洋海域世界――人とモノの移動」を特集した『自然と文化そしてことば』第4号（葫蘆舎、二〇〇八年）を、東南アジアの港市国家については［弘末 2004］を参照。

インドネシアは「多様性の中の統一」を国家標語に掲げた多民族国家だ。この領域は、もともと複数の王国に分かれて統治されていたが、オランダの植民地統治、アジア太平洋戦争時の日本による占領、そして四年半にわたる独立戦争を経て、一九五〇年にインドネシア共和国として独立した。[*12] 二億人を超える住民は、母語で分類すれば三〇〇を超える民族から構成される。多様な人々を繋いでいるのは、海洋交易ネットワークを通じて民族を越えた共通語として発展してきたマレー語をもとにつくられた国語のインドネシア語である。母語も宗教も生活習慣も異なる人々が、一つの祖国、一つの国語を共有し、インドネシア国民として国家を運営する国、それがインドネシアである。石油や天然ガスといった一次産品に恵まれたインドネシアは、一九六八年に大統領に就任したスハルトの指導下で、インドネシア国軍による治安維持と外国資本の積極的な導入に支えられた開発政策を両輪とする開発主義体制をとり、国家の統一と発展をめざしてきた。[*13]

大学院でインドネシアの現代史を学んでいた筆者がアチェへの訪問を思い立ったのは、権威主義的なスハルト体制の将来に人々が危惧を抱き始めた一九九四年のことだった。当時、日本にいて同時期のアチェについて得られる情報は限られていた。アチェでは一九七〇年代半ばにＧＡＭによりインドネシアからの分離独立を求める運動が始められていたが、国家の統一と治安の維持を最優先させるスハルト政権によってたちまち鎮圧され、運動の指導者は海外に亡命していた。アチェの様子については、一九八〇年代末にＧＡＭの武装闘争が活発化したことを受けてインドネシア国軍がアチェで軍事作戦を実施していること、その際、国軍兵士が住民に人権侵害を行っていることなどが、人権団体などによってときおり伝えられる程度だった。

インドネシア研究では、アチェ人は権力に立ち向かい戦う人々として知られていた。アチェ王国の植民地化をはかるオランダに抵抗したアチェ戦争（一八七三～一九一二年）はオランダ本国を疲弊させ、オランダの植民地統治政策に大きな転換を迫った。[*14] インドネシア独立戦争（一九四五～一九四九年）では、インドネシアの他の地域が次々とオランダの勢力圏に取り込まれるなか、アチェは最後までインドネシア共和国を支持して戦い続

け、一九四九年のインドネシア独立を導いた。[*15] その延長から、GAMの運動も、抑圧的なスハルト体制に対するアチェの人々の勇猛果敢な抵抗として理解が試みられていた。

一方、ジャカルタのインドネシア人の多くは、それと異なるアチェ人像をもっていた。ジャカルタでアチェ訪問を準備する私に対し、ジャカルタの友人たちは「アチェ人はファナティック（狂信的）だから気をつけろ」と助言した。インドネシア建国直後、アチェではイスラム共和国建設を掲げてインドネシア共和国政府に反旗を翻したダルル・イスラム運動[*16]（一九五三～一九六二年）が起こった。インドネシアへの「反乱」はダルル・イスラム運動とGAMで二度目で、アチェ人はよそ者に対して排他的で好戦的な人々だという。しかもアチェ人の抵抗運動はイスラム教指導者が指導しており、イスラム教への強い信仰心に支えられた運動には交渉の余地がない。「多様性の中の統一」を掲げ、特定の宗教の重用や特定の宗教実践の規範化を避けることで民族共存をはかってきたインドネシアの人々にとって、アチェ人は頑なで融通がきかない厄介な人々だった。まして国軍の軍事作戦が実施されている「あぶない土地」にわざわざ行くことはないというのがジャカルタの人々の考

*11 第7章・第8章を参照。
*12 インドネシア独立の過程やインドネシア独立を支えたインドネシア民族主義については［永積 1980］［土屋 1988］を参照。
*13 開発体制期のインドネシアについては［白石 1996］を参照。
*14 ゲリラ戦争を含めればアチェ戦争は一九一四年まで続き、一八七三年四月から一九一四年までの間、戦闘による犠牲者数は、アチェ側七万人以上、オランダ側約三万七五〇〇人、負傷者は双方合わせて五〇万人とされる。特にオランダとの闘争を「聖戦」と位置づけたウラマー（イスラム教指導者）に率いられた反オランダ闘争は激しく、オランダは長くアチェ内陸部へ影響力を及ぼすことができなかった［Reid 1969］。
*15 アチェにおけるインドネシア独立戦争については［Reid 1974, 1979］が詳しい。
*16 イスラム教を建国理念とするイスラム国家の樹立をめざす武装闘争。一九四八年から一九六五年まで西ジャワ、南スラウェシなどインドネシア各地で見られた。アチェでは、インドネシア共和国独立闘争を率いたイスラム教指導者で、インドネシア独立後にはアチェ州知事を務めたダウド・ブルエがアチェの自治を求めてダルル・イスラム運動に参加した。

えだった。

初めて訪問したアチェ州の州都バンダアチェは、インドネシア独立を記念したモニュメントや英雄墓地、役所の配置等、インドネシアのほかの街と大差なく、一目でわかる他地域との違いを期待していた筆者を拍子抜けさせた。海も山も田も美しく、魚を始め食材も豊富で、どこに行くにも渋滞に苦しむジャカルタよりもよほど過ごしやすいと感じた。一頭数万円の価値がある牛の群れが誰に導かれることもなく車道わきを歩いている様子は、鶏泥棒が後を絶たないと聞くジャワと比べて治安もはるかに良いことをうかがわせた。軍の駐屯地の前を走る車は徐行しなければならないといった決まりごとや、スハルト大統領や国軍を批判することへの憚りはあったが、それらはインドネシアのどこでも見られたことだった。

「ファナティックなアチェ人」の姿も見当たらなかった。外国人である筆者はどこでも歓待され、日本人と知れるや見ず知らずの人々の訪問を受けた。「日本軍占領期に兵補[*17]だった父の体調が悪く生活が苦しいので援助してくれる財団を知らないか」「アチェのコーヒー[*18]を輸出したいから買い手を探してくれないか」「イスラム寄宿塾[*19]の再建に対する資金提供者を紹介してくれないか」等々。面食らう筆者に対し、彼らは再建計画書や兵補の証明書を携えて、その申し出が理にかなっており、場合によっては筆者にも利益（不利益）があると付け加えながら丁寧に説明するのだった。また、ジャカルタや日本の様子を尋ねられ、アチェを見てどう思ったか感想を求められたりした。

国軍による軍事作戦が行われている「あぶない土地」は、マラッカ海峡に面したピディ、北アチェ、東アチェの北部三県に限定されていた。[*20]これらの土地は、バンダアチェとスマトラ島随一の交易都市メダンとを結ぶ陸路沿いにあって、天然ガスを産出し、広大なアブラヤシ農園を擁する豊かな地域だった。バンダアチェからは車で三時間の距離にある。山一つ向こうのこれらの地域で何が起こっているかについてバンダアチェの人々は多くを語らなかった。かわりに「アチェはあぶなくない」と力説し、詳しく聞けば、「あぶない土地」

図5　紛争下で行方不明となった家族の「遺影」を掲げる人々とともに（1999年4月、ピディ県）

での事業は国軍との協力が不可欠なので域外からの投資が限定されるとこぼすのだった（図5）。

アチェの外からきた筆者は、アチェの人々にとって外の世界と結びつくための手掛かりだった。人々は外の世界が求めているものが何かを探り、自分たちが何を発信すれば外と繋がれるかを模索していた。

その後、筆者はアチェの近現代史を研究するため、一九九七年末から三年あまりを国立シアクアラ大学教育学部歴史学科の留学生としてバンダアチェで過ごすことになった。この間、一九九八年五月のインドネシア政変でスハルト大統領が退陣し、権威主義的なスハルト体制は崩壊した。インドネシア改革の盛り上がりと同時に、各地で住民どうしの武力衝突が頻発した。アチェではGAMが急速に勢力を拡大し、インドネシア治安当局との武力衝突やGAMの取締りを目的とする治安当局の作戦行動による犠牲者は毎月増加し、一九九九年七月にはひと月で一〇〇人を超えるにいたった。ユーゴスラビアの解体劇を想起させる

---

*17　アジア太平洋戦争中に日本軍が東南アジアの占領地域で組織した現地人補助兵。日本軍将兵の下で戦闘要員あるいは労働力として雇用された。

*18　アチェ州はインドネシア国内でも有数のコーヒー産地で、内陸部のガヨ高地で産出するコーヒーは日本ではガヨマウンテンなどのブランド名で知られる。本書第9章も参照。

*19　寄宿制のイスラム学校のことで、インドネシアでは一般にプサントレン（pesantren）と呼ばれるほか、アチェではダヤ（dayah）とも呼ばれる。

*20　現在のピディ県、ピディジャヤ県（二〇〇七年にピディ県から分立）、ビルン県（二〇〇〇年に北アチェ県から分立）、北アチェ県、東アチェ県、アチェタミアン県（二〇〇二年に東アチェ県から分立）の六県からなる地域。

状況に、国際社会はアチェに関心を向けるようになった。バンダアチェにいた筆者のもとにも同じ質問が繰り返し寄せられるようになった。「アチェは果たしてインドネシアから独立するのかしないのか。」

インドネシア内外のメディアがアチェに記者を派遣し、現地から報道を行った。警察機動隊の発砲を受けて丸腰の群集が逃げ惑い倒れる姿[*21]や、ＧＡＭとの関与を疑われたイスラム寄宿塾の塾生が軍の奇襲攻撃で皆殺しに遭い、集団埋葬された遺体が掘り起こされる[*22]映像が配信された。ＧＡＭと治安当局は積極的にメディアのインタビューに応じ、「住民の庇護者」を名乗って自らの存在や行動を正当化した。

こうしたなかで、アチェで匿名の暴力が増加した。「匿名」とは、事件は起こるが犯行声明は出されないということだ。治安当局は「ＧＡＭの犯行だ」と言い、ＧＡＭは「治安当局の自作自演だ」と主張するが、どちらが本当かはわからない。個々の事件の犯人が誰であるかにかかわらず、殺人を含む暴力行為が頻発し、ＧＡＭと国軍は互いに相手を非難し、攻撃の対象とした。アチェの治安は悪化し、人々は身の安全を守るために日常的に「治安当局側かＧＡＭ側か」の二択のあいだで自らの立場を定めていかなければならなくなった。

こうした状況から抜け出すため、ＧＡＭでも国軍でもない勢力がアチェの外から介入することが期待されたが、外の人々はアチェが紛争地となることで初めて関心を向けるというジレンマがあった。犠牲者の数が大きく、問題が深刻で悲惨なものとなることで、ようやくアチェの問題は大々的に報道される。しかし、アチェが紛争地であるかぎり、ＧＡＭとインドネシア治安当局という二つの軍事勢力の動向が真っ先に注目される。アチェの人々が外部勢力に話を聞いてもらうには、結局「独立か統合か」という問いに答えなければならなかった。

スハルト体制崩壊後、アチェは独立紛争の舞台として世界の注目を集めたが、それは同時に、外部世界との繋がり方が「ＧＡＭか国軍か」「独立か統合か」という枠組みに限定されることを意味していた。

インドネシア政府はそのようなアチェの問題に終止符を打つため、二〇〇三年五月にアチェに軍事戒厳令を

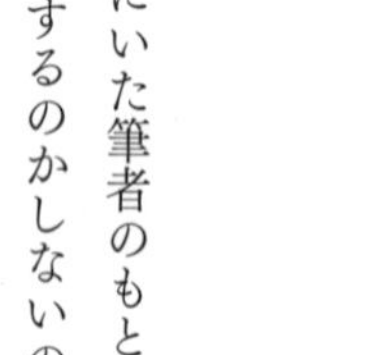

敷き、人道支援団体を含む外国勢力をアチェからすべて排除した上で、治安当局による州行政への関与を正当化した。その結果、アチェで生じていることは外部世界に見えなくなり、紛争地の名の下にアチェと外との繋がりは切り離された。

二〇〇四年のスマトラ島沖地震・津波が襲ったのはこのような状況下のアチェだった。この災厄が自然災害であり、政治社会問題と切り離して受け止められたこと、その被害のあまりの甚大さゆえに世界中が関心を向けたこと、インドネシア政府も独力で対応できないと早くから認めたことなどにより、さまざまな機関・団体や個人がアチェへの関わりを開始した。世界各地からたくさんの支援者が訪れ、ジャーナリストや研究者も報道や調査のためにアチェを訪れた。紛争地として閉ざされていたアチェは、被災地となることで一気に外部世界に開放された。

津波を契機にアチェ独立運動も大きな転換を迎えた。津波直後にインドネシア政府とGAMとの間で和平交渉が再開され、国際社会が見守る中、二〇〇五年八月の和平合意に結実した。独立派武装勢力の非武装化やアチェの自治権を定めるアチェ統治法が制定され、二〇〇六年一二月にはアチェで地方首長選挙が実施され、住民の直接選挙で選ばれた州知事のもと、和平合意にもとづく地方自治が始まった。

*21 「KKA（アチェ製紙）前交差点の悲劇」と呼ばれる。一九九九年五月三日に北アチェ県デワンタラ郡で治安当局が群衆に発砲して四六名が死亡した。

*22 一九九九年七月二三日に西アチェ県（当時、現ナガンラヤ県）ブトンアトゥのイスラム寄宿塾がインドネシア国軍の奇襲攻撃を受け、塾長・塾生ら五七名が犠牲となった。「ブトンアトゥの悲劇」と呼ばれ、[Amran 2001] のように、ジャカルタ在住のアチェ人有識者が治安当局を批判する書籍を刊行するなどの動きを促した。

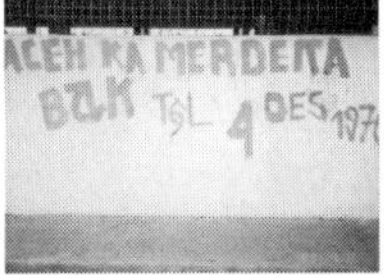

本書のねらいと災害対応研究小史

本書は、二〇〇四年一二月二六日に発生したスマトラ島沖地震・津波で甚大な被害を受けたインドネシア共和国のアチェ州を対象に、災害を契機に社会がどのように変革を経験し、復興を経験しているかを地域研究の立場から明らかにするものである。

本書が答えようとするのは冒頭で挙げた問いに集約されるが、これをもう少し細かく分けてみると、たとえばアチェの津波災害と復興に関する以下のような問いになる。

「アチェの沿岸部に住む人々は津波の危険性について知らなかったのか」
「インドネシア国軍はなぜ外国による支援活動を妨害しようとしたのか」
「日本のＮＧＯの緊急・復興支援はアチェにとって本当に意味があったのか」
「被災者たちが外国からの支援者を楽しそうに迎えていたのはなぜか」
「津波の犠牲者はどのように埋葬され、どのように弔われたのか」
「支援団体が建てた復興住宅に空き家が多く見られたのはなぜか」
「インドネシアの他の地域の人はアチェの被災をどのように受け止めたのか」
「外国にいる私たちはアチェの経験をどのように知ることができるのか」
「津波と復興を経てアチェの人々や社会はどのように変わったのか」

本書の議論は、主に筆者が津波発生後にアチェで現地調査を行って見聞きしたことをもとに、政府や国際機関・ＮＧＯの情報や、新聞・雑誌等の記事などとともに組み立てたものである。ただし、現地調査やその他の情報を解釈するにあたっては、筆者が津波の前から行っていたアチェの現代史に関する研究と、紛争下のアチェに長期滞在して女性や学生を含む社会のさまざまな層が紛争状況にどのように向き合おうとしてきたかについて聞き取り調査をするなかで得た知見や経験がもとになっている。また、本書は、以下に見るように、地

域研究を基盤とし、災害対応研究とアチェの紛争・現代史研究の二つの研究の流れを背景としている。

地域研究では、災害を日常生活から切り離された特殊な出来事であるとは捉えず、日常生活の延長上にあると捉える。*23 社会は潜在的にさまざまな課題を抱えており、日ごろはそれに目を向けずにやり過ごしていることが多いが、災害はそのような潜在的な課題があるところに大きな被害をもたらし、人々の目に明らかにする。したがって、もし災害への対応を、壊れたものを直し、失われたものの代用品を与えるだけで、災害が起こる前の状態に戻すだけにするとしたら、その社会が潜在的に抱えていた課題も元通りにしてしまうことになる。災害は多くの人命や財産を奪う不幸な出来事であるが、災害を契機に明らかになった社会の課題に取り組み、災害を契機によりよい社会を作ることが、次に災害が起こったときに被害を少なくすることにつながり、災害の犠牲を無駄にしないことにもなる。社会が抱える課題には大きいものも小さいものもあるが、武力紛争が続いていたアチェで津波後に和平合意が結ばれて紛争が終結したことは、被災を契機に社会の課題が解決された例の一つである。

災害対応研究には、地域研究から災害研究にアプローチするものと、防災研究から人文社会研究にアプローチするものがある。*24 地域研究から災害研究にアプローチしたものとして、災害を契機とする社会の変革に関して、清水展は、フィリピン・ピナトゥボ噴火により故郷を追われたアエタの人々が災害を契機に自らの先住民性を認識するようになった過程を描いた［清水 2003］。また、狭い意味での自然災害ではないが、植村泰夫は、世界恐慌がジャワの農村社会に与えた影響とそれへの対応を描くことで、ジャワ農村社会の特徴を明らかにしようとした［植村 1997］。遠藤環は、タイのバンコクにおける火事災害に対する住民の対応をもとに都市下層

＊23 本シリーズ第一巻「はじめに」を参照。

＊24 第一巻補論も参照。

図6　聖人シアクアラの墓所で礼拝する人（2005年2月、バンダアチェ市）

民の生存戦略について考察している[25]［遠藤 2011］。いずれも、噴火や火事や経済危機といった突発的に生じた危機に対する地域社会の対応のなかに社会の特徴を見出そうとしている点や、災害を社会秩序の構築や再編の契機と捉える点に特徴がある。

　人文社会科学の観点を踏まえつつ日本の災害対応を検討したものには、［矢守 2009, 2013］や［牧 2011］がある。[26] 近年、災害対応分野における国際協力が進められるなかで、日本を含む先進諸国の防災実践とまったく異なる防災実践の様式を持った社会や文化の存在が指摘されるようになっている。これらの研究は、災害対応に文化や時代性が反映されることを念頭に置いている点に特徴がある。

　本書は主に二〇〇四年の地震・津波からアチェが復興を遂げてきた過程を対象にしているが、アチェは長く紛争地だったため、地震・津波の復興過程においても和平交渉や紛争犠牲者の側面を切り離して考えることはできない。アチェの紛争・現代史研究では、アチェの現代史における位置づけを検討するうえで、ナショナリズム、イスラム、地域主義などによって理解することが試みられてきた。二〇世紀を通じてアチェで紛争や内戦が繰り返されてきたことをめぐっては、アントニー・リードのナショナリズムによる理解［Reid 1979］、ジェイムズ・シーゲルのイスラムによる理解［Siegel 1969］、ナザルディン・シャムスディンの地域主義による理解［Nazaruddin 1985］というように、現地史資料や現地調査を踏まえた豊富な研究蓄積がある。[27] 日本でも、主として歴史学を中心にアチェについての

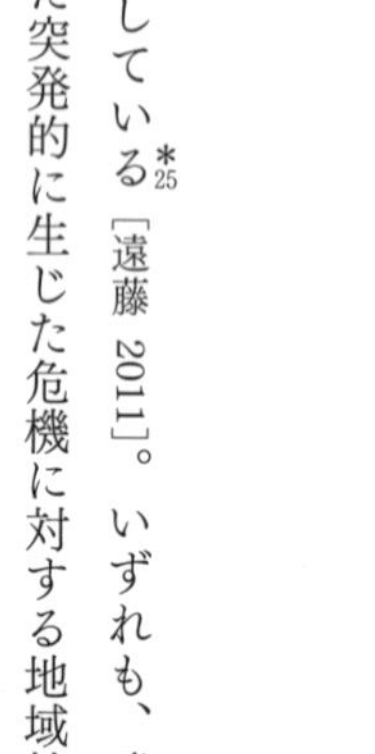

研究が蓄積されたきた。*28 また、アチェ研究では、歴史・文化・政治を専門とする研究者が紛争対応や災害対応の実践の現場に積極的にかかわってきた。*29

*25 二〇〇四年のスマトラ島沖地震・津波の被災と復興に関する研究には、[林 2010][木股ほか 2006][佐伯 2005]がある。また、『地域研究』の第一一巻第二号ではスマトラ島沖地震・津波の特集が組まれている。[林 2010]は、文化人類学、防災研究、都市計画、建築学、地域研究などの各分野の専門家がインドネシア、スリランカ、インド、タイの現地調査を踏まえて行った共同研究の成果である。[佐伯 2005]は、一九九九年からインドネシアの人権活動家とともにアチェの人権侵害状況の改善のための活動を続けてきた著者が北アチェ県を中心に紛争被害者の声を丹念に拾い集めてまとめた報告で、津波被災から半年後に刊行された。[広瀬 2007]は、被災直後のバンダアチェで取材をした報道記者による著作で、津波に襲われて生き残った人々の証言を集め、同時に、被災直後のバンダアチェで人々が津波や被災をどのように語り、受け止めていたかが記録されている。

*26 矢守は「防災の〈時間〉論」と題した章のなかで、精神医学の知見を応用して、先進諸国はいわば中年期の社会であり、被災はこれまで蓄積してきたものの喪失と捉えられるために復興が「立て直し」と捉えられるのに対し、開発途上国は若年期の社会であり、復興は「新生」や「世直し」のプロセスとして取り組まれるとの考えを提示している[矢守 2009]。[牧 2011]は、災害を社会現象と捉え、世界各地の自然災害被災地における災害後の住まいのあり方について検討している。取り上げられた事例は、インドネシア・フローレス島地震津波災害（一九九二年）、パプアニューギニア・アイタペ津波災害（一九九八）、新潟県中越地震（二〇〇四年）、インド洋津波（スマトラ島沖地震・津波）（二〇〇四年）、ハリケーン・カトリーナ災害（二〇〇五年）を中心に、フィリピン・ピナトゥボ火山噴火災害（一九九一年）、雲仙普賢岳噴火災害（一九九一年）、北海道南西沖地震（一九九三年）、阪神淡路大震災（一九九五年）、台湾・集集地震（一九九九年）、トルコ・マルマラ地震災害（一九九九年）、中国四川省汶川地震（二〇〇八年）、ソロモン諸島津波災害（二〇〇七年）と多岐にわたっている。これらの事例を踏まえて、被災後に被災前と同じ場所で住まいを再建するという考え方が日本の特定の時期に固有の考え方であり、世界の災害復興の経験を参照すれば、東日本大震災後の住宅再建にあたって、より柔軟な取り組みが可能であると指摘している。

*27 アチェ史研究は、アチェ戦争の長期化に苦慮したオランダにより派遣されたオランダ人イスラム研究者スヌック・フルフローニエが一八九一年から一八九二年に行った現地調査をもとにした民族誌『アチェ人』[Hurgronje 1906]を基礎として発展してきた。スヌック・フルフローニエの『アチェ人』については『世界史史料』第三巻（歴史学研究会編、岩波書店）の「アチェ戦争とイスラーム教」の項目も参照。

本書の構成

本書は、二〇〇四年一二月の被災直後から二〇一三年一二月までの九年間を扱う。この間のアチェは、大きく三つの時期に分けられる。被災直後の救援・緊急対応の時期、被災によって失われた住宅や社会インフラの回復・再建に取り組んだ復興再建期、そして被災と復興の経験を経て新しい社会秩序や意識があらわれた時期である。緊急時から災害対応が進む過程でどのような課題が見られ、それにどのように取り組んできたかを明らかにするため、三つの時期についてそれぞれ三つの章によって検討する。先に挙げた九つの問いは、三つの部の九つの章にそれぞれ対応している。

第一部では、内戦下にあったアチェが津波の最大の被災地となり、大規模な救援復興活動が展開する中で内戦状態が解消していった様子を見る。第1章では、アチェにとって津波被災がどのような意味を持っていたかを考える前提として、アチェが被災前にどのような地域で、どのような課題を抱えていたかを情報の観点から整理する。第2章では、支援者と被災者を結ぶネットワークの形成のされ方に注目して、内戦状態が解消した背景を考える。第3章では、行政が機能を失い、多様な人々が入り混じって救援復興が取り組まれるなかで、それぞれの現場でどのように「臨時」の社会秩序が形成されたか、またその特徴はなんであったかを検討する。

第二部では、さまざまな復興再建事業が進行する中で、被災者や支援者のあいだでの立場や考え方の違いがどのような形で表面化し、それを人々がどのように吸収し、受け止めたかを考える。第4章では、被災した人々の笑顔やユーモアを通じたやりとりの意味を考える。被災と復興は社会全体が共有する出来事であり、社会全体で取り組みがなされる。それと同時に、弔いや住宅再建は個別の営みでもある。社会全体の復興と個人の復興の間で生じるずれをアチェの人々がどのように調節し、受け止めようとしたかを弔い（第5章）と住宅再建（第6章）から考える。

第一部と第二部を通じて、世界の人々がアチェの復興にどのように関わり、それがアチェに何をもたらした

のか、また、災害からの復興過程と紛争からの復興過程という二重の復興過程が進む中でアチェの人々の意識がどのように変化していったのかについても考えたい。

第三部では、アチェの被災と復興の経験を経て、アチェや他のインドネシアの人々がどのような新しい価値観や認識を得るに至ったのかを考える。人類史上未曾有の被災に多様な立場の人々が協働により復興をなしとげた経験は、アチェや他のインドネシアの人々に新しい価値観や認識をもたらした。第7章では、被災を契機にアチェと他のインドネシアの人々の間にどのような関係が生まれつつあるのかを、第8章では、アチェの被災と復興の経験を共有し継承しようとする取り組みについて見る。また、そのことを踏まえて、第9章では、現在のアチェで何が課題となっており、どのような取り組みが考えられるかも考察してみたい。

第一部から第三部までの議論を通じて、アチェの被災者の顔に現れる笑顔の意味や背景を考えることによって、アチェが経験している復興とはどのようなものなのかを考えてみたい。未曾有の大災害を経験してもなおアチェの被災者たちが外国から来た客人たちに微笑みかけようとすることの意味を、民族性の違いや宗教心の強さといった異文化性によって捉えようとするのではなく、同じ時代に同じ地球に住む人間どうしであることを前提にして考えることは、アチェの文脈を離れて、この世に生を受けた私たちは結局のところ何のために生

*28 アチェ王国期については［鈴木 1976］［井東 1985］、オランダ植民地統治期については［利光 1995］［細川 2006］、日本軍占領期については［白石 1975］がある。港市国家としてのアチェ王国の特徴については［弘末 2004］が、スハルト体制期までのインドネシアにおけるアチェの位置づけについては［土屋 1988］がわかりやすい。

*29 アントニー・リードは、シンガポール大学アジア研究所（ARI）を拠点に、学術研究を通じたアチェの復興・再建に努めてきた。［Reid 2005, 2006］のようなアチェ研究に関する書籍の刊行のほか、アチェでの国際学術会議の組織や研究拠点設置を積極的に進めてきた。リードの活動は、［Feener *et al.* 2011］のように、歴史研究の進展と現在のアチェの復興とを結びつけて捉えている点に特徴がある。国連人道問題調整事務所のアチェ復興調整官を務めたエリック・モリスは、一九七〇年代後半にアチェで現地調査を行い、スハルト体制成立によるアチェ政治の変容について博士論文にまとめている［Morris 1983］。

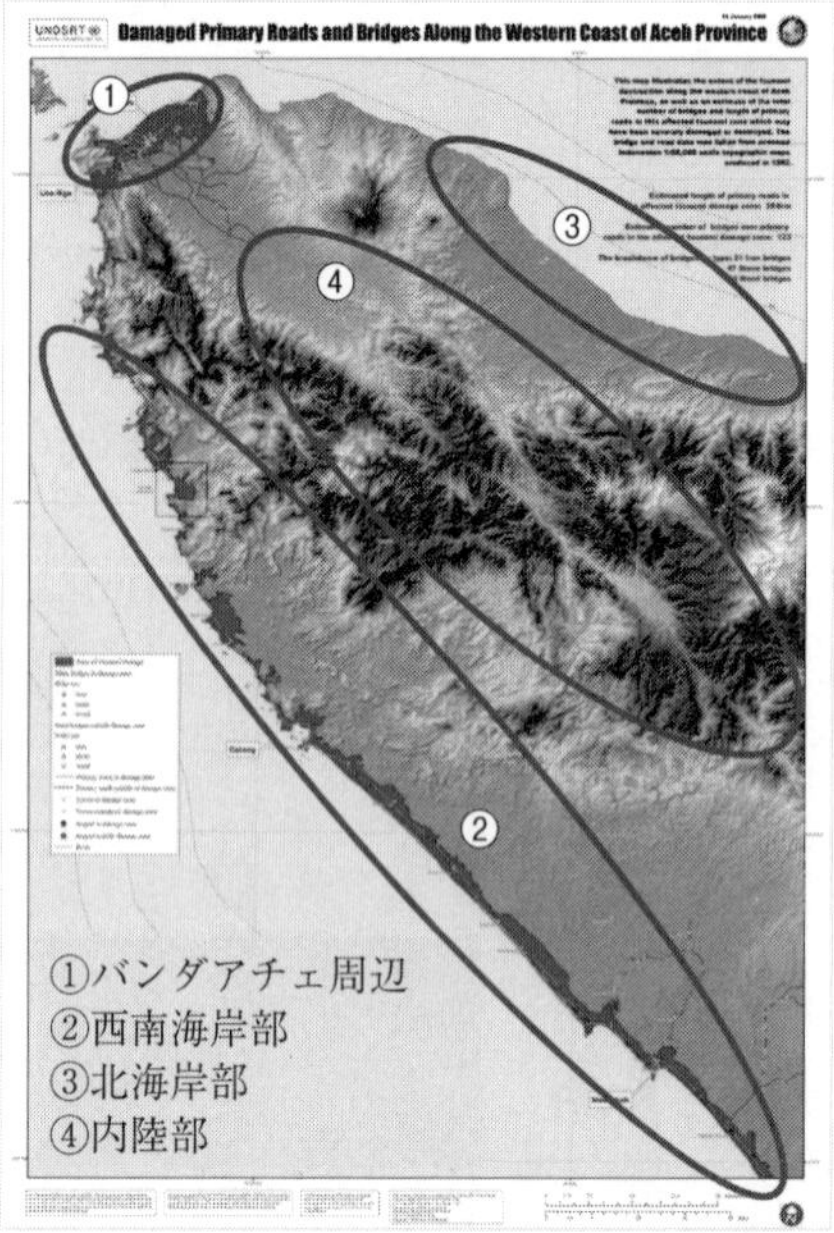

図7　アチェの地域区分と被害状況（①②の海岸部の濃いグレーの部分が津波で浸水した。UNOSAT Maps より）

まれてきて、生涯を通じて何を成し遂げてこの世を去るのかを考えることにも繋がるだろう。また、被災と復興を経てアチェにどのような新しい社会が生まれつつあるのかを考えることを通じて、アチェの経験が他の地域、とりわけ日本にどのような意味で適用可能かについて考える助けにもなるものと期待している。

アチェの地理と被害状況

本論に入る前に、アチェの地理と被害状況およびアチェの民族について整理しておきたい。

スマトラ島北端にあるアチェ州は、被災当時二一の県・市から構成されていた。アチェの中央部分をスマトラ島の脊梁山脈であるブキット・バリサン山脈が走り、これを境にアチェは地理的に大きく四つの部分にわけられている（図7）。

⑴バンダアチェ周辺 ── アチェ州の行政と経済の中心、被害と支援が集中

バンダアチェ市は、アチェの州都で行政の中心である。古くから外部世界への玄関口として機能し、海岸部に人口が密集している。バンダアチェを取り囲む形で大アチェ県が広がっているため、両者は行政上は異なるが、本書では大アチェ県の一部を含めて「バンダアチェ周辺」と呼んでいる。

平野部には水田が広がり、丘陵地では野菜や果実栽培が行われている。ジャワから移住してきたジャワ系住

民は野菜や果実栽培の主たる担い手として知られている。牛を始めとする家畜の飼育も行われている。

外部との主要交通経路は、①バンダアチェ市郊外にあるスルタン・イスカンダルムダ国際空港[*30]、②北スマトラ州メダンまで北海岸部沿いに延びる国道、③バンダアチェ市郊外のウレレー港ならびに郊外のマラハヤティ港[*31]、④西南海岸部を経由して北スマトラ州シディカランに通じる国道がある。

バンダアチェの公共交通機関は、ベチャと呼ばれる原動機つき輪タクと、ラビラビと言われる一四〜一五人乗りのミニバスである。中長距離は乗り合いタクシーと中大型バスが利用されている。

バンダアチェ周辺は、被災の状況から、①津波によって壊滅した地区、②建物が一部倒壊し、津波によって運ばれた瓦礫やゴミ、泥が押し寄せた地区、③津波による直接被害を免れた地区、の三つに分けられる。海岸部（エビ・魚の養殖池、住宅地など）から町の中心部（官庁街、商業地区、文教地区）までの部分が直接の被害を受け、人的被害はアチェ内で最大であり、行政機能も大きなダメージを受けた。

これに対し、バンダアチェの一部と大アチェ県の内陸部には、空港を含め、津波の被害を直接受けなかった地域が広がっている。この地域が人々の避難先となり、また、救援活動の拠点となった。

外国の軍やＮＧＯ・個人、インドネシア国内の諸組織など外部社会の団体・個人の多くはバンダアチェに拠点を置き、相互に連携しながら集中的かつ体系的な救援・復興活動を行った。

*30 イスカンダルムダ空港は、一九九七年のアジア金融・経済危機以前はマレーシアのペナン経由でクアラルンプール行きの便が週三便運行していた。その後、国際線はなくなり、北スマトラ州メダンへガルーダ・インドネシア航空が週一〇便運行するだけとなっていたが、津波後にマレーシアへの直行便が飛ぶようになった。

*31 マラハヤティ港は、北スマトラ州メダンの玄関港であるブラワン港との間に定期便が毎日一便運航されている。なお、マラハヤティ港はバンダアチェ市から車で三〇分とやや遠隔であることから、オランダ植民地期に開発されて現在は漁港として利用されているバンダアチェ市近郊のウレレー港の再開発事業が進められている。

(2) 西南海岸部 ―― 沿岸部に広範で甚大な被害、支援経路の確保が重要

この地域は震源に最も近く、長距離にわたって沿岸部が被害を受けた。住民と行政・商業施設がほとんど沿岸部に集中し、また、西南海岸部とその他の地区を結ぶ主要な陸路はいずれも沿岸部にあり、道路・橋ともに津波によって大きな被害を受けた。このため、被害状況の把握や救援物資の輸送・分配などに障害が生じた。バンダアチェ周辺から南側の海岸沿いに南東に下っていくと、順に、アチェジャヤ県、西アチェ県、ナガンラヤ県、西南アチェ県、南アチェ県、アチェシンキル県の六県がある。また、南アチェ県沿岸にはシムル島（行政上はシムル県）がある。

この地域は、アチェ全体から見ると人口過疎地帯で、主な産業は米作、アブラヤシ栽培、木材伐採である。バンダアチェから西南海岸を通って北スマトラ州シディカランに通じる道路は基本的に海岸沿いにある。多くの河があり、橋が整備されたのはこの一五年ほどのことである。各県にはインド洋に面して港がある。[*32] ムラボには空港があり、メダンからシナバンとムラボを経由してバンダアチェの北に位置するウェー島の街サバン市に至る便はサバン・メラウケ・アチェ・カーゴ（SMAC）によって週二便運航されている。北海岸部に至る道として、ムラボ（西アチェ県）から内陸部を経てシグリ（ピディ県（当時））に抜ける道がある。道路状況はあまりよくないが、津波後にバンダアチェからムラボへの代替路として整備された。

(3) 北海岸部 ―― 被害は比較的軽微、紛争からの復興の要の土地

バンダアチェ周辺から北海岸部を東に行くと、順に、ピディ県、ビルン県、北アチェ県、ロクスマウェ市、東アチェ県、ランサ市、アチェタミアン県の五県二市がある。

海岸部からブキット・バリサン山脈までの平野部は水田や農園（アブラヤシ、ココヤシ、カカオなど）に利用されている。また、沿岸部ではエビの養殖などが行われている。ロクスマウェ市周辺のアルン地区には天然ガス田があり、天然ガスの精製工場と関連産業が発達している。

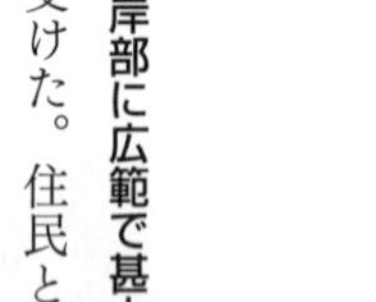

アチェと域外を結ぶ陸上交通の要衝で、バンダアチェと北スマトラ州メダンを結ぶ幹線道路が北海岸を通り、さらにビルン（ビルン県）からは内陸部を経て西南海岸に至る陸路が通っている[*33]（図8）。ロクスマウェ市周辺にはマリク・サレー空港とモービル・オイルの空港の二つがある。また、液化天然ガスの輸出に使われる港としてアルン精製基地内にあるランチョン特別港がある。

シグリ（ピディ県）とビルン（ビルン県）からは内陸部へ通じる道が分岐している。特に、ビルンはコーヒーや木材などの森林生産物を内陸部のガヨルス県から運び出す際の経由地として発展した町である。

この地域では、歴史的にアチェにおける政治変動の契機が発生してきた。アチェ戦争、インドネシア独立戦争、ダルル・イスラム運動、自由アチェ運動などである。アチェの行政の中心であるバンダアチェで社会変化が生じ、その影響が北海岸に及んで社会矛盾が大きくなると、バンダアチェを変えることで問題解決を求める動きが生まれる。この動きが北アチェからバンダアチェに波及し、時にアチェ全域に大きな変化をもたらすことで、アチェ全域を巻きこむ政治変動に発展してきた。

被災地の多くは漁村で、地震・津波の被害はバンダアチェ周辺や西南海岸に比べると軽微だった。西南海岸など域外からの避難民が多く集まったが、地震・津波による被害が軽微であると評価された結果、被災当初は、被災前からこの地域で活動を行っていた一部のＮＧＯを除いてこの地域を対象にした支援事業が行われなかった。その一方で、バンダアチェへの支援物資はメダンからこの地域を走る幹線道路を経由して輸送された。

---

*32 チャラン（アチェジャヤ県）、ムラボ（西アチェ県）、タパクトゥアン（南アチェ県）、スソ（南アチェ県）、シナバン（シムル県）、シンキル（アチェシンキル県）。

*33 バンダアチェからメダンへの国道沿いには古い鉄道線路の跡を見ることができる。オランダ植民地時代に整備されたもので、一九五〇年代まで使用されていた。

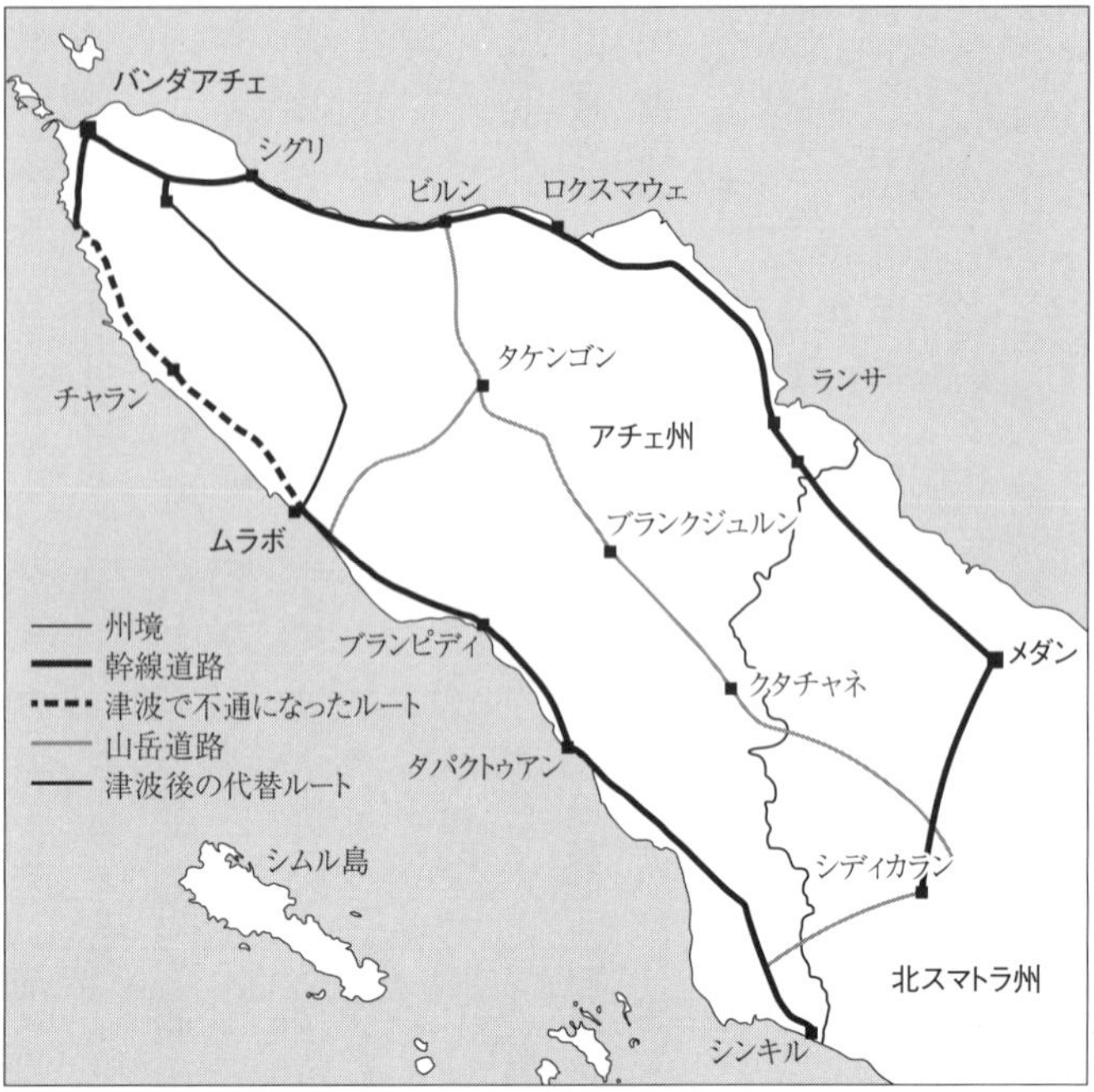

図8　津波前と津波後のアチェの交通ルート図

⑷内陸部 ― 津波被害はなし、避難民が通過

ブキット・バリサン山脈のふもとにあたるベネルムリア県（旧中アチェ県の一部）、ブキット・バリサン山脈に囲まれたラウット・タワル湖畔のタケンゴンを中心とする中アチェ県、その南東に位置するガヨルス県、アラス渓谷沿いに発展した東南アチェ県の四県がある。

コーヒーや果樹の栽培が主な産業である。ガヨルス県と東南アチェ県の一部はグヌン・ルサ国立公園となっており、熱帯森林資源の保護が進められているが、不法伐採が相次いでいるとの報告がある。

主な陸路はビルンからタケンゴン（中アチェ県）、ブランクジュルン（ガヨルス県）、クタチャネ（東南アチェ県）を経由して北スマトラ州のシディカランへ抜けるルートである。海岸部との交通の便が限られていることが内陸部の開発を阻害してきたとの認識から、近年、ラディア・ガラスカ（インド洋Lautan Hindia、ガヨ地区Gayo、アラス地区Alas、マラッカ海峡Selat Malakaの四つの地名の部分をつなげて命名）ルートを開発する計画が持ち上がった。[*34]

アチェ州全体と以上の四つの地域および県・市別の被災者数は表1のとおりである。

アチェの民族構成

一般に「アチェ人」と呼ばれるアチェの住民は、民族別に見るとおおまかに次のように分けることができる。*35

①アチェ系（州人口の五〇・三％（以下同じ）。主にバンダアチェ周辺、北海岸、西南海岸北部などの沿岸部に住む）
②ジャワ系（一五・九％、州内各地に住む）
③ガヨ系（一一・五％、主に内陸部に住む）
④シムル系（二・五％、西南海岸部のシムル島に住む）
⑤華人系（都市部）

アチェには古く中東やインドから移住してきた人々もいるが、その多くは現在では「アチェ系」の中に含まれており、人口統計的にも文化的にもその独自性はほとんど失われている。

これらの他に、ミナンカバウ系（西南海岸南部）、バタック系（内陸部）、マレー系（北海岸部東部）の人々が古くから居住していた。この三つの民族はそれぞれ故地を持つ（ミナンカバウ系は西スマトラ州、バタック系は北スマトラ州、マレー系は北スマトラ州やリアウ州）ことから、「アチェ人」には含まれないと考える人もいる。

これらの人々は、民族ごとにそれぞれ異なる言語を話す。しかし、古くから東西交通の要衝として栄えてきたこの地域では、現在のマレーシア・インドネシアを含む地域で広く交易言語として使われてきたマレー語が

*34 このルートが国立公園内を通ることが問題視され、実施には至っていない。
*35 二〇〇〇年に実施されたインドネシア国勢調査の結果による。

表1　2004年スマトラ島沖地震・津波によるアチェの県・市別の被災者数

県・市名	面積 (平方 km)	人口[*1] (人)	死亡[*2] (人)	行方不明[*2] (人)	避難民[*3] (人)
バンダアチェ周辺	2,866	544,284	90,829	30,678	144,848
大アチェ県	2,686	295,957	38,531	15,176	98,384
バンダアチェ市	61	223,829	52,273	15,394	40,831
サバン市	119	24,498	25	108	5,633
西南海岸	20,992	925,709	30,383	4,944	139,634
アチェジャヤ県	3,703	98,796	16,797	77	31,564
西アチェ県	2,426	195,000	10,874	2,911	49,310
ナガンラヤ県	3,903	143,985	1,077	865	11,281
西南アチェ県	1,685	115,358	3	0	13,847
南アチェ県	3,646	197,719	1,566	1,086	16,049
アチェシンキル県	3,577	124,758	22	4	2,032
シムル県	2,052	50,093	44	1	15,551
北海岸	17,783	2,249,816	6,686	1,164	108,295
ピディ県	4,161	517,697	4,401	877	32,067
ビルン県	1,901	361,528	461	58	14,043
北アチェ県	3,297	523,717	1,583	218	28,113
ロクスマウェ市	181	167,362	189	11	16,412
東アチェ県	6,041	331,636	52	0	14,054
ランサ市	262	122,865	0	0	2,806
アチェタミアン県	1,940	225,011	0	0	800
内陸部	15,724	489,677	225	227	8,124
ベネルムリア県[*4]	-	-	2	0	1,204
中アチェ県	5,773	272,453	192	277	5,161
ガヨルス県	5,720	66,448	0	0	0
東南アチェ県	4,231	150,776	31	0	1,759
アチェ州全体	57,365	4,209,486	128,123	37,063	400,901

＊1　2003年、アチェ州統計局調べ。
＊2　2005年5月2日、国連統計。一部に2005年3月28日のニアス島沖地震の被災者を含む。
＊3　2005年2月24日、インドネシア政府災害対策局発表。
＊4　中アチェ県から分立して成立したばかりの県であるためデータが得られない。

普及している。そのため、アチェではマレー語（インドネシアではインドネシア語と呼ばれる）を話す人の比率が住民の七〇％を超えている。これは、ジャワ島でのインドネシア語の普及率よりも高いと言われている。

アチェの人口のうちイスラム教徒は九八・一一％、キリスト教徒（プロテスタント）は一・三二％、キリスト教徒（カトリック）は〇・一六％、ヒンドゥ教徒は〇・〇二％、仏教徒は〇・三七％である。[*36]

なお、本書では民族を単位として人々を捉える立場をとらない。これは、災害対応において人々の対応は本質的にかわらず、もし異なって見えるとするならば、時代状況や歴史的背景、地域性によって災害対応の現れ方が異なるためであるとの考えのためである。民族や地域にもとづいて、人々を集団的に把握し、人々の行動をその集団性に規定されたものとして理解を試みることはしない。したがって「アチェの人々」という言い方をする際には、その多くはイスラム教徒でアチェ語を話すアチェ系の人々であるが、民族的・文化的に一体となった集団性を想定せず、アチェで津波被災を直接的・間接的に経験し、それへの対応を迫られた人々のことを想定している。

図９　アチェの人々の穏やかな表情（2005年８月）

*36 [Leo 2003]

第一部

紛争下の被災

—— 津波が解く「囲い込み」

山へ行けば虎に食われ、川に行けば鰐に食われ、海へ行けば鮫に食われ、村に帰れば同胞に殺される。

（アチェの人々が内戦時を振り返って言う言葉）

第1章

情報空白地域を襲う津波

被災から
半年

右：津波で全て流されたウレレー海岸で壁だけ残った住宅に「まだ生きているぞ」とペンキで書かれている（2005年２月、バンダアチェ）

本章下部の写真：アチェにて、2005年２月、８月撮影

　二〇〇四年にアチェを襲った地震・津波により、アチェでは一七万三〇〇〇人もの人々が犠牲となった。甚大な被害が出た理由の一つに、アチェでは官公庁や民間商業施設、住宅などが沿岸部に集中していたことがある。地震や津波は繰り返し起こる災害であり、実際にアチェでも過去に大きな地震や津波が生じていた。それにもかかわらず、アチェの人々が沿岸部に集住していたのはなぜなのか。また、地震が発生したときに津波発生の可能性を住民に知らせ、避難を促す仕組みは存在しなかったのか。

　アチェを襲った地震・津波災害の被災と復興の様子を理解する上では、この災害が情報の観点でどのような特徴を持っていたかを知ることが重要である。[*1]

　地震・津波は、長く内戦下にあって情報が極端に限られていた地域で発生した。しかも、地震・津波は、電気・通信網や交通網といった情報収集の要となる設備に大きなダメージを与え、[*2]また、災害時の情報収集の拠点となるべき地元政府も機能不全の状況に陥り、さらに地元の新聞社も大きな被害を受けた。このため、救援活動に必要な情報の収集に大きな障害が生じ、緊急支援を決定するために必要な被災地の特定や被害の規模の把握に時間がかかった。また、実際に現地に人を派遣して支援活動を行ううえで不可欠な被災地域に関する基本情報、たとえば道路地図や人口分布といった情報が不足していた。

　被災直後、現地の情報が手に入らず、現地入りするための交通手段を確保できるかどうかも怪しい状況下で、救命救急や緊急支援のために現地入りした支援者たちは、被災地域と外部世界とを繋ぎ、アチェの状況を世界に伝える役割を担った。人々はさまざまな工夫をこらしてアチェの被害情報を収集したり発信したりした。その過程で、アチェの人々は、過去の経験や知識が継承されていないこと、そして、この災害が人命や財産を奪っただけでなく歴史や文化と

---

*1　二〇〇四年スマトラ島沖地震・津波発生後のインドネシアと日本のメディアの報道の傾向については本シリーズ第一巻第1章ならびに第2章を参照。

*2　津波は電力網を寸断し、各家庭の自家発電機も津波の浸水によって機能を停止した。津波の直撃を受けた都市では一様に大規模な停電となり、こうした地域を経由して電気が供給されていた地域でも電力供給に障害が発生した。電話の回線自動交換基地や携帯電話の中継アンテナも機能しなくなり、バンダアチェだけで五万回線に障害が発生した。海岸沿いの道路も寸断され、被災地へのアクセスに困難をきたした［西 2005a］。

いう情報の基盤をも奪うものだったことを理解した。

地元社会には過去の津波の経験をもとに津波に関する知識が存在していたが、人々のあいだで共有されておらず、適切な対応をとることができないまま多くの人が犠牲となった。過去の経験を記録し、社会で共有する上で重要な役割を担ってきた文化情報拠点や史跡も津波によって被害を受けた。

このような形であらわれたアチェの地震・津波災害は、情報の共有や継承が災害からの復興においても災害から社会を守るうえでも重要な役割を果たすこと、そして外部世界との情報の繋がりを失っていることが社会に危機をもたらすことを示すものとなった。

1　旗に込めた思い ── 届かなかった津波知識

ウレレー海岸の旗

津波被災から一か月半が経ったバンダアチェのウレレー海岸では、津波で建物が押し流され、家屋の残骸だけが残る荒涼とした景色が広がっていた。ウレレー海岸から四キロメートル内陸に位置する大モスクまでをはるかに見渡せた（2ページ図1）。被災前は、ウレレー海岸から大モスクまで住宅が立ち並び、大モスクが海岸から見えるとは思いもよらなかった。

セメントづくりの土台やレンガの残骸が転がる灰色の景色の中に、ぽつりぽつりと紅白の旗が立つ光景を見ることができた。これらの旗は、津波がすべてを押し流し、この世の終わりがきたかのような大惨事に見舞われてもなお、生き残り、そしてこの地でまだ生きていこうとす

る人々がいることを静かに訴えていた（図1―1）。

ウレレー海岸はバンダアチェ市の中心部から車で一〇分ほどのところにあり、海岸からバンダアチェ市を一望できるため、アチェの津波被災をきっかけに世界中からアチェ入りした人々が津波被害の凄まじさを実感しようとこの地を訪れていた。海岸には津波被害を受けながらも倒れることなく生き残った一本の木麻黄《もくまおう》の木があり、そのことも人々がこの地を訪れる理由の一つだった。

図1-1　ウレレー海岸に立てられた紅白の旗（2005年2月）

瓦礫の中に立てられた紅白の旗はインドネシアの国旗だった。なぜここでインドネシアの国旗が立てられているのかについてはさまざまな見方が可能だろう。アチェでは、インドネシアからのアチェ独立を主張するＧＡＭと、これを鎮圧しようとするインドネシア政府との間で三〇年に及ぶ内戦が続いていた。スハルト体制が崩壊した一九九八年以降は、報道の自由化が進む中でアチェをめぐる内戦も激化し、両者は互いにアチェに旗を立てあい、どちらの陣営がアチェの住民に支持されているかを競い合った。各戸にインドネシア国旗が配布され、国旗を掲揚するかしないかでインドネシア政府に対する忠誠が試された。

そのような背景を踏まえれば、紅白旗は、ウレ

レー海岸を訪れる外国からの支援者に対して、アチェは間違いなくインドネシア領であり、インドネシア政府の統治が行き届いていることをアピールするためにインドネシア当局が立てさせたとするややうがった見方もできるだろう。これに対し、アチェでは旗は世界と繋がるために必要なものだと考えられてきたこと、そして津波被災前のアチェが内戦下にあり、人々が自分の意思で旗を掲げることが困難な状況にあったことを踏まえるならば、被災した人々にとって手近にあったのがたまたまインドネシア国旗だったのであって、ほかの旗があればそれでもよかったのではないだろうか。アチェが津波被災前に非常事態下に置かれ、インドネシアのほかの地域の人々とも、また、インドネシアの外にいる世界の人々とも切り離され、隔絶した状況にあったことと考え合わせれば、アチェの人々は自分たちを助けるために世界中からアチェに集まってきた人々に対して、旗を立てることで自分たちが生きていることを伝えると同時に、アチェはもはや紛争地ではないこと、そして、アチェの人々がインドネシアや世界のほかの地域の人々と再び繋がりたいと考えていることを示すメッセージだったとも理解できるだろう。

　インドネシアではすべての国民が住民登録証（KTP）を携帯することが義務付けられている。住民証明書に登録している住所と異なる場所で宿泊する際には、その地区の警察に住民登録証を提示して報告しなければならない。不穏分子の動きを把握し、国内の治安維持をはかるためにスハルト体制下に整えられた制度である。出身の州によらずインドネシア国民はすべて同じ意匠の住民登録証を持つが、アチェ紛争が激化して以降は、アチェの住民に対してのみ特別の意匠の住民登録証が発行された。インドネシアの国旗を示す紅白がデザインされたもので、アチェ以外の場所で会っても住民登録証を見れば一目でアチェ州の住民であることがわか

る。

津波前のアチェは、独立運動を緩和させるためにインドネシア政府がアチェ州政府に特別な自治権を付与しており、インドネシアのほかの地域と異なる扱いをされていた。加えて、二〇〇三年からは内戦が激化したことを受けて軍事戒厳令（後に民政非常事態）が発令され、軍・警察が行政に関与する度合いが高かった。このため、インドネシアのほかの地域で適用されている制度や施策がアチェには十分に及んでいないという状況があった。アチェがインドネシアの他の地域から特別扱いされるとともに、外部世界との情報のやりとりが制限され、外部世界から閉ざされていたことを思えば、海岸に立てられた旗からは、そのような状況に対して外部世界との繋がりを求めるアチェの人々の心の声が聞こえてくるようにも思われた。

届かなかった津波知識

地震発生から津波の第一波がアチェの海岸部に到達するまでにおよそ二〇分の時間があったが、アチェにはその間に津波の発生を予測して海岸から避難した人はほとんどいなかった。なぜアチェの人々は津波による難から逃れることができなかったのか。

地震発生を受けて、津波発生の危険性を警告する情報がハワイの太平洋津波警報センターからジャカルタに伝えられたが、その日が日曜日で担当者が出勤していなかったために対応できなかった[*3]。また、仮に担当者が出勤していたとしても、津波発生の危険性をジャカルタからアチェの人々に伝える仕組みはあらかじめ用意されていなかった。

インドネシアで津波についての知識が全くなかったわけではない。日本語由来の「ツナミ」という言葉がアチェを含むインドネシアで人々に知られるようになったのはこの地震・津波を

*3 『テンポ』二〇〇五年一月二三日

きっかけとするが、インドネシアはそれ以前にも津波災害に見舞われてきた。一九七七年のスンバワ島の津波では二三九人が、一九九二年のフローレス島の津波では約二四〇〇人が死亡している。また、一九九四年のバニュワンギの津波では、死者行方不明者が二三八人に上った。*4

ガジャマダ大学のバンバン・トリアトモジョによる『海岸工学』［Bambang 1999］によれば、インドネシアの公共事業省がインドネシアの沿岸部の危険度を調査し、改善が必要な沿岸部についての報告書を一九九〇年までに作成していた。それによれば、改善が必要な沿岸部としてアチェ州ではタパクトゥアン、ムラボ、ウレレー、シグリが挙げられており、これらはいずれも今回の津波で大きな被害を受けた地域である。報告書では、これらの地域が危険な理由として、居住地区が海岸に近すぎること、そして一部地域で幹線道路や官庁街が海岸に近すぎることが指摘されていた。

また、一九九五年には、インドネシアの鉱業・エネルギー省の職員がアチェの地元紙『スランビ・インドネシア』に「アチェにおける津波」という記事を寄せ、そこで津波について警告していた。*5

これに対して民間では、「津波」という言い方ではなかったが、津波に関する知識があり、人々の間で伝えられていた。アチェの西海岸沖にあり、震源に近いシムル島では、一九〇七年の地震・津波の経験から、「地震の後で海水が引いたら大きな波が来るので高台に逃げろ」という言い伝えがあった。津波はシムル島の言葉で「スモン」と呼ばれ、今回の津波でも、スモンの言い伝えがあったおかげでシムル島では住民が高台に避難しており、住民約五万人のうち津波による死亡者はわずか七名だけだった*6（第3節参照）。

このように、アチェでは以前から津波に関する知識があり、官民それぞれから津波に関する

---

*4　［Yarmen et al. 2006］。インドネシア国家災害対策庁（BNPB）のインドネシア災害情報データベースによる。スンバワ島周辺では一九七七年に七月一八日と九月一二日の二度津波が発生しており、死者数は二つの津波の死者数を合計したもの。

*5　『スランビ・インドネシア』一九九五年一一月二一日。一一月二一日にアチェで地震が発生したことを受けて鉱物・エネルギー省アチェ州支部の職員が寄稿した。過去四一六年間にアチェでは津波が四回記録されていること、一九〇七年の津波で四〇〇人が犠牲となったことを紹介し、一九〇七年と同じ場所で地震が発生すれば再び津波が発生すると警告するものだった。地質図と衛星画像をもとにアチェ西南海岸部のムラボやタパクトゥアンが津波の危険性が

警戒の必要が発せられていた。行政の対応は必ずしも十分ではなかったが、民間には津波に関する伝承があり、今回の津波に際しても被害を小さく抑えることができていた。ただし、その伝承はシムル島に限定され、アチェ州全域やスマトラ島の他の地域には伝わっていなかった。

2　写真と張り紙——被害情報の収集

津波の被害を受けたインド洋沿岸諸国のうちインドネシア以外の国々からは次々と被災状況が外部に伝えられたが、震源地に最も近かったスマトラ島北部の被災状況は当初ほとんどわからなかった。とりわけ西南海岸の情報が出てこなかった。

地震と津波の被害はアチェ州および隣接する北スマトラ州の一部にほぼ限定され、インドネシア全体から見れば極めて限られた地域であり、しかも中央政府があるジャカルタから遠く離れた地域だった。そのため中央政府は地震・津波によるダメージをまったく受けなかったが、それにもかかわらずインドネシア政府にはこの地震・津波の被害の把握に関して遅れや混乱が見られた。

当局が発表する犠牲者数は日々増加していったが、数字がいったん大幅に下方修正されるなど、情報の収集方法やその正確さが疑問視される事態が起こっていた。たとえば、保健省は二〇〇五年一月二三日に発表した「死者一七万三九八一人、行方不明者七二四九人」を一月二五日に「死者九万六〇〇〇人、行方不明者一三万二一九七人」に修正した。さらに四月七日には九万三四五八人だった死者数を三万七〇六三人に再び下方修正した。*7

高い地形であると分析し、政府による対策の必要性も訴えていた。

*6　BNPBインドネシア災害情報データベース。スモンの言い伝えがシムル島の犠牲者を軽減したことについて、日本では［高藤 2013］、インドネシアでは［Herry & Eko 2005］などの研究がある。

*7　二〇〇四年スマトラ島沖地震・津波に関する日本、インドネシア、シンガポール、マレーシア等の報道記事を日本語に翻訳して整理したウェブサイト「二〇〇四年スマトラ沖地震・津波関連情報」（スマトラ沖地震・津波災害対応過程研究会、http://homepage2.nifty.com/jams/aceh.html）の「二〇〇四年スマトラ沖地震・津波　アチェ・ニアス復興関連情報⑴」ならびに同⑵

これは、遺体が多すぎて正確な数がわからないこと、多数の行方不明者を死者とみなすかどうかで混乱したこと、被害があまりにも大規模だったことなどの理由に加えて、政府の各機関がそれぞれ独自に犠牲者数を集計し、機関間の調整が十分にされていなかったことも原因だった。省庁ごとに発表される犠牲者数は次のようにそれぞれ異なっていた。

国民福祉調整省　死者二二万五六五三人（推定）、行方不明者は未把握（一月二二日）
保健省　死者一七万三九八一人、行方不明者七二四九人（一月二三日）
社会省　死者一一万二二九人、行方不明者一万二〇七〇人（一月二三日）
陸軍　死者一〇万二八九七人、行方不明者一一万二〇〇〇人（一月二九日）

また、初動の遅れや混乱の理由として、アチェ州行政の中心地であるバンダアチェ市が大きな被害を受けたことが挙げられる。アチェ州の状況に最も詳しく、基礎データも保有していたバンダアチェの市当局ならびに州政府当局も大きな被害を受けた。そしてもう一つの理由は、地震・津波の発生時にアチェ州が戒厳令下にあったことである。アチェでは情報を集めるのが困難だったし、集めてもそれをそのまま外部に提供できない状況にあった。

域外からの安否確認

支援の規模や内容を決定する上で欠かせない被災状況を把握する試みは、電気・通信網が途絶えた状況下で困難を強いられた。こうしたなかで活躍したのは、携帯電話、無線固定電話、そして救援者や報道関係者が持ち込んだ衛星携帯電話だった。被災直後に筆者がアチェの友人たちに電話で様子を聞いたときのメモによれば、バンダアチェ市内で津波被害を受けなかった地区では次のような状況があった。「一二月二六日の地震直後は固定・携帯ともに電話が通じ

の「被災者数」の項目を参照。以下の記述で特にことわりがないものは、同ウェブサイト（以下、スマトラHP）の記事を参照している。本ウェブサイトについては本シリーズ第一巻第1章・第2章を参照。

た」「津波の後、電気と水が止まり、電話も通じなくなった」「一二月二九日、救援物資のガソリンが届いて自家発電でテレビが見られるようになった」「一二月三〇日、一部の携帯電話が通じるようになった」「一部ではバッテリ切れやプリペイドカード切れのため携帯電話が通じない人がいた」「一月に入ってフレクシ（無線固定電話）に加入した。電話番号が変わったため、外からかけてきても呼び出し音が鳴るだけで通話はできなかった」。通信網はあちこちで寸断されていたが、こうした電話を通じて部分的に外部と連絡がとれることもあった。

　また、情報が限られている状況で、ジャカルタやメダンから空路や陸路でアチェ入りして家族・親戚や知人の安否を確認した人も少なくなかった。被災者の家族や救援者たちは、アチェにある思いつく限りの通信施設に連絡を試みることで断片的な情報を集めた。

　さらに、そのようにして得られた情報をインターネット上で集積し、整理する動きもあった。留学や研修でアチェ域外にいたシアクアラ大学の講師たちは、アチェにいる家族や同僚の安否確認のためのウェブサイトをインターネット上に立ち上げ、それぞれが入手した情報を掲載すると同時に、確認がとれない家族や知人の情報提供を求め、同僚の安否を一人ずつ確認していった。[*8] また、インドネシアの雑誌・新聞の各メディアはそれぞれのウェブサイトに専用ページを設け、地震・津波被災に関連する記事を掲載し、蓄積することで被害の全貌を描こうとした。

　支援活動に携わる団体が増えるにつれ、インターネット上でも救援活動を前提とした情報収集サイトが形成された。公共事業省や統計局などに別々に保管されていたアチェの地形図や行政地図がデジタル画像として公開された。また、誰がどこでどのような支援活動を行っているかについての救援者マップも公開された。[*9]

---

*8　たとえばシアクアラ大学工学部の教員が中心となって設置した「アチェ地震」（Gempa Aceh, https://groups.yahoo.com/neo/groups/gempaaceh）などがあった。

*9　代表的なものに国連人道問題調整事務所によるウェブサイト「リリーフウェブ」（http://reliefweb.int/）がある。

図1－2　空港に張られた尋ね人の張り紙（2005年2月、バンダアチェ）

尋ね人の張り紙

アチェの被災者たちも、外部から訪れる救援者や報道関係者を通じて、家族の安否の確認や、必要な物資を求めるといった発信を行っていた。

　被災から二か月後のバンダアチェ市内では尋ね人の張り紙をよく見かけた。多くは顔写真入りの白黒コピーの簡単なものだった。市場のように地元の人々が集まる場所にも張られていたが、外国人が立ち寄る空港や災害対策本部が置かれた州知事官邸にも掲示板が設置され、行方不明となっている家族の情報が写真とともに張り出された（図1-2）。世界の人々と繋がりたくても発信する手段を持たない人々は、外国人が集まる場所に自分の情報を張り出すことで世界に発信しようとした。

　モスクも利用された。アチェの津波被災地への救援活動の特徴の一つに、宗教組織を通じた救援が挙げられる。津波で建物がほとんど流されてしまった地区でも、モスクだけ残っているところが目立った。モスクはイスラム教徒が礼拝のために集まる場所だが、礼拝以外にも説法や講話のための集会場としても機能しており、津波でまわりに何もなくなった土地で地域住民がモスクに集まるのは自然なことだった。また、アチェの外から支援にきたイスラム組織が数

人でチームを作り、車両を借りてモスクからモスクに移って救援物資の配布や宗教講話を提供する支援を行っていた。

家族・親戚や知人の安否を求める張り紙はバンダアチェ市内の中国系の寺院の前にも張り出された。アチェ州の多数派住民はイスラム教徒だが、バンダアチェには少数派ながら華人も住んでおり、その多くは商店が集まるプナヨン地区で商売を行っている。バンダアチェの華人の約七割は客家（ハッカ）人で、続いて広東人が多く、少数ながら福建人や海南人も見られる。*[10]

華人には非イスラム教徒の割合が高く、プナヨン地区にはカトリックやメソジストの教会や中国系の寺院がある。プナヨン地区は津波で押し寄せた瓦礫のために建物の一階部分が使えなくなったところが多かったが、被災からしばらくして瓦礫の整理が進むと、中国系の寺院の前の路上に掲示板が出され、行方不明者の消息を尋ねる顔写真入りの張り紙が多数張られた。*[11]

行政による情報収集の試みが拡散し、一貫性に欠けていた一方で、利用できるものを活用して情報を収集し、なるべく多くの人がアクセスできる場に集積して整理することで統合的な情報を形成しようとする動きは、誰が指示するともなく同時多発的に起こっていた。

長く紛争状態にあったために情報のやり取りにさまざまな弊害があったことに加え、津波・地震被害がインフラを破壊して情報のやり取りをさらに困難にしたことは、アチェの人々も強く認識していた。復興活動が進められるなかで、被災者と支援者の双方からアチェの内外を繋ぐ経路を確保しようとした活発な動きが見て取れた。

「捜索しています」（Dicari）という文言とともに、行方不明の家族や知人の顔写真と名前を公共の場所に張り出す動きは、被災から数か月たっても続いた。新聞にも尋ね人の広告が毎日掲載された（図1-3）。津波でマラッカ海峡に押し流された被災者がマレーシアの漁船に助けら

*10　バンダアチェでは広東語や福建語、海南語を話すのは六〇歳以上の華人で、五〇歳代以下になると広東人でも客家語を話すかインドネシア語を話す。

*11　インドネシア・アチェ華人慈善基金会の調査によれば、津波直後にバンダアチェで生存が確認された華人三〇五五人の宗教別内訳は、仏教徒が八〇・八%、キリスト教徒（プロテスタント）が八・三%、キリスト教徒（カトリック）が六・五%、イスラム教徒が四・二%だった。

DICARI
RATNA SARI DEWI (Nenses) 22 Tahun
Alamat Jl. T. Muda Peulanggahan Lr. Damai No. 09 Banda Aceh
Bagi yang melihat atau mengetahui keberadaannya, mohon menghubungi : Dedi (Adik) Hp: atau hubung harian Serambi Indonesia Via Marzuki (Abang kandung) di bagian Sirkulasi Telp.

DICARI
REKHA DWI ATHAYA SORDA (4 Thn)
(Neng Rokha)
Saat kejadian : Asrama Brimob. Alamat baru: Jl. Gayo Km 3,2 Desa Juli Setui, Mnsh Joe' Bireuen.
Bagi yang melihat/mengetahui keberadaannya mohon hubungi: M. Iskandar, ZA , Nunung , Kesha Syaputra

DICARI
1. FAHRUL RIZA (8 Thn)
2. MUHLISAN (13 Thn)
Waktu kejadian berada di Leupung, Lhoknga.
Hubungi : Zulkaraini, Hp: , APRIZAL, Hp: , Rumah bapak RAZALI D/a Ds. Cot Seunong-Montasik, Aceh Besar

DICARI
1. MERAWATI (SD EKLAS III)
2. LIASAFITRI (SD KELAS IV)
Hubungi :
Jl. Rukun Damai IV No. 2 Kp. Pineung, Banda Aceh, HP:

DICARI
MAWARNI BINTI KHARANI GADE (60THN)
AINI SARI BIHTI THAMSON SARIM (32THN)
Alamat kejadian di Komp. Perumahan Guru SD Neg. 10 Punge Jurong B. Aceh.
yang mengetahui keberadaan mereka mohon hubungi: CUT ADE MUTIA Hp. FITRI Hp.

DICARI
1. DINA LESTARI (27 THN)
2. NORA (4,5 THN)
Waktu kejadian di desa Deah Baro B. Aceh
Mohon bagi yang mengetahui keberadaannya untuk menghubungi kami:
LINDA Jl. T. Iskandar No. 65 Lambhuk B.Aceh.
No.Telp.

図1－3　地元紙に連日、数面にわたり掲載された尋ね人欄
（『スランビ・インドネシア』2005年2月）

れ、数か月たってからマレーシアから帰還した例も報じられていた。また、両親と離ればなれになった子どもの被災者は避難民キャンプで保護され、新聞広告を見て親戚の手に引き渡されることもあった。その意味で、数か月たっても捜索願がやまなかったことは理解できる。

　しかし、いつまでも続けられた尋ね人の張り紙や新聞広告には、それとは別の背景もあった。津波前、紛争下のアチェでしばしば男たちが突然行方不明になることがあった。インドネシアの治安当局にGAMとの関与を疑われて拉致されたり拷問を受けたりして殺されてしまったか、それとも、GAMと疑われて危害が加えられる前に家族に事情を説明しないまま州外に行方をくらましたかだろうと受け止められた。残された家族は、せめて後者であってほしいと願いつつ、もう二度と会えないかもしれないと半分あきらめながら、いなくなった家族の写真を抱えて帰還を待ち続けた。しかし、紛争下のアチェでは、亡くなった家族について公の場で言及し、悲しみの感情を表明することは、紛争当事者のどちらか一方に身を寄せることを表明することに繋がるために憚られた。

　津波で行方不明になった家族の写真を公の場に掲げることは、万に一つの再会の機会を期待

すると同時に、この世での永遠の別れを覚悟したうえで、その喪失を人前で悼み、しかもその思いを人々と共有することを通じて、痛みを社会と分かち合おうとする営みとなっていた。

3　ツナミとイブナ ―― インドネシアの津波認識

スモン ―― 「地震で海水が引いたら高台に逃げろ」

津波で大勢の人が亡くなった背景の一つとして、アチェの人々に津波についての知識がなく、地震発生後に海岸沿いにいた人々が避難行動をとらなかったことが指摘されている。

これに対して、アチェ州西南海岸沖のシムル島では、前述のとおり地震の後に海の水が引いたら高台に逃げろという教えが昔話や歌の形で言い伝えられており、二〇〇四年の津波でも住民はこれにしたがって地震発生後に高台に避難したため、他の地域に比べて死者が少なかった。*12 シムル島は震源地に近く、津波も高かったが、犠牲者の数はアチェ州のほかの地域と比べて格段に少なかった。

シムル島では、大きな地震の後に海水の水位があがって大きな波が来ることを地元の言葉で「スモン」*13と呼んでおり、シムル島の事例は「スモンの教え」として津波後にインドネシアの内外で広く知られるようになった。*14 記録によれば、シムル島では一九〇七年に地震と津波が起こっていた。海の水が引き、海辺に残った魚を捕ろうと人々が海に近づいたところを津波に襲われて多くの人が亡くなったという。

「スモンの教え」は、歌の形をとることによって長い年月を越えて人々の間に伝承されてき

---

*12　津波による家屋損壊は一五九七棟だったのに対して死者は七名だった。シムル島は震源地から約四〇〇キロの地点にあり、地震発生後一〇分ほどで津波が到達したと考えられる。

*13　シムル島で話される主な言語は国語であるインドネシア語以外にデファヤン語、シグライ語、ルコン語の三種類が知られる。このうちスモンという呼び名が使われているのはデファヤン語で、「地震のあとにはスモンがくる」(Nga linon fesang smong)と言われていた。

*14　スモンの教えは、むしろ津波後に現地入りした外国のメディアや研究者の関心に対応する形で登場し、取材や報道を通じて住民の間で広く口にされるようになったという声もあるが、ここではこのことを検討す

た。[15]科学的な知識によらずとも経験から教訓が引き出され、それが人々のあいだに伝承されていたことで実際に津波の犠牲を減らした「スモンの教え」は、「在地の知恵」のモデルとなっている。

シムル島の住民はアチェ州の多数派であるアチェ人と民族的に異なり、そのためスモンの教えがそのままアチェ州の本島に伝わるわけではない。アチェ州の本島にはスモンの教えのような伝承がないと考えられている。一九〇七年の大地震では、アチェ州本島の沿岸部を津波が襲ったが、そのときの経験は継承されず、二〇〇四年の津波では、地震後に海の水が引いて海岸に取り残された魚を捕りに海に近づいて津波にのまれた人がいたことが報告されている。

ツナミ ── 災厄か自然の事象か

過去に津波を経験していたはずのアチェ社会で津波がどのように受け止められ、どのように共有され、継承されているかを考えるには、アチェの人々が日常生活の中で津波をどのような言葉で語っているかを見る必要がある。

津波に襲われたり間近で見たりしたアチェの人々は、自分の体験を語る際に「津波」という言葉を使わず、「海の水があがってきた」「潮が突然満ちてきた」といった言葉で説明した。津波に襲われている瞬間には、目の前に流れ込んできている水がどのような事象として生じているか理解することは難しく、「津波」という表現が出てこなかったとしても不思議ではない。しかし、被災から数日たって自分の体験をふりかえったときにも「海の水があがってきた」「大きな波が来た」のように、人々は日頃使っている単語を組み合わせて自分の体験を表現し、その言葉は人によって異なっていた。このことは、二〇〇四年の津波が起こった時点でア

るのが目的ではない。

*15　伝統的な四行詩の歌にスモンを詠んだものがあり、農耕や漁業の作業時や子守の際に歌われていた。さまざまなバージョンがあり、たとえば次のようなものが知られる。「お話を一つ聞きなさい／昔々のこと／ある村が水に沈んだ／彼らの話すところでは／まず地震が起きた／そのあとにとても大きな波がやってきた／すべての村が沈んだ／突然のことだった／もし強い地震がきて／そのあとに海の水がひいたなら／より高い場所を探しなさい／その名をスモンという／これが私たちの祖先に起こったことだ／よく覚えておきなさい／この言い伝えを」。

チェには津波について語る共通の表現がなかったことを示している。だからこそ、その後、自分たちが経験した事象が世界で「ツナミ」と呼ばれていることを知ったアチェの人たちは、ツナミという言葉を受け入れて使うようになった。

いま、私たちがアチェに行き、二〇〇四年一二月二六日にアチェで何があったのかと尋ねれば、人々はツナミであると答えるだろう。毎年開催される津波被災記念式典は「ツナミ記念式典」と呼ばれ、ツナミという言葉はアチェのみならずインドネシア全域で定着したように思われる。しかし、アチェの人々が話すツナミという言葉は、私たちが考える津波と必ずしも重なっているとは限らない。ツナミという言葉は、日本語の津波をもとに作られた国際的な科学技術用語である英語のtsunamiをもとにインドネシア語となった言葉で、新聞等で使う書き言葉としてインドネシアで定着している。新聞紙上では津波早期警戒システムの構築や津波ブイの設置などが議論されており、そこでは波高が三〇センチで人的・物的被害をほとんどもたらさないものであっても津波とされる。

他方で、インドネシアの多くの人々にとって、ツナミという言葉は二〇〇四年にアチェを襲ったような規模の災害を指す言葉として受け止められているように見受けられる。インドネシア語にもともとない「tsu」で始まるツナミは明らかに外来語という語感を持ち、人々が日々の暮らしの中で使う話し言葉としては発音しにくいことも、この言葉がどこかよそ行きの言葉である雰囲気を与えている。

それはアチェの人々にとっても同様である。アチェの人々は、新聞を読めば、そこに書いてあるtsunamiという言葉が二〇〇四年に自分たちを襲った災害を指すとわかるし、よそから来た人、とりわけ日本から来た人に対しては、ツナミという言葉で自分たちに起こったことを説

明する。しかし、アチェの人々にとって、ツナミは二〇〇四年のような何メートルもの高さを持つ津波を指し、それが来たときには人や街はひとたまりもなく大きな被害を受けるものと理解されているようである。ツナミは一〇〇年に一度の割合でやってくる大災害で、来れば被害は甚大となり、外国から支援者が来るほどのものとなる。ツナミという言葉には、被害も支援も自分たちの外の世界から来るものというイメージがつきまとっている。

二〇〇四年のアチェを襲った津波とその被害の様子は、映像や写真や多数の現地報告を通じてインドネシア中の人に共有された。車や人を次々と呑み込みながら津波がアチェの街の間に黒い濁流となって流れ込み、人々が逃げ惑う映像や、周囲の住宅が水面下に没し、あたり一面が水に覆われた様子が録画され、その映像はテレビやインターネットを通じて繰り返し映された。この世の終わりが来たかと思うほどの想像を絶するありさまで、人々に強い印象を残した。そのため、二〇〇四年以降、インドネシアの人々は「ツナミ」と聞くとアチェの津波を想像するようになった。地震が起きると、海岸から数十キロメートル離れたところにいる人でさえ、さらに高台に逃げようとする動きがみられた。海から現れるこの世の終わりが来たかと思うような大きな災厄がツナミと呼ばれている。

イブナ

それでは、アチェにはシムル島のスモンや外来語のツナミ以外に津波を指す言葉はなかったのか。実際には、アチェにも津波を指す地元の言葉があり、津波についての伝承が残っている。

二〇〇四年の津波以前にアチェでは一七六八年、一八六九年、一九〇七年の三度の地震津波が記録されていた。一九〇七年の地震津波ではおよそ四〇〇人が死亡したとされる。アチェの

過去の津波被災の経験が探される中で、アチェでも津波を指すイブナ（Ie Beuna）という言葉があったことが明らかにされた。[*16] アチェ語でイ（Ie）は「水」、ブナ（Beuna）は「あるべきもの」「適切な」を意味し、あわせて「正しさの水」のような意味を持つ。この言葉は年配の人たちには知られていたが、若者にはほとんど知られておらず、この単語が何を意味するのか見当がつかない人もいるほどだった。

一九〇七年のアチェはオランダの植民地統治下にあった。当時編纂されたアチェ語・オランダ語辞書ではイブナは次のように説明されている。「海からくる高い波が陸を襲うこと。地震により生じる」。また、八〇歳になるアチェの古老によれば、イブナとは「危険な水で、海の中からやってきて、椰子の木ほどの高さになる」とのことである。また別の人物によれば、イブナとは「海の幽霊の危険な水」のことであり、「幽霊」とはアッラーからの警告を意味している。イブナはとても速いスピードで海からやってきて、波が高く陸上のものを打ち壊すので、泳ぎが得意でもイブナにはかなわず、ただアッラーの奇跡によってのみこの水の難から逃れることができるという。

別の古老は、遠い昔のスルタンの時代の話として、アチェがイブナに襲われたときの話を語った。海上でイブナに遭遇したスルタンの船隊が、ヤシの木二本分ほどの高さになったイブナに向けて大砲を放つと、イブナは割れ、スルタンの船隊は難を逃れたという。

アチェ西南海岸部でイブナの話を聞いた人もいた。南アチェ県のイスラム寄宿塾で修行していたときに、師匠に「海岸に行くときはパンダン[*17]の木の苗を持っていって植えてきなさい、そうすると海から陸にやってくる大波を防ぐことができるから」と言われていた。

アチェの古い伝承にアチェで起こるさまざまな禍について詠んだものがあり、その中でイブ

*16　アチェの歴史や伝統文化について調査を行っているアチェ歴史伝統局は、機関誌『ハバ』（Haba、便り）で「二〇〇四一二月二六日の「イブナ」」という特集を組んだ。巻頭論文では二〇〇五年三月に大アチェ県の古老たちを対象にイブナについての聞き取り調査を行った結果が紹介されている。イブナについて語った人たちの多くは、イスラム寄宿塾で教えたり、村でコーランの詠み方や礼拝の仕方を教えたりしていたイスラム教教師たちだった。以下の記述は［Piet 2005］による。

*17　タコノキ属の常緑樹で熱帯地域の海岸部に自生する。葉は帯状で細長く、手工芸品の素材として利用される。葉に独特の香りがある品種は、料理や菓子の香りづけに使用される。

ナのことが語られていた。その中では、「もしイスラムを知る者がないがしろにされ、聖人が辱められるようなことがあれば、海の水が陸に上がるという形でアッラーが罰を与える」とあるという。

　このように、アチェで過去に津波が発生しており、イブナという名で津波についての知識が存在していたにもかかわらず、多くの人は津波のことを知らないまま命を落とした。このことは、アチェの人々にとって、適切な知識を適切な形で身につけることや、過去の経験に学ぶことの重要性を強く認識させることになった。

4　モスクと文書 ―― 歴史・文化の被災

津波で残ったモスク

　災害は、身近な人々の生命を奪うだけでなく、地域の景観を一変させ、人々が自らを社会に位置づける記憶や記録を失わせる。身のまわりのものを一瞬にしてすべて失い、自分がどこに位置づけられているのかを見失った人たちの生活の再建の拠り所となりえたのは、自分たちが昔から慣れ親しんできた施設や制度、そして昔から語り継いできた歴史や文化だった。

　インドネシアにはさまざまな形状のモスクが見られる。ジャワ島では、四方を壁に囲まれ、その上に斜めに瓦屋根が載ったモスクが多い。これに対してアチェでは、壁はなく柱の間の空間が空いており、丸い柱の上に平らな天井があって、その上にドーム状の屋根が載っている形状のモスクが多く見られる。

モスクはそれぞれの村に作られるため、沿岸部に村が集まっているアチェではモスクも沿岸部に多くなる。したがって、スマトラ島沖地震・津波の際にも各地のモスクは真っ先に津波に襲われた。しかし、不思議なことに、その地域の建物がほとんどすべて津波で流されてしまいながらも、モスクだけが倒れずに残ったところが何か所もあった。その理由の一つはアチェに多く見られるモスクの形状にあったと思われる。壁が少なく丸い柱ばかりで、しかもモスク内には家具などがほとんどないため、津波は柱の合間を流れていく。しかも、二階の部分が平らになっているため、モスクの二階によじ登れば津波から逃れることができた。

モスクだけ残ったのが神の意思であるかはともかくとして、被災して何もかもなくなってしまった人たちがモスクだけ残ったのを見て神の奇跡をいっそう強く信じるようになったことは十分に納得できる。

また、モスクではないが、バンダアチェ市内にある聖人シアクアラの墓所は、海岸部にあって津波の直撃を受けたにもかかわらず、墓のまわりの鉄柵が曲がっただけで、墓石は流されずそのままの場所に留まっていた（図1-4）。「シアクアラの奇跡」として、津波後にシアクアラの墓所を訪れる人々が増えた。シアクアラの墓所が津波で壊れなかった話はアチェ以外の地域にも伝わり、復興支援のためインドネシアの他州やマレーシア、シンガポールからアチェに入った人々が訪れる場所の一つとなった（16ページ、図6）。

モスクは救援復興支援の拠点ともなった。外部社会から来た支援者は、アチェで活動するにあたって地元NGOなどのカウンターパートを必要とした。イスラム諸国やイスラム団体による派遣では地元のイスラム系組織をカウンターパートとすることが多く、村々ではモスクを活動の拠点として食料や生活必需品の配布や防災教育などを行った。その意味でも、モスクは生

図1－4　津波に耐えた聖人シアクアラの墓

活再建の拠点となった。

多くの村でモスクが残ったことは、アチェの人々にとってイスラム教徒である自分たちが神の試練を受けているという理解を与え、生活を再建していく一つの拠り所となった。

文書と図書館

モスクと並んで重要だったのがアチェの歴史であり、歴史を記録している文書だった。東西文明の結節点として繁栄したアチェでは、外部世界とアチェを繋ぎ、またアチェの過去と未来を繋ぐために情報がきわめて重要な役割を果たしてきた。それらの情報には、アチェの世界における位置づけを示す書物や文献資料、アチェ社会の思想や運動の系譜や来歴を示す書物や文献資料、現在のアチェ社会における人々の立場や地位を裏付ける公文書の三種類がある。図書館は地域情報の拠点であり、地域社会に関する情報を蓄積し、社会で共有する仕組みである。その意味で、図書館は災害が起こったときの記録や記憶の復興の拠点ともなる。

バンダアチェには、公立のものと民間のものをあわせていくつもの図書館や文書館がある。海や河からの距離によって、津波で跡形もなく流されたもの、蔵書が津波をかぶって使えなく

なったもの、それほど大きな被害が出なかったものがあった。地震・津波の発生から六週間目に筆者が現地入りして行った調査をもとに、バンダアチェ市内の主要な図書館や情報拠点がどのような被害を受け、それに対してどのような対応がなされたかを概観しながら、地域社会における図書館等の地域情報拠点の役割を考えてみたい。

アルラニリ・イスラム高等学院図書館

国立アルラニリ・イスラム高等学院の三階建ての図書館は、一階部分が浸水する被害を受けた。建物は地震により接合部分にひび割れが入った状態だった。蔵書数二八万八六〇〇冊のうち、被害を受けたのは一階部分に置かれていた整理中の新着書籍を中心とする七〇〇〇冊で、うち三〇〇〇冊は濡れただけなので何らかの処理を施せば復旧できるはずだが、適切な設備がない状態だった。

シアクアラ大学図書館

国立シアクアラ大学の三階建ての図書館は、大きな被害を免れた。地震による揺れはあったが、津波は及ばなかった。建物は床のタイルがひび割れたり書架が倒れたり天井が一部落ちたりしている程度で、日常的な利用には大きな妨げにならなかった。蔵書数は一〇万冊前後で、浸水による蔵書の被害はなかった。

国立公文書館アチェ州分室

二階建ての建物の一階部分が浸水した。庭に駐車していたオートバイや自動車が津波によって泥とともに館内に流れ込んだ。一階部分には、州政府の各部局で発行される公文書の写しを保存するものと保存しないものに仕分ける作業室があった。ここに置かれていた資料は泥水をかぶった。また、一階で作業していた職員一一人が死亡するなど人的被害も甚大だった。

記念や展示用に一階に配置されていた資料を除き、重要な書類は二階で保管されていたため、直接の浸水による被害はなかった。ただし、建物外に設置されていた電源パネルが浸水して故障したため、書庫の空調などの設備が十分に機能しない状態が続き、浸水した資料の腐食・腐敗が懸念されていた（図1-5）。

アチェ州立図書館

二階建ての図書館で、一階部分が津波による被害を受け、浸水し、泥も堆積した状態で一か月放置されていた。建物自体は一見したところ大きな被害はなかったが、一階部分は資料のみならず調度も含めて瓦礫として整理された状態にあった。瓦礫と泥の撤去には一日あたり一七人を雇用して作業を行い、相当の日数がかかったという。館長は津波で死亡しており、スタッフの人的被害が大きかった。

蔵書数は約二〇万タイトルで、一タイトルにつき数部あるものもあるため、全体の冊数は二〇万よりも多い。一階部分に置いてあった一般書籍の九割が浸水による被害を受けた。そのうち二％は購入したばかりの新着書籍だった。

二階に配置されていた「アチェ蔵書室」には、シアクアラ大学の卒業論文や地元日刊紙『スランビ・インドネシア』紙のバックナンバーなど一万二〇〇〇冊が収蔵されていたが、津波による被害は受けなかった。ただし、津波後に書籍の整理をアルバイトやボランティアに依頼したところ、記念に書籍を持ち出してしまう人が多く、対応に苦慮していた。

アチェ資料情報センター

アチェ資料情報センターは、バンダアチェ市長が津波で犠牲になったブランビンタン広場の前に位置していた。津波により平屋建ての建物自体が跡形もなく流され、土台だけが残ってい

る状態にあった。瓦礫が依然として残っており、瓦礫の中の遺体の収容も終わっていなかった。敷地周辺の瓦礫には、同センターが一九七〇年代前後に発行していた「アチェ資料シリーズ」（オランダ植民地時代の公文書のインドネシア語訳）や、アチェ戦争の写真資料集などアチェの近現代史の基礎的な文献資料が一部散乱していたのが見られた。関係者によれば、七〇点の貴重資料を含む五〇〇冊以上の蔵書が廃棄されたという。

図1－5　国立公文書館アチェ州分室の水浸しになった資料（2005年2月）

アリ・ハシュミ図書室

初代アチェ州知事でイスラム知識人として知られるアリ・ハシュミの私設図書室。蔵書数は一五〇〇冊で、言語はアチェ語、インドネシア語、英語、オランダ語と多岐にわたっていた。アリ・ハシュミが作成した各種の行政文書、個人の写真アルバム、自身の著作のほかに、個人コレクションとして古い時代のコーランや手書き文書などのイスラム教関連の希少本を所蔵し、公開していた。二階建ての建物は地震による倒壊を免れたが、地震により書架から本が落下していたため、津波による浸水は三〇センチ程度だったにもかかわらず水に浸かった本があった。

公文書の被災と修復

裁判記録や土地台帳などの公文書も被災したため、被災後の秩序維持や復興計画の立案の上で大きな障害となることが予想されたが、結果として大きな混乱を招くことはなかった。その背景には、関係部局が文書の被災を受けて適切な対応を行ったことや、重要文書は写しが保管されていたことに加えて、浸水した文書の修復が可能であることが早期に明らかにされたことがあった。

バンダアチェの地方裁判所は川沿いに位置し、津波により多くの書類が浸水や流失の被害にあった。州政府は、書類が破損したり流失したりした裁判については裁判そのものをやり直すとの方針を示した。

海岸沿いの地域では、住宅が土台から津波によって破壊されて土地の境界が不明瞭となったり、地権者やその親族が死亡したりしている地区も少なくなかった。地権者やその親族が生き残っていた場合でも、よそへ避難しているために土地の管理が十分に行えない状況もあった。このため、住民の間には、不在のあいだに土地区画を勝手に変更されてしまうのではないかといった懸念や、大規模な都市計画が実施されて土地の権利を奪われるのではないかといった懸念があった。津波の直撃を受けた地区の多くで土地の境界を示した杭や旗が立てられ、地権者の連絡先や名前を記した看板が立てられた。

土地台帳については、記録が保全されていることや土地証書の修復に取り組んでいることを示し、住民の不安を払しょくすることが重要だった。国家土地局はこの問題に対し、アチェ州において津波で損壊した土地証書は全体の三〜五％で、地図と衛星写真から復元可能であること、正本はアチェ州外にあること、損壊したものについても日本の技術協力で修復が可能であ

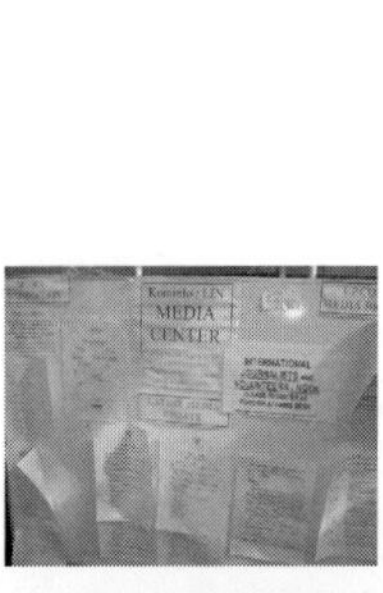

ることを明言することで対応[*18]した。津波で土地証書が失われるとどの土地が誰のものかを示す証拠がないために混乱が予想されるが、仮に手元に土地証書がなかったとしても、どこかに土地証書が存在するという意識が生まれ、土地をめぐる大きな混乱が生じなかった。目の前に存在しなくてもそれが必ずどこかにあると信じることで目の前にないものが意味を持つということであり、アチェ社会が歴史や文書に対して重きを置いていることがよく表れている。

*18　このような対応を支えたのはＪＩＣＡ（国際協力機構）による「アチェ津波災害被災土地台帳修復支援」事業だった。アチェの津波被災文書の修復支援事業にあたっては、東京修復保存センターの坂本勇らの尽力が大きかった。詳しくは［坂本 2005, 2010］。

アチェの女性たち

被災から二か月後の二〇〇五年二月に、留学中に寄宿させてもらっていた「母」の家を訪れた。水や火を使わずに調理できるレトルト食糧を日本から持参していたが、アチェ滞在中に食べる機会はなかった。海岸から離れていて津波の被害を直接受けなかった地域では、支援者や避難者が多く、賑わいを見せていた。食卓には被災前と同じ品が並んだ。

バンダアチェ市内のホテルの多くは倒壊したため、この家は日本からのゲストの宿泊施設となった。みんな日本のお菓子をお土産に持ってきてくれたそうだが、アチェの人々の口にあまり合わなかったようで、戸棚に何箱も積まれていた。

日本人が始終出入りする一方で、親戚どうしの集まりも頻繁に開かれていた。「お母さん」の弟の奥さんは、津波で一度に親族二六人を亡くしていた。彼女も津波で流されたが、目の前に流れてきた中国製の冷蔵庫につかまって助かったという。何かにつかまって助かったといえば、別の親戚の子で、津波に流されたけれどバスケットボールにしがみついていて助かった少年の話でもちきりになっていた。少年は助けられた後も数週間は口がきけなかったという。

この家はもともと大家族が集まる場所だった。大アチェ県出身の「父」の親戚やその知り合いの娘たちが寄宿していた。彼女たちはこの家に寝泊りしてバンダアチェ市内の学校に通いながら、「お母さん」にミシン刺繍を習ったり、コーランの勉強をしたりしていた。津波が来た日の晩の炊き出しも総出で手伝ったという。彼女たちのほとんどは津波とは無関係の内陸部の出身なので、みな家族は無事だったそうだが、学校の友達は大勢亡くなっていた。アチェの人々はもともと大勢で集まって食事をとるのが好きだが、この頃はいつにも増して大勢で集まって食事をとる機会を増やしているように見えた。

第2章

統制を破る支援の波

被災から
半年

右：土台だけ残った住宅地にテントが建ち並ぶ（2005年２月、バンダアチェ）

本章下部の写真：アチェにて、2005年２月、８月、12月撮影

津波直後に現地入りした報道や人道支援の関係者は、インドネシア政府、とりわけ戒厳令下のアチェの統治を担っていたインドネシア国軍の対応に戸惑いを覚えた。緊急時にただちに活動しようとしたにもかかわらず、アチェに入域すると複数の役所をまわって書類をそろえて登録しなければならなかったし、登録が済んだ後で実際の活動をしても、その活動内容の報告が求められたためである。しかも、活動のために必要な情報を求めても、なかなか提供されなかった。アチェは紛争地だったために外国人の身の安全を保障しなければならないという理由もあったかもしれないが、アチェに入った人たちの実感では、紛争の気配はほとんど感じられず、軍や役所による登録や報告の要請は活動を歓迎していないことのあらわれに見えた。

しかし、外部からアチェを訪れた多数の支援者たちや、それを受け入れたアチェの被災者たちの間で支援を通じた相互作用が進むことで、アチェを一元的に管理しようとする国軍の試みは無効化されていった。そのような状況で、支援活動の範囲を広げるため、支援者はさまざまな工夫を凝らし、支援者どうしで調整会議を行って情報共有や役割分担を行い、また、それに対して被災者たちも支援を受ける窓口をそれぞれつくることで対応した。さらに、国軍による支援活動の統制に対して支援団体がそれぞれ工夫を重ねて活動した結果、立ち入りと活動が禁止されていた地域での活動が認められ、戒厳令下の地域が開放されていった。また、現場での支援団体の活動を円滑に行えるようにするため、大統領直轄のアチェ・ニアス復興再建庁[*1]（BRR）が被災地の中心地に置かれて調整役を担った。

＊1　救援段階から復興段階への切り替えが検討されていた頃の二〇〇五年三月二八日、ニアス地震（マグニチュード八・六）が発生し、この地震の被害とあわせて復興・再建を管轄する機関としてアチェ・ニアス復興再建庁が設置された。大統領直属の特務機関であり、透明性・迅速性の確保や情報共有を通じた支援の調整を任務とした。復興再建庁の調整下に、住宅再建や道路・橋梁・港湾修復、生計支援やトラウマケアといった各種の復興支援事業が進められ、世界各地から多額の資金と人員がアチェに入ってきた。

1　監視下の支援――インドネシア政府・国軍

インドネシア政府の対応

被災地から離れた地域にいて直接被災しなかったさまざまな人々がアチェの被災状況に関心を寄せ、それぞれの指導者・代表者が次々とアチェの救援・復興に対する支援を申し出て、救援物資の提供や人員の派遣などを決定した。インドネシア政府、亡命「アチェ国」[*2]政府首脳、インドネシア国内のイスラム組織を含め、さまざまな機関・団体・個人がアチェに向けた人員と物資の派遣を開始した。

インドネシア政府は、地震・津波が発生した二〇〇四年一二月二六日の夜、この災害を「国家的災害」と宣言し、各国政府や援助団体による被災地支援の受け入れを検討する方針を示した。二〇〇五年一月二日には、アチェの復興・再建プログラムの策定と各国からの援助資金の調整・分配を行うため、省庁を越えた独立機関を設置する方針が示された。

インドネシア政府の対応を睨みながら、一月九日には各国・国際機関の支援表明額が五〇億一五〇〇万米ドルに、民間援助が一六億八〇〇〇万米ドルに達した。独力での津波への対応に窮したインドネシア政府は外部世界からの支援を受け入れることとし、一月一二日に五年計画による総額二二億米ドルの復興計画案を発表して各国に資金協力を求めた。また、一月一九日には地震・津波による損害額がアチェ州だけで四五億米ドルに達したとの調査結果を公表した。

アチェの被災地には人員と物資も派遣された（図2-1）。インドネシア政府の発表によれば、

*2　211ページを参照。

津波直後の時点でアチェに入った外国の援助団体数は三八〇に上った。各国の政府機関・民間団体のアチェでの活動を調整する国連人道問題調整事務所（UNOCHA）に登録した団体数は、二〇〇五年四月二〇日の時点で五三五だった。

図2-1　シンガポール提供の仮設管制塔と現地入りする外国人支援者
（2005年2月、バンダアチェ）

国軍による支援の統制

インドネシア政府や治安当局はアチェを外国からの支援団体に対して完全に開放したわけではなかった。津波前に軍事戒厳令から段階が引き下げられていた民政非常事態は津波後も継続された。*3 大量の救援物資を域外から搬入するための経路は限定されており、被災地の状況を十分につかめていない外部からの支援者による救援活動に対し、治安当局は「治安上の問題」を理由に輸送ヘリの管理や「同行護衛」を求め、一部の地域では「通行税」の徴収や取材制限なども行った。

　バンダアチェ市周辺には国内線が発着するスルタン・イスカンダルムダ空港とマラハヤティ港があったが、アチェ州の被害状況が明らかでなかったことや、受け入れ可能な量が

*3　アチェ州に対する民政非常事態は二〇〇四年一一月一八日に六か月間の予定で施行されていた。インドネシア政府は二〇〇五年一月二五日に民政非常事態の状況評価を行い、GAMによる攻撃が続いているとして民政非常事態の継続を決定した。インドネシア治安当局はGAMが被災者を装い避難民キャンプで反政府活動を行ったり、救援物資に紛れてGAMに武器が提供されたりすることを懸念しており、津波後も治安当局によるGAMに対する軍事作戦を行っていた。国軍関係者は被災から二週間でGAM関係者一二〇人を殺害したことを明らかにしている。

限られていたこともあり、救援物資はスマトラ島での物流の最大の拠点でアチェ州に隣接する北スマトラ州メダン市のポロニア空港と、その近郊のブラワン港に集荷された。

支援団体はシンガポールやマレーシアなど近隣地域の空港の活用をはかった。インドネシア政府も輸送拠点の分散化をはかった。一月一〇日にはスシロ・バンバン・ユドヨノ大統領がエンドリアルトノ国軍司令官に対し、メダンとバンダアチェの空港の負担を軽減するためにムラボとサバンの空港を整備し、リアウ諸島州バタムと中部カリマンタン州パランカラヤの空港を救援物資輸送機の燃料補給と駐機拠点とするよう指示した。

バンダアチェからムラボにかけて海岸沿いの道路や町が壊滅的な被害を受けた西南海岸部への救援物資の輸送は、もっぱら北スマトラ州からの陸路が用いられた。経路が限定されていたことから、西南海岸への輸送では国軍による同行護衛や「通行税」の徴収が頻繁に行われた。[*4] これに対し、支援団体は輸送コストがかかるという問題を指摘し、治安当局は「通行税」の徴収を禁止する声明を発表した。

緊急支援の段階で各国政府が活用したのは、自前の輸送機材を有し、支援活動に必要な機材を自前で調達できる軍隊だった。インドネシア政府は当初、国軍やインドネシア国内のイスラム急進派が外国軍部隊の活動に不満を抱いていたこともあって、外国軍部隊の展開期限を三か月とする方針を打ち出していた。国軍は領土内上空を外国軍のヘリコプターが飛ぶことや、アメリカ空軍のヘリコプターで運ばれた援助物資がＧＡＭの手にわたることに神経を尖らせていた。[*5] これに対し、国連や米国などの国際社会からは制限の撤回を求める声が出た。ユドヨノ大統領は、アチェ州内で救援復興活動を続ける外国軍部隊や国際組織の展開に期限を設けないこと、ただし、三か月をめどにインドネシア側に徐々に活動を委譲すべきであるとの考えを示し

---

*4　二〇〇五年一月半ばにメダンからムラボに物資を輸送したある運転手は国軍の駐屯地の前を通るたびに二〇〇〇～五〇〇〇ルピアの「通行税」を求められ、ムラボに着くまでに三五万ルピア支払ったという（『アチェキタ』二〇〇五年一月一三日）。また、ムラボの国連人道問題調整事務所の担当者によれば、二〇〇五年八月の時点で国軍の検問所はバンダアチェ＝ムラボ間では約七〇か所、ムラボ＝メダン間では約一〇〇か所に及んでおり、それぞれの検問所では一万ルピア前後の「寄付金」が求められた。

*5　たとえば、イスラム系雑誌『サビリ』（Sabili）には、インドネシアのトランスＴＶが米母艦エイブラハム・リンカーン号を取材した模様を放映した際に、援助物資を待つ避難民の中

た。

援助の行方を監視しようとする動きは、インドネシア政府・治安当局と支援団体の双方から生まれた。国軍は、アチェ州での外国からの支援を効率的に行うため、災害対策調整本部のもとで二週間に一度、支援活動に対する評価を行うと発表した。他方、支援金を出した各国や国際機関からは、支援金の使途を監視する機関の設置を求める声があがっていた。

政府や治安当局、とりわけ国軍による外国勢力への警戒心の背景には、外国の軍隊や報道関係者がアチェに入ることで、自分たちの目の届かないところでアチェの人々が外部世界の人々と直接やりとりする経路を手に入れ、それによって自分たちが行ってきた人権侵害が明らかにされることへの恐れがあったと考えられる。戒厳令下のアチェでは、人権などの国際社会で受け入れられているものとは異なる規範を通用させており、もし「囲い込み」を解除して政府や治安当局と異なる規範を持つ勢力をアチェに立ち入らせてしまうと、政府や治安当局は自分たちの正統性が失われるかもしれないと考えたとしてもおかしくはない。ただし、外部勢力を完全に排除してしまっては、災害支援のための莫大な資金を受け取ることもできない。政府や治安当局にとって望ましいのは、外部世界からの支援を受け入れ、その活動や資金の管理を自分たちが独占することだった。

マレーシアによる空港開放

インドネシアの治安当局が外国勢力のアチェへの入域を好ましく思わず、また、外国からアチェへの入域経路が北スマトラ州メダンのポロニア空港[*6]からバンダアチェのスルタン・イスカンダルムダ空港までだけと限定されていたために両空港が混雑したという状況を受けて、隣国

に武器を持った私服の人物が複数映っていたことをもとに、「米軍の援助物資受け取りにGAMが立会い?」との記事を掲載し、外国勢力によるアチェ関与に対する懸念を訴えた(『サビリ』二〇〇五年第一六号)。なお、トランスTVによる右記の放映部分は二〇〇五年二月二八日のNHK「クローズアップ現代」でも取り上げられた。

*6 メダンの空港は二〇一三年七月よりメダンから三二キロメートル離れたクアラナム国際空港に移転した。

で地理的に近接していたマレーシアとシンガポールはメダンを経由せずに直接アチェを訪れて支援することを試みた。

二〇〇五年一月四日、マレーシア政府はバンダアチェでの津波被災者救援活動のために米国、イギリス、オーストラリア、日本に対してマレーシア領空の飛行と国内空港の使用を許可した。一月六日にはペナン港有限会社が外国の救援組織に対してアチェへの救援物資の積み替え拠点としてペナン港を提供し、倉庫、タグボート、水先案内人およびその他の設備の使用を無料で提供すると決定した。ペナンからアチェまでは海路で六時間、空路で三〇分の距離にある。さらに、メダンのポロニア空港とバンダアチェのスルタン・イスカンダルムダ空港の混雑解消のため、一月九日にマレーシア政府は救援物資を輸送する航空機に対してランカウィ空港の使用を認めた。

スバンのマレーシア空軍基地には世界食糧基金（ＷＦＰ）や国連がチャーターした輸送機が頻繁に離着陸し、アチェへの支援物資を輸送した。国連はマレーシア空軍と各国政府の協力を得てスバンの空軍基地に国連共同物流センターを設置した。同センターは救援物資を迅速に被災地に送り届けるために二四時間稼動し、津波から一か月の間に同センターから一一五三トンの救援物資がアチェに輸送された。

物流インフラの修復・拡充

外部世界からの支援者とアチェの被災者を結び、ヒト、モノ、カネのやりとりの経路を確保する試みがさまざまな形で進められた。津波はアチェの沿岸部の道路や港湾設備を壊滅させ、このため被災状況の把握や救援物資の輸送に困難をきたした。救援復興活動を円滑に進めるた

め、道路や鉄道、港湾施設などの物流インフラの整備が始められた。

二〇〇五年五月八日、アメリカ政府はインドネシア政府とのあいだにバンダアチェ＝ムラボ間の国道二四〇キロの再建を行う合意文書を交わした。津波によって道路が寸断され、多くの村が孤立し、援助物資の輸送に苦労した西南海岸部では、インドネシア国軍が中心になってバンダアチェ＝ムラボ間の国道の応急修理を行っていた。仮の橋梁が設置されていたが、本格的な橋の再建のために二億四五〇〇万米ドルが投じられることになった。

五月一三日には、フランス国有鉄道がインドネシア政府と共同でアチェ州の鉄道再建の可能性を調査することが合意された。アチェ州の交通運輸局長は、この鉄道が農園や養魚場がある地域を経由し、これまで主要交通網から外れて孤立していた地域を横断することで、各地で生産される商品が市場に出せるようになることへの期待を表明した。

港湾整備への援助もあいついで表明された。五月一六日、国連開発計画はバンダアチェ市の北西に位置するウレレー港の再建費用として二〇〇万米ドルの供与を決めた。ウレレー港はバンダアチェ沖のウェー島への旅客船が運航していたが、津波により港湾設備が周辺の集落ごと跡形もなく破壊されていた。また、バンダアチェ市近郊にあって石油の積み揚げ港でもあるマラハヤティ港の再建には、オランダから八〇〇万ユーロの支援が計画された。

2　支援者の役割分担――コンソーシアムとポスコ

アチェの津波被災は国際社会の関心を集め、多くの援助団体・機関がアチェでの活動に臨ん

だ。その結果、援助団体・機関はドナーに説明しやすい支援対象を求めて互いに競合することとなった。拠点となる街に近くて援助物資を運び込みやすく被災者も多い地域から実施する援助団体・機関が決まっていった。このため、後続の援助団体・機関ほど、先行する援助団体・機関と援助内容や裨益者が重複しないよう、自らの団体の支援活動の専門性が問われることになった。*7

被災者も援助を受けるために競合した。各地に作られた避難所ではポスコと呼ばれる連絡窓口を設置し、外部から来た援助団体に避難者の性別・年齢・世帯構成を整理した名簿を提供し、日々の生活に必要な物資の確保に努めた。どのような支援事業が地域で行われているかを調べ、支援申請書を書き、援助団体に持ち込みをするといったことも見られた。

コンソーシアム型

紛争などの理由で支援者が現地入りしにくい状況で、支援者が複数で支援地に入る工夫として、スマトラ島沖地震・津波の緊急対応時のアチェではコンソーシアム型と呼ばれる工夫が見られた。*8 これは、紛争下の被災地支援で被るさまざまな制限を解消しようとする試みだった。紛争地では国軍や警察などの治安当局が大きな影響力を持ち、外部の支援団体の入域や活動が大きく制限されることがある。治安当局とどのような関係を結び、どのようにして自分たちの活動の自由度を確保するかは、支援活動を行う上で非常に重要である。

また、被災地情報が少ないことも、緊急支援のために現地入りした人々にとって大きな問題だった。電気も電話も通じない現地に入ると、外部で蓄積される情報へのアクセスも困難になり、アチェ域外にいる人よりも情報が得られないほどだった。これに対応するため、各援助団

*7 スマトラ島沖地震・津波に対する救援復興支援では、国際援助機関や各国赤十字社・赤新月社のような緊急人道支援活動の豊富な実績を有する組織のほかに、外国軍、開発途上国政府、一般の民間組織が多数、支援活動に参加したことが特徴の一つだった［「大災害と国際協力」研究会 2013:29］。

*8 スマトラ島沖地震・津波の救援復興活動を行った支援団体の動きをコンソーシアム型とポスコ型の二つの側面から理解できることについては［山本 2007］も参照。

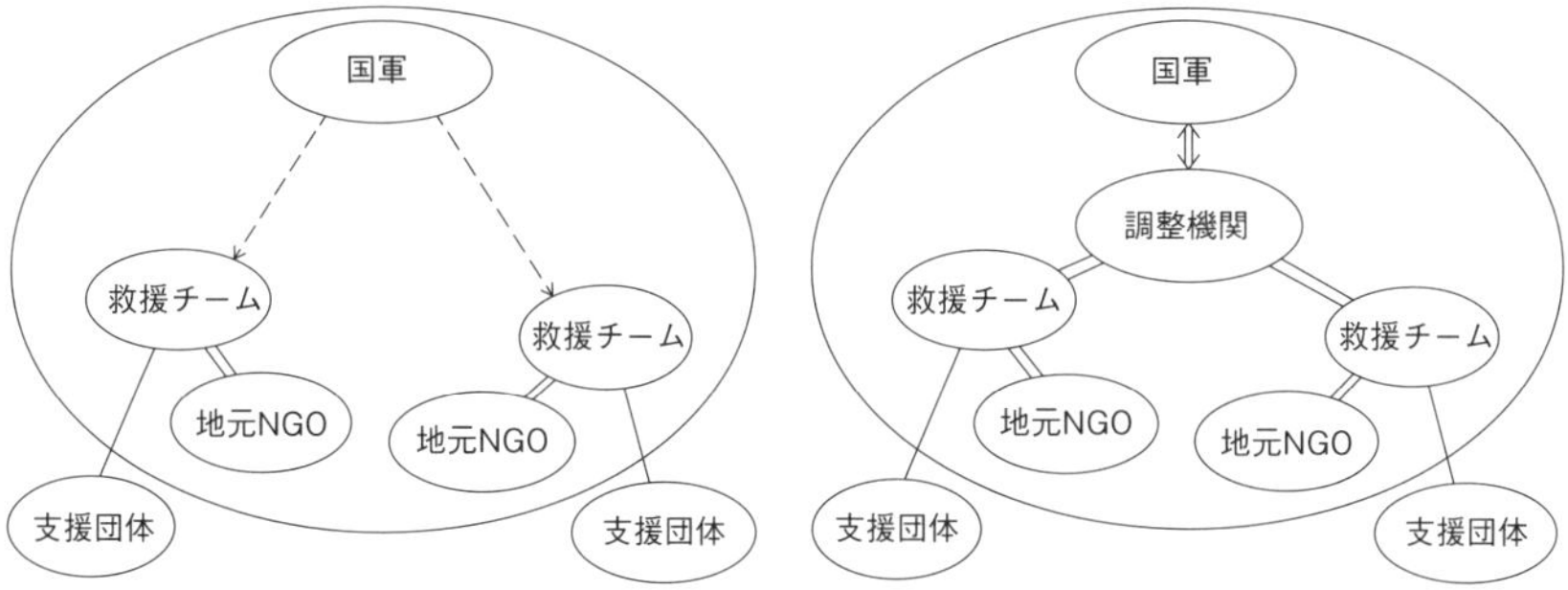

図2-2　調整会議とコンソーシアム型（調整機関を通じて現場の救援チームが連携して、国軍や地元NGOに対応する。左は調整機関がない場合の図。［山本 2007］を改変）

体が情報を持ち寄って支援の分担を決める会議が開かれ、情報の共有がはかられた。

大規模自然災害が発生して多くのNGOや支援団体が現地に入ると、国連などの仲介のもとで支援団体が調整会議を行う。[*9] アチェでは、この調整会議が治安当局に対する活動の自由度を確保するのに役立った。また、緊急人道支援では現地で活動するカウンターパートを必要とし、通常は地元NGOがカウンターパートになるが、地元NGOにも独自の利害や考え方があるため、意図的または非意図的に、地元NGOが外部からの支援団体に一定の方向付けを含めた情報提供を行うことがある。[*10] 地元NGOと一対一の関係を作ることによって情報や資源が囲い込まれる恐れがあるが、調整会議はそれを回避する働きも担った。

調整会議の役割を図式化したものが図2-2である。アチェの被災地では国軍が大きな力を持っている。被災地の外部に拠点を持つ支援団体が派遣した救援チームは、国軍とどのように関係を結ぶかが問題になるし、カウンターパートの地元NGOに対しても、一対一ではその地元NGOに情報が囲い込まれる恐れがある（図2-2

---

*9　災害救援時に国連が行っている調整活動については［「大災害と国際協力」研究会 2013: 110-118］に詳しい。

*10　本シリーズ第一巻第4章参照。

左）。

被災地に入った救援チームが調整機関を通じて連携することで、国軍に対して活動の自由度が増すし、地元のカウンターパートによる囲い込みも回避することができる（図2-2右）。これをコンソーシアム型と呼ぶ。

コンソーシアム型の調整会議は、活動地域ごとおよび事業分野ごとに開催され、支援団体ごとにどこの地域で何をするかが決められていく。調整会議で他の支援団体と交渉して活動地域や事業分野を入れ替えることもある。調整会議に参加せずに単独で被災地に入って支援活動を行おうとする支援団体に対して、支援者の秩序を乱すものとして非難し、被災地から排除しようとすることもある。

ポスコ

国際ＮＧＯが大挙して訪れることでアチェは外部世界に開かれ、その意味で、国際ＮＧＯは国軍や独立派ゲリラによって囲い込まれていたアチェを開放する役割を果たした。その一方で、調整会議を通じた国際ＮＧＯによる支援事業を通じて、アチェの被災地は地域ごとに支援団体に囲い込まれることにもなった。ただし、西アチェ県ではコンソーシアム型がうまく機能したが、バンダアチェでは外国の支援団体による囲い込みはそれほど有効に機能しなかった。それは、外部から来た支援団体がコンソーシアム型で現地入りしたのに対して、地元住民がポスコのネットワークによって対応したためである。

バンダアチェは、街の三分の一が地震と津波で壊滅し、三分の一が津波で浸水して建物が使えなくなり、残りの三分の一が被害をほとんど受けないという状況で、被災者とそうでない人

が混住していた。また、被害をほとんど受けなかった地域では「津波景気」が生まれ、さらにそれを求めて域外から住民が訪れた。このように、外国の援助団体に等しく「被災地の住民」と見える人たちの内実は多様だった。

　このような状況で、地元社会が移動性を高めることで国際NGOによる囲い込みを無力化する試みが見られた。

　アチェの津波被災地の支援活動において重要な役割を果たした特徴的なものの一つに、ポスコ（posko）と呼ばれる仕組みがある。ポスコの特徴は、以下で見るように、対応の柔軟性を含めた徹底した現場主義にある。

　ポスコとは、インドネシア語で連絡詰所を意味するpos kordinasiの略語で、インドネシアで何かイベントがあるとそれに対応するために自発的に組織される窓口を指す一般名詞である。災害時の対応に限らず、断食明けのためのポスコが作られることもあるし、大学で試験対策のポスコが作られることもある。避難民キャンプや仮設住宅にもポスコが作られ、後述するようにその避難民キャンプや仮設住宅に寝泊りしている被災者を把握し、外部の支援者との窓口になるため、その側面だけ取り上げればポスコは避難民キャンプや仮設住宅の自治組織であると言うこともできる。ただし、以下に見るように、ポスコは単なる自治組織ではなく、インドネシアの災害対応に特徴的な仕組みであって、その最大の特徴は融通無碍さにある。

　ポスコは、政府と民間、国内と国外などの区別なく作られる。役所に登録する必要はなく、自発的にポスコだと名乗ればそれがポスコとなる。現場で必要だと思う人がいればポスコが作られ、必要がなくなればポスコもなくなる。制度化されたポスコもあれば、椅子に人が一人座っているだけで、その脇に「ポスコ」と書いてあるようなポスコもある（図2-3）。たとえ

ば、アチェ州災害対策本部はアチェ州で最も上位の災害対応の部署であるが、これもポスコの一つである（図2−4）。避難所がポスコを作ることもあるし、域外から来た支援団体がアチェで活動を展開する足場としてポスコを作ることもある。

ポスコの存在意義は、そのポスコを置いた組織にではなく、そのポスコが置かれた現場の必要性にある。その結果、現場ではポスコどうしの命令系統が固定されていない。県政府のポスコと村役場のポスコがあったとき、行政組織としては県政府が村役場よりも上位にあるが、現場のポスコどうしではどちらが上位にあるか固定されない。たとえば、あるポスコに物資や情報が提供されると、そのポスコが取りまとめ役となって他のポスコに物資を配分して支援活動を行う（図2−5左）。次に別のポスコに物資や情報が届くと、今度はそのポスコが元締めになる（図2−5右）。このように、ポスコ間の上下関係は決まっておらず、物資や情報がどう動くかによって流動的に関係を結ぶのがポスコである。

行政や国際機関は被災地でも行政単位ごとに支援活動を行うため、村や郡を越えて移動した被災者には対応しにくい。これに対してポスコは、各地で自発的に作られ、ポスコどうしが関係を結びながら支援活動に参入する。ポスコは、社会全体で支援の偏りを均等化する調整のための工夫でもある。

アチェでは、被災直後にポスコが林立し、各ポスコを構成する人が異なっていた。村のポスコならその村の人が、教会のポスコならその教会のメンバーが、ＮＧＯのポスコならそのＮＧＯのメンバーが何人もポスコに詰めていた。どのポスコもただちに作業にかかれる状態で待機する人たちでにぎわい、とても活気があった。

被災から三か月程度が経過すると、人々とポスコの関係も変わってきた。人々はポスコ以外

の持ち場で働くようになっており、ポスコには常に一人か二人を置いて御用聞きの窓口にしておくだけになった。それでもポスコを閉鎖しなかったのは、外部の支援団体が時々訪れては支援を提供するため、いつでも連絡がとれるようにしておく必要があったためだった。物資の配給なら受け取るだけでよいが、作業を含む支援に対してはそれに参加する人を集めなければな

図2－3 住民がつくるポスコ（2005年2月、バンダアチェ）

図2－4 アチェ州災害対策本部（2005年2月）

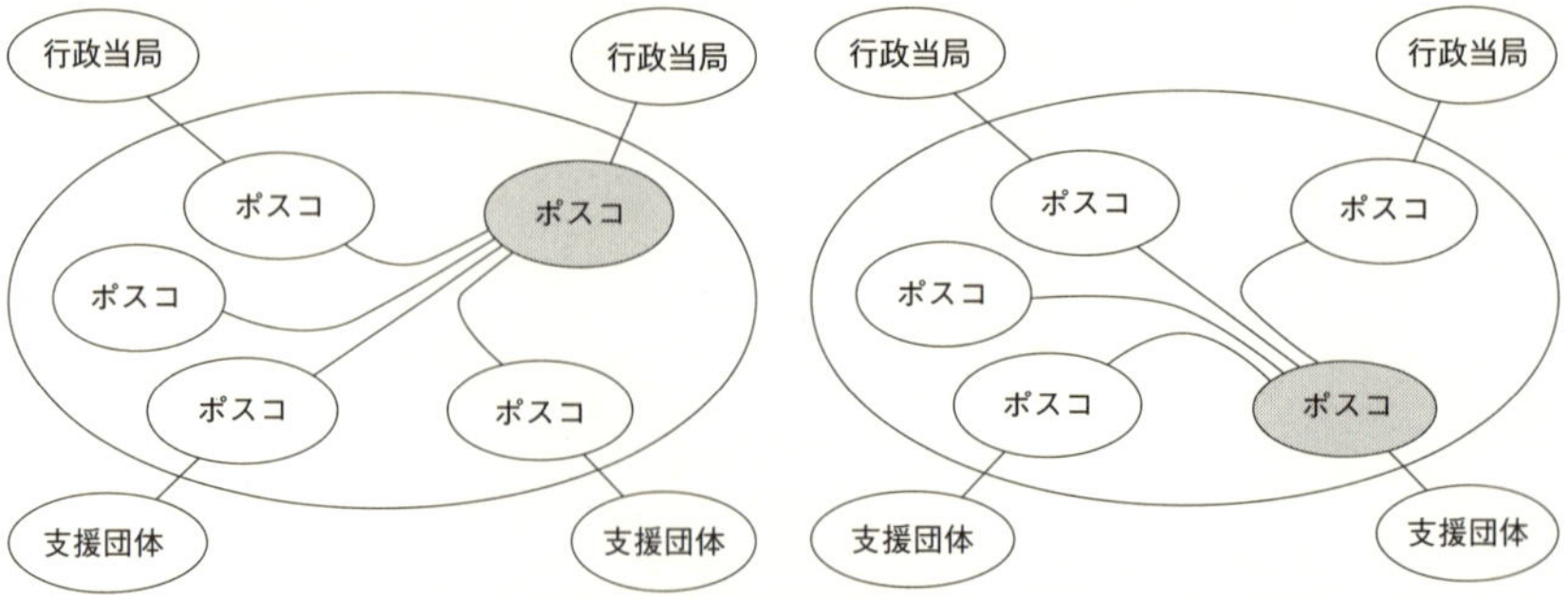

図 2－5　ポスコ型（物資や情報が届いたポスコが元締めになる。［山本 2007］を改変）

らない。ポスコ当番どうしで連絡を取り合って、支援団体の情報を共有する仕組みが出来上がっていた。

たとえば、外部の支援団体がたまたま訪れたポスコで「こういった種類の支援をしたい」と相談すると、「私たちのポスコを通じて実施できます」と応じ、そのポスコを通じて人が集まってくる。支援事業を終えて別の場所でも支援事業をしようと別のポスコを訪れると、そこでは別の人が「私たちのポスコを通じて実施できます」と応じ、そのポスコを通じて人が集まってくるが、集められた人々は先のポスコを通じて集まったのと同じであることもしばしば見られた。このように、ポスコは単に窓口であり、ポスコどうしの連絡をよくすることで外部の支援団体が引いた線を越えて人々が自由に動いている状況が見られた。

3　紛争地から被災地へ——戒厳令を解いた日本のＮＧＯ

津波発生時、アチェは独立派ゲリラと国軍の間で紛争状態にあり、民政非常事態が敷かれていた。国軍は、アチェで活動する支援者の安全のためという理由で、外国人支援

者の支援活動に対する国軍兵士の同行を申し入れ、一部地域では外国人支援者の入域と活動を禁止した。これは、津波前からアチェで見られていた治安勢力による「囲い込み」を維持しようとするものだった。

政府と独立派ゲリラは二〇〇五年八月に和平合意に至るが、その背景として、支援団体の活動と被災者の対応が組み合わさって政府・国軍による囲い込みを無効化する試みが少しずつ広がっていたことがある。筆者が二〇〇五年八月に西アチェ県の支援地で観察したこれから述べる例のように、日本のＮＧＯの支援活動を通じて内陸部の入域禁止が解かれることもあった。このような動きがおそらく津波後のアチェ各地で起きており、このことがアチェを紛争地から被災地へと転換させた背景の一つとなったと思われる。

西アチェ県の内陸部

アチェ州で緊急・復興支援活動を展開した国際機関やＮＧＯの活動は、バンダアチェ市および西南海岸のムラボに集中した。本節が扱うのは西アチェ県[*11]のアロンガンランバレック郡およびその内陸部に隣接する旧ウォイラ郡[*12]である。アロンガンランバレック郡は沿岸部と内陸部からなり、津波前には沿岸部にムラボとバンダアチェを結ぶ幹線道路が通っていた。津波によって海岸沿いの道路や橋が寸断され、建造物や農漁業地が壊滅的な被害を受けた。沿岸部にいた被災者は内陸部にある親戚の家などに避難し、一部はさらに内陸の旧ウォイラ郡に避難した。旧ウォイラ郡は内陸部に位置し、地震による建物の被害は受けたが、津波による直接の被害は受けなかった。

国際機関および国際ＮＧＯを中心とする支援団体間の調整の結果、アロンガンランバレック郡の沿岸部では複数の支援団体が住宅建設や給水などの活動を行うことになったが、アクセス

*11　二〇〇二年に西アチェ県は北からアチェジャヤ県、西アチェ県、ナガンラヤ県の三つの県に分立した。主たる産業は農業で、コメのほかに落花生の生産で知られるほか、ココヤシ農園やゴム農園の開発が進められてきた。

*12　旧ウォイラ郡は二〇〇三年に三つに分かれ、ウォイラ郡、東ウォイラ郡、西ウォイラ郡となった。各種統計資料においては三つの郡があわせて記述されることが多いため、本節では三郡をあわせて呼ぶときには旧ウォイラ郡と書くことにする。

が悪く、労多くして報道への露出度が低いアロンガンランバレック郡の内陸部および旧ウォイラ郡で支援活動を行う支援団体は少数にとどまった。さらに、インドネシアの治安当局は旧ウォイラ郡の一部（特に東ウォイラ郡）を治安上問題のある地域とし、国際機関や国際ＮＧＯに対してこの地域での活動を控えるよう求めた。

国軍による同行要請をかわす

西アチェ県で支援活動を行った支援団体に対し、治安当局は治安上の理由から同行を要請した。名目上の理由は、支援団体がＧＡＭ兵士に襲撃されて物資を強奪されたり生命の危険に遭ったりするのを避けることだった。もっとも、治安当局による同行は津波前からも行われていた「慣行」だった。治安当局による同行とは、同行する国軍兵士が謝金を懐に入れるとともに、支援対象の地域や人々を国軍が指図することでもあった。支援団体や報道関係者への「誤射」が時おり報じられることは、治安当局の意向を無視すれば身の安全は保障できないという脅しになっていた。

津波被災地の支援に際しても、同様に治安当局から支援団体に対する同行の申し出があった。これに対して支援団体がとった対応はさまざまだった。それは、支援団体の規模、経験、理念などによって異なっていた。イギリスに拠点を置く国際協力団体オクスファムは、支援者の飲食を含めた後方支援を自前で用意した支援組織を被災地で立ち上げており、治安当局による同行の申し出を拒否した。規模が大きい組織は現地の政府や治安当局の干渉を受けずに支援活動を進めることができる例である。

現地での情報収集のあり方として印象的なのは日本赤十字社の丸山嘉一医師の話である。丸山医師は、地震の震源に最も近く、津波の直撃を受けて交通網が寸断された西アチェ県に緊急

医療救援活動のために現地入りした。通訳も調達できないままの現地入りだった。被災地に入って、日本での滞在経験があるというインドネシア人三人を見つけ、通訳と現地ガイドと運転手を兼ねて臨時雇用した。彼らの村が活動拠点から離れた場所にあると聞くと、被災状況アンケート用紙を作成し、家に帰るたびに途中の村々に配ってもらい、周辺地域の被災状況の把握に努めた。こうして、実際の事業地の情報だけでなく、外国人支援者が入りにくい地域を含めた周辺地域の被災状況を把握した。こうして得られた情報は支援団体の調整会議で共有され、他の支援団体が被災者支援を行う仕組みができていった。

内陸部への支援

日本赤十字社の情報を得てアロンガンランバレック郡や旧ウォイラ郡で支援活動を行った団体の一つが、日本に拠点を置く国際協力NGOであるピースウィンズ・ジャパン（PWJ）である。[*13] PWJは、まず内陸部で生活必需品の配給やキャッシュ・フォー・ワーク[*14]（CFW; cash for work）を行った。

PWJの担当者は、アジア開発銀行（ADB）の調査では旧ウォイラ郡の住民の九七%が農民、アロンガンランバレック郡の住民の九四%が農民であるため、この地域の復興の鍵は農業にあると考えた。そのため、まずキャッシュ・フォー・ワークによって農業関連施設の整備を行い、ココヤシ農園への道路や灌漑施設を整えた。農具や種の配布も行い、それらを組み合わせてセットにしたものを一三七〇世帯に配布した。避難者を支援するには避難者を受け入れている人々も支援する必要があり、避難者と受け入れ社会との摩擦を防ぐため、配布対象は被災者に限定せず、直接の被害を受けていないけれど被災者を受け入れている人々も対象に含めた。

*13　以下の記述は二〇〇五年八月に山本博之、篠崎香織らとともに西アチェ県でピースウィンズ・ジャパンの支援事業モニタリング調査の一環で行った現地調査にもとづく。

*14　有給集団労役。大規模災害の被災地などにおいて、復旧・復興事業に被災者を一時的に雇用し、賃金を支払うことによって地域経済の復興や被災者の自立を支援する手法。支援者が被災者のニーズに即して物資を調達して現物を支給するのではなく、労働に対する対価として現金を渡すことで被災者の生活再建を促す狙いがある。アチェ津波被災者支援では、アチェ州の最低法定賃金をもとにキャッシュ・フォー・ワークの賃金が算出された。

この地域で活動を行う国際ＮＧＯは、地域を管轄する国軍[*15]に事前に活動内容を提出することが求められていた。国軍関係者（軍分区司令本部）はＮＧＯがＧＡＭに武器を支援しているのではないかとの疑念を抱いており、活動内容を詳細に報告することが求められた。支援ＮＧＯの活動はモニターされており、報告が遅れるとウォイラ郡の郡長が支援ＮＧＯのスタッフに連絡を取り、郡内での活動について頻繁に報告するようにと不満を述べたりしていた。

内陸部の入域禁止地域

国軍は、旧ウォイラ郡の一部地域はＧＡＭが支配する地域で治安上の問題があるとしてＰＷＪの入域と活動を禁止した。ＰＷＪは国軍の指示に従い、入域を禁じられた地域の手前の郡で農業技術支援を行うことにした。

旧ウォイラ郡およびアロンガンランバレック郡では、住民の間で養鶏と牧畜（ヤギ）のニーズが高かったことから、被災者が受け入れ社会で生活を再建することをめざし、一八〜二八歳の被災青少年一六〇名を研修生として農業および養鶏・牧畜の技術研修を行った。研修修了時に研修生はＰＷＪからそれぞれ農業資機材や鶏・ヤギを供与され、研修で得た知識を出身村に持ち帰って実践に移す一助とされた。

ＰＷＪがこの地域で農業支援を行ったのは、実際にこの地域の住民の農業技術が低かったためである。この地域の住民は有機肥料のぼかしや唐辛子栽培のビニールシート敷設を知らなかったため、二か月の研修で習得可能な範囲の簡単な技術を与えることを目標とした。また、農業支援には平和構築の意図もあった。ＰＷＪは郡長を通じて各村の村長に研修参加者の推薦を要請し、その際に各村からＧＡＭの元ゲリラ兵士を加えるよう要請した。

ＰＷＪの事前調査によれば、この地域は被災前からＧＡＭの勢力が非常に強いと言われてお

---

*15　インドネシアでは国軍が国内の治安・秩序を維持する機能を担い、州、県・市、郡、村という行政区分にほぼ対応して軍管区、軍分区、軍小分区、軍分軍支部が全国に設置され、それぞれに国軍部隊が配備されてきた。アチェ州はバンダアチェに司令部を置くイスカンダルムダ軍管区の管轄で、北海岸部と内陸部を管轄するリラワンサ軍分区（司令部はロクスマウェ）と西南海岸部を管轄するトゥクウマル軍分区（司令部はムラボ）の二つから構成されていた。

り、貧しい地域でありながら政府の支援が届きにくいという問題を抱えていた。この地域は失業率が高く、もしＧＡＭとインドネシア政府の和平交渉が失敗した場合には、ＧＡＭはこの地域の住民から新しい兵士を調達しようとすると思われた。この地域では生業の選択肢が限られており、少年たちの多くはインドネシア国軍への入隊を希望する。国軍以外の選択を与えるためにも、農業技術研修に地元の青少年を参加させた。津波直後、紛争の行く末もわからず、和平交渉の見通しもない状態だったが、この地域を支援することが平和構築に役立つかもしれないと考えたという。

旧ウォイラ郡はＧＡＭが支配する地域だと言われていたが、治安当局による夜間外出禁止令は出ていなかった。国連関連の団体は、夜間にムラボ市の外を移動しないようにとの内規を作っていた。旧ウォイラ郡にＧＡＭが浸透しているという情報は、治安当局関係者によってＰＷＪにもたらされたものだった。これについて地元住民に尋ねると、旧ウォイラ郡（特に東ウォイラ郡）に治安上の問題があることは認めたが、これらの地域にＧＡＭが浸透していることに対しては否定的であり、これらの「危険地域」はＧＡＭではなく国軍の統制地域であると語った。旧ウォイラ郡の内陸部は土地が豊かで農業開発の潜在性が高く、それが武装勢力によるこの地域の統制の背景の一つとなっていた。元ＧＡＭメンバーを研修参加者に加えてほしいとのＰＷＪからの要請は、地元社会にとって現実味を欠き、対応にやや苦慮するものであったようである。

支援活動が入域禁止を解く

しかしながら、国軍の指示にそのまま従ったＰＷＪの判断と活動が、結果として内陸部への

図２−６　農業研修の成果の野菜を手に取る参加者（2005年８月）

入域禁止を解くことになった。内陸部での活動を禁じられたＰＷＪは、その手前の郡で農業研修を行った。そこは内陸部各地に通じる街道が交わる場所で、週に一度、市場が立った。地元住民から選ばれた参加者に人々が集まる場所で農業技術の研修を行ったことで、近隣の住民だけでなく、内陸部を含む周辺地域の住民たちにも活動内容を見せることになった。

農業技術研修期間が終了を迎えようとしていた二〇〇五年八月、ＰＷＪのスタッフらが市場のコーヒー店で寛いでいると、この地区を担当する国軍担当者が近づいてきて、これまで入域を禁じていた内陸部の住民も支援を求めているので支援を行うようにと指示した。それは軍人特有の命令口調ではあったが、入域禁止という前言を撤回して内陸部でも支援活動を行ってほしいという要請だった。

これを契機にＰＷＪは内陸部に活動範囲を広げ、また、支援団体の調整会議を通じて他の支援団体に情報を提供し、ＰＷＪ以外の支援団体も内陸部で支援事業を行うようになった。こうして内陸部への入域と活動の禁止はないものとなった。

治安当局により治安上の理由のために入域を禁じられたのは、実際には反政府ゲリラではな

く国軍が支配する地域であり、部外者の入域を嫌って治安上の理由を口実に入域禁止にしたものだった。それに抵抗せず、国軍の指示に従って認められる範囲内で支援活動を行うことで、結果として入域禁止と活動禁止を解く結果をもたらした。このような成果をあげることができた背景にはＰＷＪの特性があった。オクスファムのように規模の大きな支援団体であれば、交通の便もよく報道の機会も多い沿岸部を事業地に選ぶことができただろうし、国軍による活動への干渉に従わない選択もありえただろう。これに対してＰＷＪは相対的に規模が小さかったため、交通アクセスがあまりよくない内陸部を事業地に選び、また、国軍からの指示に対しても対決的な姿勢をとるのではなく、相手側の事情を受け入れた上で少しずつ活動範囲を広げていき、こうした粘り強い活動の結果、最終的に相手側の譲歩を引き出した。これは、常に先頭を切って進むのではなく、まわりの様子を見ながら調整しつつ活動するという意味で、日本のＮＧＯだからこそ成しえたことだと言えるかもしれない。[*16]

4　情報共有と調整——アチェ・ニアス復興再建庁

紛争後と災害後の地域社会再建がめざされる中で、生活やコミュニティを再建する要として、復興支援に携わる多くの団体・組織が住宅再建支援プロジェクトを開始し、二〇〇九年四月をめどにアチェ全域で一二万棟の再建がめざされた。こうしたプロジェクトの調整を行ったのが、復興・再建を管轄する機関として設置されたアチェ・ニアス復興再建庁（ＢＲＲ）である。紛争と被災で機能しなくなっていたアチェの地方政府にかわって復興の方向づけを行い、

*16　もっとも、この活動を行ったＰＷＪは日本に拠点を置く国際協力団体だが、このとき西アチェ支援の現場の指揮を取ったのは同団体のオーストラリア人スタッフだった。

支援を行う団体・組織に地域の情報を提供し、それと引き換えに各プロジェクトの進捗状況を報告させて各団体が行う支援プロジェクトの透明性を確保するなどして支援の調整を行うべく、大統領直属の特務機関として被災地のバンダアチェに設置された。

復興再建庁の設置

津波は、紛争によって閉ざされていたアチェ州をインドネシア内外に開く契機となった。その一方で、緊急支援の初期においては、救援物資を運ぶ人道支援活動家に対して国軍が護衛料や「通行税」を要求する事例も数多く報告された。空港や港に運び込まれた援助物資を国軍が差し押さえた事例や、災害救援に欠かせない地理情報を国軍が秘匿することも見られた。

国軍からの干渉への人道支援者たちの対応は大きく三つ挙げられる。第一に、自前の輸送経路の確保である。被災地に近いシンガポールやマレーシアは、本国の空港から直接被災地の空港に支援物資を空輸した。インドネシア国軍が管理していない空港を利用したり、国際移住機関（IOM）が組織した輸送団に物資の輸送を委託したりすることも行われた。

第二に、個々の支援団体や機関が持っている情報を集め、公開して共有した。UNOCHAなどの支援により人道支援のメディア・センターが設置され、各支援団体から寄せられた情報を集約するとともに、インターネットを通じて世界に公開した。

第三に、紛争地を支援対象としない態度を取った。人道支援団体の多くは、治安が確保できない地域には援助を行わず、治安が確保できた被災地を支援の対象とする姿勢を取った。こうした姿勢は、結果的に、紛争を止めなければ復興や開発が進まないというメッセージを紛争の当事者に与えることになった。

ユドヨノ大統領は、二〇〇五年第六三号大統領決定にもとづき、アチェ州ならびに北スマトラ州ニアス島の地域と生活の復興再建庁ならびにその顧問委員会と監督委員会を二〇〇五年四月三〇日に任命した。任期は四年で再任可とされた。元鉱業・エネルギー相のクントロ・マンクスブロトが復興再建庁長官に任命された。

同庁は向こう五年間の再建費用として四八〇億米ドルを管理することになった。多額の資金を扱う庁の長官に「清廉」とされるクントロが任命されたことには、汚職で名高いインドネシアで資金の不正流用が起こるのではとの懸念を緩和する狙いがあった。クントロ長官は「私が最初にすることはアチェの人々の意向に耳を傾けることだ」と述べ、沿岸部の居住地への帰還を求める住民への対処などに取り組んだ。副長官にはアチェ州暫定州知事*17のアズワル・アブバカルが任命された。

復興再建庁はバンダアチェを拠点とし、ニアスに支局を、ジャカルタに代表部を置いた。クントロとアズワルを九人の委員が補佐する仕組みになっていた。また、同庁には監督委員会と顧問委員会が付置されていた。監督委員会の委員長にはアチェ州のイスラム系国立大学であるアルラニリ・イスラム高等学院のアブドゥラ・アリ学長が任命され、監督委員は、エミル・サリム元環境相（外国援助担当）、マリ・マフムド元財務相、ケマル・スタンブル（非政府組織担当）、シララヒ元大臣だった。顧問委員会の委員長にはウィドド政治治安調整相が、副委員長には国家開発企画庁ムルヤニ・インドラワティ長官が任命された。上級大臣やアチェおよび北スマトラの主な指導者も顧問委員会のメンバーとなった。

復興再建にはいくつかの財源があり、財源ごとに復興再建庁の関わり方は異なった。一つ目の財源はインドネシアの国家予算と地方予算である。復興マスタープランにある各種プロジェ

*17　アチェ州知事アブドゥラ・プテは収賄容疑のため二〇〇四年一二月にジャカルタで収監され取り調べを受けていた。同月、プテは州知事職を停職処分となり、州副知事のアズワル・アブバカルが州知事代行を務めていた。プテは二〇〇五年四月一一日に有罪判決を受けて州知事職を罷免され、アズワルが暫定州知事となった。

クトについて、復興再建庁が適性を調べた上で、該当する部局の長に提案書を提出させる。復興再建庁が認めた提案書は入札にかけられ、落札した業者が国庫の資金を使う。このようにして、復興再建庁がすべてのプロセスを監視する。もう一つの財源である国内外のＮＧＯや民間組織によるものは、各組織が復興再建庁と調整して実施するもので、資金の用途への責任は各実施団体にあった。また、各国政府が直接行うプロジェクトについても、ＮＧＯと同様に復興再建庁と調整の上で実施されることになった。

復興再建庁は非常事態にいかに対応したか

アチェの復興支援事業を考える上で、さまざまな団体による復興・再建活動の調整を行った復興再建庁は重要な役割を担った。

外国からの支援団体やジャーナリストに対するビザ発給や、住宅再建用地の確保などは、通常なら複数の省庁をまわって許認可を得なければならないが、復興再建庁は各省庁の担当者を一か所に集め、支援者たちが一度に手続きを済ませられる仕組みを整えた。

行政の効率が悪いといわれるインドネシアでこのような効率のよい仕組みを実現しえた背景として、復興再建庁は行政組織であるが、決められた任期に成果をあげることが求められており、各省庁から選りすぐりの人材が集められた特別選抜チームだったことが挙げられる。[*18]

クントロ長官は国軍や地域住民との調整役を引き受け、アチェの復興再建のために必要な措置をとった。たとえば、クントロ長官は国軍の反対にもかかわらず、アチェ州とニアス島で支援活動を行う数百に及ぶ団体から派遣されている外国人支援者のビザを一か月延長した。また、バンダアチェ市ウレレーのモスクで開かれたアチェ各地域の郡長・村長との会議におい

*18　解散を目前に控えた二〇〇九年一月に復興再建庁を訪問してみると、スタッフは四年間の事業の成果をとりまとめ、地方政府に移管するデータの作成に追われていた（図2-7）。寸暇を惜しみ、食堂にノートパソコンを持ち込んで食事を取りながら作業を進める人もおり、会議室では熱気がこもった議論が続けられていた。復興再建庁のスタッフは、インドネシアのほかの政府機関にはできなかったことを成し遂げたことを誇っていた。

て、津波被災者はもとの居住地区に戻って住宅を再建してもかまわないと述べた。当初は海岸沿いの地帯に住宅を再建しない計画が立てられたが、すでに従来の家や土地に戻っている住民がいることに鑑み、その土地に住宅を再建することを支持するとのことだった。

　復興再建庁が一定の成功を収めたことにはインドネシアの行政改革の面でも意義がある。特務チームに権限を与え、情報を集約させ、一般官公庁がしない調整を行わせるという方法で、災害という非常事態に対応した。従来インドネシアでは国軍が非常事態に対応してきたことを考えると、アチェの復興再建庁の経験は、国軍によらずに非常事態に対応した経験として、インドネシアにとって大きな意味を持つものだったといえる。

図2-7　復興再建庁の様子（2009年1月）

第3章

支援で生まれる秩序

被災から
半年

右：避難民キャンプに作られたポスコの前に即席の雑貨屋が開かれた（2005年８月、大アチェ県）

本章下部の写真：アチェにて、2005年２月、８月、12月、2006年12月撮影

日本でＮＧＯといえば、「片手間で行うボランティア活動なのに緊急の現場で役に立つのか」と捉えたり、「日本には最近紹介された考え方で欧米のまねごとではないか」と捉えたりされることも少なくない。また、ＮＧＯはドナー（資金提供者）やマスコミの評価にさらされながら活動し、わかりやすい「役立つ支援」が求められる結果、被災地の子どもたちの笑顔の写真を撮ったり、ニーズ調査といって支援対象の言うことをそのまま聞いたりすることになりかねない。しかし、外部社会が与えた支援がその地域社会の役に立つかどうかは、現在その地域に住む人々が何と言うかとは別に、一歩ひいて、その地域の人たちにどのような新しい価値や考え方をもたらしたかによっても考えることができる。ここでは、日本のＮＧＯがアチェの被災地で支援活動を行った結果、アチェの社会がどのように応対したかについて、代表を選ぶ窓口を作る、組織や秩序を整える、違う背景を持った人たちが組んで働く、あるいは一緒に使うといった観点に注目して考えてみたい。

1　代表を選ぶ——避難所

地震や津波で住む家を失った人々は、空いている土地を見つけてテントでの寝泊りを余儀なくされた。農作業に使うビニールシートをテント代わりにした人もいれば、支援団体からテントの供与を受けた人もいた。色も形もさまざまなテントが数世帯から数百世帯分集まってテント村が作られた。被災直後でそれぞれ不便さや不安を抱えていたが、テント村には同じ境遇の人が集まっており、心理的不安がいくらか和らぐことがあった。また、被災者が集まっている

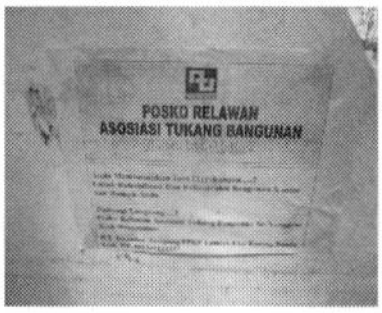

図3-1　テント村（2005年8月、大アチェ県）

ことが見た目に明らかなので、支援相手を探す支援団体が立ち寄りやすく、したがってテント村にいると支援を受けやすいことにもなった（図3-1）。さらに、被災者や支援者が集まることから、テント村のそばには果物や雑貨を売る露店も並んだ（本章扉写真）。テント村は、被災者を中心に、近隣の地域住民や外部から来る支援者たちを含めた一つの共同生活の場となっていた。

地震・津波から二か月半が経った二〇〇五年二月一五日に仮設住宅への入居が始まり、テントを出て仮設住宅に移る人が増えた。津波前に住居があった場所のそばに仮設住宅が建てられた場合もあるが、土地が確保できないなどの事情で少し離れた土地に仮設住宅が建てられた地域もあり、さらに被災前に借家に住んでいた被災者たちも入居したため、複数の地域の出身者が一つの仮設住宅に集まることになった。仮設住宅はいずれ復興住宅が建てられるまでの一時的な生活の場ではあったが、実際に復興住宅に入居できるまで何年かかるか見通しが立たない状況で、仮設住宅自体が一つの共同生活の場となっていた。

テント村も仮設住宅も、地震と津波で一切を失った被災者が身一つで集まっており、津波前の村役場や郡役場のサービスはほとんど機能していなかった。しかし、行政や支援団体からの

支援を受け取るためにも、テント村や仮設住宅の住民を把握し、配給物資が避難者に行き渡る仕組みを作る必要があり、避難所の運営のためのいろいろな工夫が見られた。そのような工夫の一つとして、テント村ではテント長、避難所ではバラック長と呼ばれる取りまとめ役の選出が見られた。

取りまとめ役の選出には、地元大学の学生や教員、外国の支援団体やボランティア、警察・国軍などの治安当局関係者、そして行政上の権限は持たないけれど宗教指導者のように社会文化面で指導的な役割を担っていた人々などのさまざまな人々が運営を支えながら方向付けを与えていった。

テント長とバラック長

西アチェ県ムルボ郡のアルプニャリン村では、地震と津波のために六つの村から避難してきた人々が村内の国軍施設に集まった[*1]。津波から四〇日目に政府からテントが配給され、国軍施設内にテント村が作られた。避難元の村はいずれもアルプニャリン村から三キロメートルほど離れていた。

内陸部にあって交通の便が悪かったためもあり、アルプニャリン村に支援が届いたのは被災から数日たってからだった。避難して最初の一週間は、被災者たちはココヤシの実を食べて飢えをしのいでいた。村に備蓄していたコメは津波をかぶって食べられなくなった。また、ムラボで精米を請け負っていた人が津波後によその土地に避難してしまったために精米が困難になった。ガソリンの燃料費が上がって輸送費がかかるようになったために物価が上がり、コメの価格は津波後に高騰したために簡単に買えなかった。

---

*1　二〇〇五年八月に西アチェ県で山本博之、篠崎香織らとともに行った聞き取り調査にもとづく。なお、本章は［山本 2010a］と内容が一部重複している。

津波後に最初にこの避難所に来たのは西ジャワの援助団体で、ビスケット、飲料水、衣類が配られた。政府からの支援は、避難して二〇日目に食糧の配給があり、四〇日目にはテントの配給を受けて、この頃には国内外のNGOからも救援物資が届くようになった。外国の支援団体で最初に来たのはオマーンの支援団体だった。その後、いろいろな支援団体から救援物資が届くようになったが、NGOの救援物資はNGOの担当者が避難キャンプに来て物資を直接配給する場合とNGOが地元政府に物資を渡して地元政府または国軍が配給するものがあり、後者の場合はどの国の支援団体が来たかはあまり覚えていなかった。

アルプニャリン村では、自宅が被害を受けなかった村長が避難しなかったため、村長はいてもテント村の被災者たちのことを優先的に考える余裕がないという状況になった。そのため、テント村では物資の配給などを管理する委員会を作り、村長と別にテント村の代表者を選ぶことになった。テント村は国軍の駐屯地内にあったため、国軍の指名により、被災前に自動車修理工場に勤めていた人物がテント長に選ばれた。

二〇〇五年四月、テント村の住民はアルプニャリン村内の三か所に分けて建てられた避難所に移された。第一避難所に入ったのは一五六世帯で、いずれの村も村長は被災しなかったために自宅で暮らしており、避難所の運営には関知しなかった。第一避難所には、一〇棟の仮設住宅が建てられた。[*2] そのそれぞれでバラック長を選び、その中から避難所全体を統括する避難所代表を投票で選んだ。避難所代表の選挙では五人の候補が立ち、テント村でテント長を務めていた人物が当選した。

外部の支援団体との交渉は避難所代表とバラック長が行った。避難所には村長がいなかったため村名義のプロジェクトは申請できなかったが、バラック長の許可を得れば小規模の復興プ

---

*2　バラックと呼ばれる仮設住宅は一棟一二部屋からなる長屋形式のもので、一世帯に一部屋が割り当てられた。一部屋の広さは四メートル×五メートルが標準とされ、五バラックごとにトイレ二〇か所、共同炊事場五か所が設置された。

ロジェクトを避難所や仮設住宅の名義でNGOに申請することができた。ただし、村名義で申請すると採択率が五割程度だったのに対し、避難所や仮設住宅の名義で申請すると採択率は一割にしかならなかった。

ナガンラヤ県クアラ郡パダンパニャン村の避難所は、近隣の四つの村から被災者が集まり、出身村別に仮設住宅が割り当てられた。避難元の村は、ムラボの資産家やジャカルタ在住のアチェ人が経営するアブラヤシ農園が村の大半を占め、住民はアチェ人とジャワ人がほぼ半数ずつ占めていた。ジャワ人は一九七〇年代に来た人々が多く、主に野菜作りをしていた。このため、この避難所にはジャワ人の被災者も入っていた。

この避難所では県知事が代表者を指名した。ただし、避難所代表は避難所に住んでいなかったのでNGOの訪問に十分に対応できず、避難所は日常的な運営のために自主的に代表者を選んだ。仮設住宅ごとにバラック長を選び、バラック長が出身村ごとに村代表を選んで、四人の村代表が外部の支援団体と交渉する仕組みを作った。バラック長と村代表を選んだことで、外部の支援団体に対して避難所住民の意見を伝えやすくなった。被災一時金の支給などの政府からの支援は行政上の村を通じて行われたため、同じ避難所の住民でも出身村によって支援内容や実施時期が異なる状況も見られた。

避難者の一人であるAは、一九六八年に南アチェ県タパクトゥアンで生まれた。両親はアチェ人とミナンカバウ人[*3]である。Aはムラボで仕事をしていたときに妻のWと知り合った。Wは一九六八年にメダンで生まれた。両親はジャワ人で、Wはメダン教育大学（現メダン国立大学）で学び、卒業後は私立学校で教師をしていた。公務員だった父親がムラボに異動になり、西アチェ県そこでAと知り合った。結婚してからは夫の故郷であるタパクトゥアンに移り、西アチェ県

＊3　西スマトラ州を故地としミナンカバウ語を話す人々で、アチェでは西南海岸部に比較的多い。256ページ註15も参照。

（現ナガンラヤ県）ジュラムで収穫されるコメをタパクトゥアンで売る仕事をしていた。

軍事戒厳令が布告される前の二〇〇〇年、定年退職してムラボに住んでいたWの父親がGAMに「税金」として資産を供出するよう要求され、命を脅かされたため、AとWはムラボに近いチョッランボン村に引っ越した。Aは商売をし、Wは高校の教師をして生計を立てていた。Wの両親は二〇〇三年にメダンに引っ越した。AとWは自宅を建てたばかりだったが、津波ですべて流されて残されたのはセメントの土台だけだった。畑地もみんな川のようになってしまった。二〇〇五年一月まではWの勤務先である学校で寝泊りしていたが、二月に避難所に移った。

避難所では一人あたり毎月一二キログラムのコメの配給があり、政府からも一人一日あたり三〇〇〇ルピア[*4]の生活一時金[*5]をもらえることになっているが、支給は遅れがちだった。外国のNGOが住宅を再建するという話があったが、建材も資金もまだ来ていない。避難所から出て行きたいが、生活一時金にしろ住宅の再建にしろ見通しがはっきりしないので計画が立てられず、出るにも出て行けない。政府もNGOも、支援すると言ってそのまま放置するのが困るという。

避難所の運営にあたっては、行政当局や武装勢力の意向がある程度反映されていたとはいえ、実際には外部の支援者との交渉の窓口となることが期待される人物が現場の判断で柔軟に動いていた。この様子は、次節で見るポスコと呼ばれる仕組みと通じるものがある。

＊4　一〇〇ルピアは〇・九四円（二〇一三年平均）。二〇〇五年には一・一四円（年平均）だった。

＊5　津波被災者に対する生活一時金支給は社会省の予算で村長を通じて行われた。被災者登録した者には二〇〇五年三月に支給が開始される予定だったが、二〇〇五年三月二六日の段階で社会省から州政府に予算が配分されていないことや、被災者の手に届く前に仲介者が「手数料」を取る問題が指摘されていた。

2　窓口を置く――ポスコと「三日ルール」

ポスコの仕組みについては前章で紹介したが、ポスコの具体的な活動の例として、バンダアチェ市デアグルンパン村の例を見てみたい。

デアグルンパン村は海岸に近い住宅地で、約一三〇〇人の住民のうち村長を含む約一〇〇〇人が津波で亡くなった。[*6]

津波直後、生き残った住民は親戚の家やテント村に分かれて避難した。デアグルンパン村の住民は主に四か所の避難所に収容された。バンダアチェ市外に避難し、たとえばピディ県にある親戚の家に身を寄せる人もいた。津波直後には村には誰も住んでいなかったし、津波のため見渡す限りの建物がなくなり、電気、ガス、水道も通じなくなっていた。

支援団体が置いていく救援物資を確保するため、村外のクタパン地区にポスコを置いた。イスラム高等学院の学生が村の被災者のデータ収集を行い、そのデータに基づいて救援物資の調達や分配を行った。村長は津波で亡くなっていたため、残った住民が二〇〇五年二月にポスコに集まり、新しい村長を選んで結果を郡長に報告した。

遺体回収がほぼ終わって避難所での日常生活が送れるようになった頃、再建に向けてポスコを村に移すことを村の会議で決めた。村はまだ人が住める状況ではなかったが、デアグルンパン村は海岸に近く建物が津波ですべて流された地域にあり、バンダアチェの津波被害を象徴する港やモスクからも近いため、港やモスクを訪れた帰り道にこの村に立ち寄る人も多かった。

＊6　同村のポスコ担当者によれば、津波前には、この村の世帯の約四割が漁業、約三割が自営業、約一割が養殖業に従事し、残りの一部が公務員だった。漁民の多くは自分で船を持って自分で操業していたが、船は所有するが自分では乗らず、他人を乗せて操業させる人もいた。自営業とは、菓子作り、刺繍、印刷、結婚式の装飾品作り、売店経営などである。経済状況は、上流層が四〇%、中流層が五〇%、貧困層が八%だった。

支援対象を探している支援団体が突然訪れて支援物資を置いていくこともあり、ポスコがあると支援が期待できるという事情があった。しかし、より重要な理由は、行政の支援は行政単位ごとに行われたため、行政からの支援の受け皿として村にポスコを置かなければならないという判断のためだった。

二〇〇五年三月に村内にポスコを設置して、村長を通じて郡長にポスコ設置を報告した。ポスコでは、ＮＧＯ団体の助言を受けながら、支援物資の配給方法や住宅再建などを相談して決めていった。元村長の息子で公共事業局勤務の人物が朝から夕までポスコに詰め、物資の配給を担当した（図3-2）。

支援団体が救援物資を届けにくると、村長が管理している被災者データを示して支援物資を受け取り、一人あたりあるいは一世帯あたりの配分を決めた。救援物資を受け取る権利を持つ被災者は村の外に分散して避難していたため、ラジオ放送でデアグルンパン村住民への救援物資を預かっていると放送してもらい、自力で村のポスコに取りに来てもらった。親戚や友人の家に身を寄せている村民が救援物資を取りに来たときには、その家の同居人の分も加えて物資を渡すことも多かった。

実際には支援物資の数が住民の数とあわないこともあったが、支援物資はその都度、必要な人に配りきるようにした。しばらく待っても取りに来なかった人の分は、そのときどきで必要な人に配り切った。石鹸や歯ブラシなどの日用消耗品は複数の支援団体から受け取ることが多く、その都度配給した。料理用コンロの支援を受けた際に、日本の支援団体は世帯の数だけ供与してくれたので世帯ごとに渡すことで全体にいきわたらせることができたが、サウジアラビアの支援団体から供与されたコンロは全世帯分の数がなかったため、大家族で複数のコンロが

必要だと思われる世帯や、以前渡したコンロが壊れた世帯に配ることで公平を期した。

住居の再建は二〇〇五年五月頃から話が出た[*7]。土地の権利は、元の所有者が亡くなっていても、相続する人がいる限りは個人の土地として扱うことを合意した。

村には個人の所有地が村に寄進された共有地があった。仮設住宅が建っているところも共有地で、被災前には商店を兼ねた住居があり、その賃料が村の運営費として使われていた。所有者が死亡し、相続する人もいないことが土地登記局によって認められた場合、その土地は村の共有地として村のために使うことになっていた。もし村内のエビの養殖池が共有地になれば、村で経営して村の収入にすることなどが相談されていた。

図3-2　デアグルンパン村内につくられたポスコ（2005年8月）

村の地割り図はアメリカの大学生ボランティアの協力を得て作成し、最後に村民たちがサインして完成した（図3-3）。これにあわせて、住居が必要な村民のリストを作り、優先順位をつけた。住居再建を行う支援団体が来たら、その支援団体が再建を予定している住居数に応じてリストから住居を割り当て、複数の支援団体をあわせて全体で必要な住宅数を満たすようにした。

この時点で生存が確認済みの世帯は一七四世帯あったが、支援団体は被災前に土地を所有してい

＊7　デアグルンパン村の住宅再建については［牧・山本 2010］に詳しい。

図3-3　デアグルンパン村の地割り図（2005年8月）

たことを住宅再建の条件としたため、借家に住んでいた人は別の土地で家を探すことになった。*8 前出のオクスファムが七六棟、国連ハビタットが五〇棟、国際NGOのワールドビジョンが五〇棟を供与することになった。住居はいくつかのタイプがあり、住宅供与を受ける人が選べることとなり、被災前にモスクがあった共有地にモデルとして三種類の住宅が建てられた。ただし、家のタイプは選べるが、広さはいずれも三六平方メートルと決められた。被災前に暮らしていた家と比べるととても小さいが、津波で何もなくなってしまった状態なので、支援者の考えを尊重して、与えてもらえるものをまず受け取ることにしたという。

このように、行政は行政のルールに従って行政の経路で、また、国際機関やNGOはそれと別の考え方で支援物資を配給している。避難所にテント長やバラック長を置いたのと同じように、村として機能していなくても行政上の村にポスコを置いたのはそのためである。

---

*8　津波前に借家に住んでいた人たちの住宅再建については第6章の中国村の項を参照。

住めないテントと「三日ルール」

デアグルンパン村の住民のうち比較的多くの人々が避難していたのがマタイー地区の避難民キャンプだった。マタイー地区はバンダアチェ郊外の内陸部にあり、行政上は大アチェ県に属している。丘の上にあるインドネシア共和国テレビ（ＴＶＲＩ）の基地局の敷地にテントが集まり、デアグルンパン村の被災者も他の地区からの避難民とともにテント生活を送っていた。

　このテント村では、配給による混乱を避けるため、世帯ごとにクーポンを発行する配給の仕組みが作られた。アチェ州内のイスカンダルムダ大学工学部・社会政治学部・農学部、シアクアラ大学経済学部・農学部でそれぞれ活動していた三つの自然愛好学生会（Mapala）が津波直後に連絡を取り合い、同会のＯＢであるシアクアラ大学経済学部講師が中心となってこのテント村での支援物資の配給の仕組みを作ったものである。

　地震と津波が起こったのは日曜の朝だったため、自然愛好学生会のメンバーの何人かがバンダアチェ郊外の西海岸の山の上にいた。地震後にバンダアチェに戻ろうとして、途中の沿岸部の村が壊滅状態になっているのを見て他のメンバーに連絡を取り、バンダアチェ市内でも大変なことになっていることがわかった。その日の夜、メンバーの家に集まって、対応を話し合った。まず遺体の回収を行おうとしたが、マタイー地区のテレビ放送基地は高台にあって津波当日から避難民キャンプが自然発生的に出来上がっていたため、避難民キャンプの運営を支援することにした。三つの自然愛好学生会あわせて二五人が避難民キャンプの運営を手伝った。

　避難民キャンプに最初に届いた救援物資は中アチェ県タケンゴンからの野菜や東アチェ県からの食糧で、いずれも州内他県の住民からの寄付だった。続いてオクスファムと米国ＮＧＯの国際救援開発（ＩＲＤ）の支援が入り、その後マレーシアや日本など多くの国の支援団体が来

るようになった。

最初の一週間は被災者のデータがなかった。支援団体に被災者の数を示すことが必要だとわかり、二週間目から被災者データの収集を行った。テント村をＡからＥまでの五つのブロックに分け、二五人の学生が手分けして住民の調査と登録を行った。二〇〇五年八月の時点では、Ａブロックが約一五〇世帯（約七〇〇人）、Ｂブロックが約一二五世帯（約六〇〇人）、Ｃブロックが約二七〇世帯（約一二〇〇人）、Ｄブロックが約一四〇世帯（約五二〇人）、Ｅブロックが約五〇世帯（約二三〇人）だった。ブロックごとに住民に選ばれたブロック長は、アチェ語で村長を意味する「クチ」と呼ばれた。

救援物資はいったん倉庫に入れ、数量を人数で割って、世帯ごとに渡す分量を計算して配給した。世帯ごとに配給票を作り、受け取った物資の品名、数量、受け取り日と受け取り人の署名を記せるようにした。世帯主の名前を一人ひとり読み上げて配給を行ったため、物資の配給が朝から夜までかかることもあった。ＮＧＯによっては被災者に直接配るところもあったが、被災者が物資を奪い合い、物資をもらえた人ともらえなかった人のあいだで不公平が生じて混乱したこともあった。

この避難民キャンプは、被災者が多く集まり、支援団体にもよく知られていることもあって、多くの支援団体が支援物資を届けに来た。ＮＧＯからの支援物資は通常避難所ごとに渡されるため、被災者は出身の行政村によらず避難所内のブロックに応じて物資の配給を受けた。先に見たように、これと別に行政からの支援が行政村ごとに配給され、被災者は行政村に設置したポスコを通じてそれを受け取っていた。このように、被災者は、行政村とＮＧＯ向けの窓口として機能する「ＮＧＯ」村で二重の支援を受けていたということになる。

マタイー地区の避難民キャンプには支援が集まるため、ここに避難民として登録することは権利のようなものとして見られていた。象徴的なのは、このキャンプで一部の避難民が立派な見かけのテントを作っていたことである。地面を段々にならして階段を作り、拾ってきたパイプで手すりを作ったり、タイヤを植木鉢にして木を植えて庭を造ったりして、庭つきの豪邸のような外見のテントを作っていた（図3-5）。このような自作の豪華なテントが何軒もあり、マタイーのテント村はまるでテント・コンクールのような様相を呈していた。

ただし、これらの豪華なテントの多くには人が住んでいなかった。豪華なテントは、外見は立派だが、はじめから寝泊まりできるように作られていなかった。庭つきのテントの所有者によれば、このあたりはとても暑く、テントで寝泊まりしたら三日と体がもたないため、実際は親戚の家で寝泊まりしていた。ただし、親戚の家で寝泊まりしているとテント村の住民としての登録が削除され、支援物資の配給が受けられなくなるため、自分たちの存在をアピールするために毎日昼間にテント村を訪れて庭を造ったりしていた。

このマタイー地区の避難民キャンプでは「三日ルール」が定められていた。二晩までなら外泊しても避難民キャンプの住民リストから名前が消されないが、三晩連続で外泊するとリストから名前が消され、配給を受ける権利を失う。寝泊まりするところがないために避難所に集まってきてテントに寝泊まりしているので

図3－4　避難民名簿を管理する避難民キャンプの学生グループ（2005年8月）

図3－5　工夫がこらされたテント（2005年8月）

はなく、寝泊まりできる場所はあり、本当は外で寝泊まりしたいけれど、三日に一度はこのキャンプで泊まるように互いに縛るルールを作ったということである。

寝泊まりする場所がほかにあってもキャンプや仮設住宅村に人がいるのは、キャンプや仮設住宅の住民として登録しておくことで得られる支援やプロジェクトがあり、自宅では得られない仕事や食糧の確保が期待されるためである。被災者を探す支援団体は被災者が集まっている避難民キャンプや仮設住宅をめざす。被災者の立場からすると、避難民キャンプにいることで支援団体に会いやすくなり、支援団体に対して自分たちが必要な援助を訴えることができる。避難民キャンプや仮設住宅が、被災者と支援者がやりとりする窓口になっていた。

3　組んで働く——女性の生活再建支援

支援者の目から見れば、テント村や仮設住宅で支援者が出会うのは、災害で一切のものを失い、身一つで助け出され、衣食住のすべてを支援によってまかなっている被災者である。支援者は、平等性や公平性の観点から、すべての被災者に対して一律の生活物資を提供しようとす

る。

ただし、身一つで避難所生活を送っているかに見える被災者たちも、被災前の境遇はそれぞれ異なっている。漁船を何隻も持っていた船主や広い農園を持っていた地主もいれば、それらの船主や地主に雇われて賃金労働をしていた人もいる。しかし、災害時の復興支援では、船主や地主だった人もほかの被災者たちと等しく扱われ、事業を始める最低限の機材や元手しか与えられない。当人たちからすると、被災前に大規模な事業を展開しており、経験もスキルもあるため、経験に乏しいほかの被災者と同じ扱いを受けることに納得がいかないという不満が出ることも容易に想像できる。

その不満の妥当性はともかく、ここでは、被災前に異なる立場にあった人たちが被災者として同じ支援を受けることの意味について考えてみたい。特に注目したいのは、被災前に異なる境遇にあった人たちが支援事業を通じて同じ場所で組んで働くことの持つ意味である。*9

女性の生活再建支援

社会的弱者の被災者を支援するため、ＮＧＯ団体は被災した女性を対象に収入の向上と心のケアを組み合わせた事業を実施した。この事業は、インドネシアで女性支援の事業経験のある国内ＮＧＯのＫ団体および西アチェ県の地元ＮＧＯであるＭ団体と協力し、国際ＮＧＯが資金提供および監督を行う形で実施された。参加者一五名程度を目安としてグループを作り、養鶏、裁縫、刺繍の中からグループが選んだ事業に対して機材および初期費用を供与した。実施ＮＧＯによれば、この事業は収入の向上だけでなく、共通の目標を持った活動を行う機会を与えることによって心理的トラウマに対するケアを行う意図も込められていた。

*9 本節および次節の記述は、二〇〇五年八月にアチェ州西南海岸部の西アチェ県、ナガンラヤ県、西南アチェ県で行った現地調査がもとになっている。この地域における国際機関やＮＧＯによる支援活動は、食糧の配給、キャッシュ・フォー・ワークによる短期雇用の創出、非糧食物資（ＮＦＩ）の配給、起業支援（農機具供与、女性起業支援、農業技術研修）と段階を追って進んだ。筆者が現地調査を行ったのは、キャッシュ・フォー・ワークとＮＦＩ配給がほぼ終了して起業支援が行われていた時期にあたる。

図３－６　養鶏設備を供与された人（2005年８月）

養鶏グループ

サマティガ郡C村の養鶏グループは一五人のグループで事業を始めた。参加者は一世帯あたり成長した鶏を一五羽、雛を四〇羽供与された。供与された鶏の種類は、グループの要望によっていずれもアラブ種とされた。アラブ種は地元種と比べて卵を産む周期が短く、一度に産む卵の数も多いためであり、また、アラブ種の卵は市場での単価が高く、地元種が一個六〇〇ルピア程度であるのに対してアラブ種は一個一〇〇〇ルピア程度で売られていたためだった。

ただし、アラブ種の卵は地元種より小さく、割高感があって地元の人々にあまり好まれないことから、実際の現金収入額は当初の試算より低くなっていた。参加者は、目下の問題として餌代の捻出を挙げた。餌代は一か月あたり一〇〇羽につき約四五万ルピアかかる。事業がうまく展開すれば餌代をまかなうことができるが、卵があまり売れないと餌代を自費でまかなわなければならず、現金収入の道が断たれているために餌代の捻出が難しいという。

津波前に養鶏の経験があった人を対象としたため、参加者の中には早く津波前の事業規模に戻したいとの希望を述べる人もいた。筆者らの現地調査時にも、参加者数名が実施NGOに事

業拡大の希望を要請する一幕が見られた。ある参加者は津波前から養鶏業を営んでおり、親子で鶏を四〇〇羽飼っていた。しかし今回の事業では親子あわせて五五羽しか鶏を供与されず、鶏を十分に増やすことができないし、利益を出して自立することもできない。そのため、被災前の経験に照らして供与する鶏の数を増やしてほしいとのことであった。

刺繍グループ

サマティガ郡C村の女性グループは、アチェで「カサブ」と呼ばれる婚礼などの儀礼用の刺繍を行う事業を選択した（図3-7）。実施NGOが地元で材料を調達し、参加者が作業場に集まって刺繍を施す。カサブは結婚式の必需品でアチェではどの家庭にもあるが、津波でカサブを失った家庭が多く、需要が大きいと思われた。

商品を製作する事業では、事業を長期的に継続させる上で販路の確保が重要である。このグループの製品は、実施NGOの交渉によってムラボ市街地の手工芸品卸売り店に置かれることになった。刺繍製品は五〇センチ×七〇センチ程度のもので一六万ルピアの値がつき、売れると二日後に地元NGOを通じて店からグループ

図3-7　刺繍グループの参加者（2005年8月）

に代金が支払われる。材料費などを差し引いた利益の半額が作業者個人に支払われ、残りの半額はグループの運営費とされる。材料費は一メートルあたり二万ルピア、金の糸は一パック九万五〇〇〇ルピアかかる。一か月も練習すれば小さい枕カバーぐらいは作れるようになる。慣れれば小さい枕カバーは一日か二日で作ることができ、大きな刺繍は作るのに二週間かかるという。

　地元NGOは販路を得るために努力を重ね、ジャカルタの百貨店を訪ねたりもしたが、百貨店は独自の代理店ネットワークを持っているために参入が難しいという。また、アチェ以外ではカサブを好む人が限られており、アチェでしか売れないことも販路開拓が難しい理由に挙げられた。

　ただし、この事業は製品を売ることだけが目標ではないようだった。カサブを貸し出すと一セットで一五〇万ルピア、新郎新婦の台座の部分だけ貸し出すと三〇万ルピアとなる。一セット作ればそれを貸し出すことができるので、それ自体がビジネスになるため、販路を拡大する必要はないということになる。

　刺繍グループの参加者の何人かに話を伺った。被災前から針子を雇って事業を展開していた人や、今回の支援事業に参加して刺繍を始めた人がいた。

　参加者（Aさん、五四歳）の話。

　私はパダン（西スマトラ州の州都）で生まれた。夫もパダン生まれ。夫は一九六〇年ごろに東アチェ県に来て大工の仕事をした。当時のアチェは、ゴム、アブラヤシ、石油で栄えていた。一九七九年にここに移ってきて土地を買った。一九八三年頃に裁縫の仕事を始めた。一九九二

年頃にはミシン二〇台や機材一式を揃えて人を雇って裁縫を始めた。津波直前はミシン三二台、針子四〇人を抱え、ジャカルタやマレーシアから注文を受けるまでになっていた。津波で針子の半数以上が亡くなった。避難中の人も多く、仕事に復帰したのは四人だけだった。この支援事業では、全体でミシン二〇台、針子二九人で操業している。ミシンが足りないので作業時間を午前と午後に分けた。経験があるため取りまとめ役として指導もしているが、経験者が少なく新人ばかりなので指導が大変だ。

参加者（Bさん、三二歳）の話。

パダン出身。夫は南アチェ県出身で、一九八五年にこの土地に来た。私は一九九二年にアチェに来て夫と出会って結婚し、二〇〇〇年に土地を買った。夫は大工で、私は津波前から刺繍をしていた。津波で夫が亡くなり、家も流された。現在は九歳の娘と五歳の息子と一緒に刺繍工房の二階に住んでいる。

参加者（Cさん、二二歳）の話。

今回の支援事業に参加して刺繍を始めた。小さな作品に取りかかって一か月近くになるけれどまだ終わらない。初めての経験なので時間がかかっている。仕上がっていないので給料はまだもらっていない。

裁縫グループ

ナガンラヤ県クアラ郡S村のグループは裁縫を選んだ。津波による被害を受けた幹線道路沿いの商店跡を利用して作業所を設置し、そこに実施NGOがミシン十数台を供与した。金曜と

図３－８　裁縫グループの仕事場の様子（2005年８月）

日曜を除き、毎週五日間、午後二時から五時まで作業所に集まって作業を行っていた（図3-8）。

参加者の多くは津波前に個人でミシンを所有しており、自宅で裁縫を請け負っていた。津波でミシンを失ったが、一台五〇万～七〇万ルピアするため自費では購入できず、そのため裁縫グループに参加したという人が多い。

目下の問題は電力の供給が足りないことで、津波から八か月が経ってもこの地域には電気が届かず、自分たちで発電機をまわして電力を供給している。一度に使うミシンを調整して作業を行っているために効率が悪いし、何よりも発電機を動かす燃料代がかなりの負担になっている。

実施ＮＧＯはミシンをグループに対して供与したため、ミシンを作業所に置き、それをグループの代表者が管理している。参加者は決められた時間に作業所に集まって作業する。津波前から裁縫を請け負っていた顧客から個人的に注文を受けている人もいるが、ミシンは作業所にしかないため、個人で請け負った仕事もグループの仕事として共有される。

参加者（Ｄさん、代表者、四〇歳）の話

北アチェ県出身。夫は村長。私を含めて九人で裁縫している。裁縫グループに参加するにあたり実施NGOから一人一〇〇万ルピアの貸付を受けた。実施NGOの担当者に呼ばれて、村の女性で裁縫ができる人の名前を二五人挙げるよう言われた。腕に自信がある人に絞ったので九人だけになった。九人とも津波前からの知り合い。裁縫グループを始めて、学校の制服[*10]の大量注文が来たときはよかったけれど、今は結婚式の衣装など個別の注文が細々と来るだけ。工賃は布地持込みで一着あたり八万ルピア。ホックやチャック、裏地（一メートル六五〇〇ルピア）は作業者が自分で買う。

参加者（Eさん、三四歳）の話

津波前は家の前で雑貨の屋台を引いていた。家は津波で全部流されて壁と柱だけになり、満潮になると水が入ってくるが、家が残っているので仮設住宅には入れてもらえない。夫は健在。ベチャ引きをしていたが、ベチャは津波でなくなった。裁縫グループに入れてもらって一〇〇万ルピアの貸付を受けた。津波前はミシンを四台持っていて、個人で注文を受けて自宅で作業していた。三台流されて一台だけ残った。昔からの顧客から注文が来てもグループで共有しなければならないが、グループにいても仕事が来るというわけではない。

参加者（Fさん、二八歳）の話

この村の出身。午前八時から午後五時まで裁縫グループに参加している。制服を作ったときは一着あたり四万ルピアの工賃をもらったので、一五日働いて五〇万ルピアの収入になった。今は注文が減ったので、街に張り紙をして注文を受ける努力をしている。

*10 インドネシアの公立学校の制服は全国統一デザインが指定されている。たとえば、公立小学校は白いブラウスに赤色の半ズボンもしくはスカートである。

4　一緒に使う――農業加工機材の供与

農業加工機材の供与では、機材を特定の場所に置いて管理する必要が生じる。それは、機材を動かすときに必要となる電気や水などを誰が提供するかとも関わっている。本節では、被災者の避難先社会での定着と生活再建を促進するため、旧ウォイラ郡で地震・津波の避難民および避難民を受け入れた地域住民の双方を含むグループに対し、NGO団体が落花生の殻剥き機やニラムの精油機などの農業資機材を供与した事例から考えてみたい。

この地域の主要な産業はコーヒー、ゴム、ニラム（パチュリ）である。ゴムはインドネシア独立以降に植えられるようになった。収穫は週に二、三回で、ゴム園の入り口近くの幹線道路沿いに収穫物を置いておくと車で集めに来る。アブラヤシ農園は父親の世代からの農園主がいるが、農園主で富裕なのは住民の一割に過ぎない。彼らは十分に裕福なので村長職に就くことにも関心がない。残りの九割の世帯は貧困層に属し、インドネシア政府から低所得者向けの生活保障を受け取っている。この地域ではいろいろな農産物が採れるが、値段は地主や買い手が決めるので賃金労働者は貧しいままになっている。[*11]

落花生の殻剥き機

西ウォイラ郡L村では、被災直後にトゥノム、サマティガ、ムラボから来た津波被災者一七世帯（その後帰還したために調査時点では一一世帯）および村内の地震被災者二二世帯を村内のいくつかの民家に受け入れていた。この地域の主要な生業は落花生栽培である。落花生は種蒔きか

---

*11　旧ウォイラ郡で農業加工機材の供与を受けた村の村長からの聞き取りによる。

ら収穫まで約四か月かかり、休耕期間を入れて年間二回程度の収穫が行われる。

津波後は来なくなったが、津波前には北アチェ県から買い付けの人が来ていた。殻付きの豆は一キログラムあたり三五〇〇ルピアで売れる。一回の収穫で〇・五ヘクタールあたり一〇〇〜一二〇万ルピア分の落花生が得られ、年間では二〇〇〜二四〇万ルピアの収入となり、ここから諸経費を引いた一五〇〜一八〇万ルピアを地主と小作人で折半する。この地方では殻剥きは女性の仕事で、殻を剥いた豆は一キログラム七五〇〇ルピアで売れるため、殻剥き機を導入すると収入が倍増することが見込まれた。

L村には、被災以前から、落花生畑を所有する地主と、落花生畑を所有せずに小作や他の生業によって生計を立てている住民とがいた。二ヘクタールの落花生畑を所有する地主は、自宅に精米所を持ち、そこで同村唯一の精米機を所有・管理している。実施NGOによって供与された落花生の殻剥き機は、この精米所に精米機と並べて設置された。

図３−９　殻剥き機を供与された村の住民（2005年８月）

この村に避難してきたある被災者によれば、避難民に落花生畑で小作させるという実施NGOの支援事業のためにこの村で落花生畑を借りることができ、生活の見通しが立ったのでこの村での永住を考えている。他方で、二〇年前にこの村に移住して以来ずっと地主の敷地内に住んでいる別の住民は、この村に土地を持たず、二〇年前からこの地主の落花生畑を〇・五ヘク

タール提供してもらい、ハンドトラクターを一ヘクタールあたり一六万ルピアで借りて毎年小作を行ってきたが、今年は避難民が使っているために落花生畑を借りることができなくなり、付近の川で魚を捕って生計を立てている。魚も買い付けの人が来て、一キログラムあたり一万五〇〇〇ルピアで売れる。

ニラム精油機

西ウォイラ郡Ｋ村では、実施ＮＧＯがニラムの精油機を供与した。この支援事業への参加者は三〇人で、そのうち一〇人はアロンガンランバレック郡で被災し、Ｋ村にある親戚の家で生活していた人たちである。

ニラムはシソ科の植物で、エッセンシャルオイルのパチュリ油に加工されて利用される。Ｋ村にはもともとニラムの精油機があったが、老朽化が進んでいたため、実施ＮＧＯが新しく設置した。新しい技術による精油機は高価であるため、伝統的な精油技術によるものを選んだ。実施ＮＧＯによれば、Ｋ村ではニラム油の原料となるニラムの葉の生産量がもともと少なく、精油技術を向上させてもあまり意味がないと思われた。実施ＮＧＯが精油機の資材を提供し、グループ参加者が自分たちで組み立てた。また、精油機を置く場所の屋根もグループが作った。

精油機はＫ村の村長宅に設置された。精製したニラム油の冷却に必要な水は村長宅の納屋の中にある井戸から汲み上げる。燃料には薪を用いる。グループ参加者によれば、薪は村長宅の裏手にあるゴム林から容易に手に入れることができる。

ニラムの葉の収穫は半年に一度で、稲のように葉を刈り取る。ニラムの葉を精製したニラム油は、一オンスあたり二万一〇〇〇ルピアで売れる。以前は精製されたニラム油六オンスあた

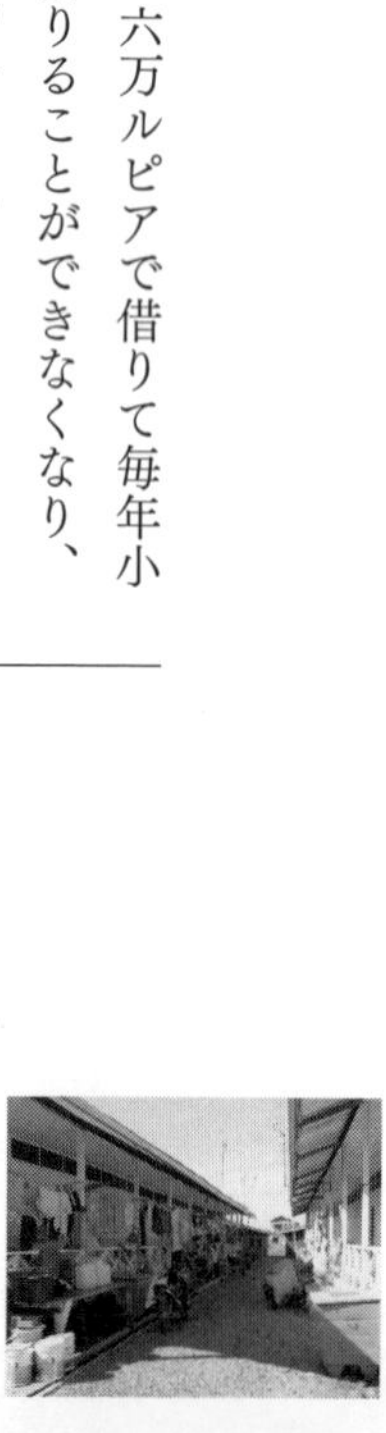

り一オンスを精油機の使用料として所有者に渡していた。実施NGOがK村に設置した精油機を使っても、六オンスあたり一オンスをグループ長に渡して蓄え、精油機管理の経費などをそこから支払うことになっている。

参加者（Gさん、男性、四一歳）の話

　自分の土地に二年前からニラムを植えている。ニラムはムラボの人が買い付けに来る。もし来なければムラボに売りに行く。地元の人が買い付けに来たら一オンスあたり二万ルピアで売り、ムラボに売りに行くなら一オンスあたり二・一〜二・五万ルピアで売る。

図3-10　ニラムの葉を見せる村人（2005年8月）

精米機

　西ウォイラ郡T村では村に対して精米機の供与が行われた（図3-11）。精米機の修理費や燃料費は精米の手間賃から出す。この地域はコメを年に二回収穫できる。これまでは別の村の市場で個人所有の精米機を使っていた。二〇キログラムのコメを精米するごとに五％にあたる一バンブ（一キログラム）を精米機の所有者に渡していた。この地域ではそこにしか精米機がなかったため、収穫時は精米する人で行列ができていた。

参加者（男性、四二歳）の話

　精米機がこの地域に来たのは二五年前。それまで

図3-11　精米機を供与された村人たち（2005年8月）

は手動の脱穀機を使っていた。叩いて脱穀するとコメが砕けるため、二〇キログラムのコメが一〇〜一二キログラムに減る。機械だと二〇キログラムのコメが一五キログラムまでの目減りでとどまる。精米機は二つの機械を使い、一時間で三〇〇キログラム精米できる。

　コメは一キログラム一七〇〇ルピアで食糧庁が買い上げてくれる。一年で一人七〇バンブ必要で、一ヘクタールの田から二・五トンのコメが収穫できるので、大人三人の家族なら二・三トンは売ることができる。

ココヤシ搾油機

　西ウォイラ郡B村ではココヤシ搾油機の供与が行われた。参加者は三三人で、そのうち被災者は二四人だった（図3-12）。

　小屋の鍵はグループ長が管理する。機械代が一〇〇〇万ルピア、小屋の建設費が九〇〇万ルピアで、小屋の建設は村の住民五〇人が寄付して資金を調達した。小屋を作るセメントはムラボで購入した。搾油したパーム油はメダン在住のNGOスタッフに売ることが計画されていた。

　参加者（Hさん、男性、三八歳）の話

図3-12　ココヤシ搾油機を供与された人（2005年8月）

この村では八人が西ウォイラ郡とサマティガ郡をまわってココヤシの実を集め、搾油工場に持っていっていた。搾油工場は西海岸のトゥノムと北海岸のビルンにあり、トゥノムには華人が経営する大きな工場があった。津波でトゥノムの工場がなくなって困っていた。

一日まわるとココヤシの実が二・五トン集まる。トラックは一日借りると借り賃が六〇万ルピアかかる。生のココヤシの実は一キログラム一二〇〇ルピア、乾燥したココヤシの実は一キログラム二二〇〇ルピア。皮を剥いで実を刻んで回収する。工場には大きな釜があり、実をさらに細かく粉砕してから油を絞る。搾油してあれば一キログラム一万二〇〇〇ルピアで売れる。アチェには今やここにしか搾油所がない。

人道支援団体の支援事業は、時として現地事情を無視し、融通が利かないもののように見える。確かに、被災者といっても被災前の状況は一人一人異なっており、それを被災者と一括して一律に扱うのは乱暴な態度だと言わざるを得ない。ただし、その一方で、外部から訪れた人道支援団体があえてその土地にある既存の権力構造などを無視してすべての被災者を対等に扱うことで、新しい秩序が芽生える可能性もある。

旗とカーレース

震源に近い西アチェ県の中心都市ムラボは、海に突き出た岬を中心に町がつくられており、津波で壊滅的な被害を受けた。海岸沿いには三、四階建ての建物がいくつか残っているだけで、ほとんどの建物が倒壊していた。セラミックのタイル敷きの床がそのままむき出しになっていたり、壁が一部残っていたりすることで、そこに家があったことがかろうじてわかる。土地の区画を示すために境界に杭が打たれているところもある。主がいなくなった区画には名前と連絡先の電話番号を記した立札が立てられている。「持ち主はまだ生きている」と記されているものもある。家主が避難している間に所有者不在の土地として誰かに占拠されないためだ。

私が訪問した二〇〇五年八月は、仮設住宅の建設が進み、被災地の生活にもリズムができあがっているようだった。沿岸部の道路を車で走れば沿道の人々から手をふられた。道沿いには色とりどりの支援団体の旗がはためき、どの地区がどの支援団体によって支援されているかが一目でわかるようになっていた。

海岸から少し離れた地区の道路では、若者たちがオートバイでカーレースを行っていた。中央分離帯がある道路の一部をサーキットに見立て、ぐるぐる走っていた。若者たちは服装もオートバイもまちまちで、Tシャツ・短パンにサンダルばきでヘルメットを被っていない人も多い。優勝者にはいくらかの賞金が出るようで、みんな必死になってオートバイを走らせているが、ターンの部分が狭くなっており、回りきれずに転倒する人もいる。若者たちから少し離れた駐車場では、年配の男性たちが煙草を吸いながらレースを眺めていた。一レース終わるごとに男たちは折り畳んだ紙幣をやりとりしている。エンジンの唸る音が鳴り響く中をぐるぐる回り続ける若者と、それを取り囲む男たち。どちらにもそれぞれ別の刹那的な雰囲気が漂っていた。

第二部

復興再建期
―― 世界と再び繋がるアチェ

どんな伝統、どんな因習も、時代の変化を押し止めることはできません。意識しなくても、一日一日の生活の細部に、一人ひとりの思考や立ち居振る舞いに、変化は兆しています。大事なのは、たえず動いているこの現実のなかで、望ましい変化が何であるのかを見きわめ、そのために自分ができることを実践することです。

（リンダ・クリスタンティ〔上野太郎・野上暁訳〕「スルタンの杖」『すばる』2008年5月号、p. 108）

第4章

被災地にあふれる笑顔

被災から
1〜2年

右：ツナミの折句が記された募金箱（2006年８月、バンダアチェ）

本章下部の写真：アチェにて、2005年12月、2006年１月、2007年９月、12月、2008年12月撮影

アチェの被災者は津波で大きな被害を受けたにもかかわらず明るくたくましいとの評判がある。このような外部からの支援者が思い描く被災者像と実際の一人一人の被災者の様子との齟齬を理解するため、アチェの人々が日々の暮らしの中で自分たちの思いに従って行っている営みに目を向け、そこに意図的にせよ無意識にせよ込められたメッセージを読み解くことを通じて、アチェの人々が津波前からどのような課題を抱えており、津波を契機にそれに対してどのように取り組もうとしているかを考えてみたい。

以下に見るように、津波から一年目の「津波縁日」の開催や、募金箱に書いた折句など、文化を共有し言葉の意味が通じる相手に向けた呼びかけが見られた。また、世界の人々がアチェに来るのを歓迎し、アチェに世界各国のレストランが集まっていろいろな食事が楽しめるようになったのは、世界各地からアチェを訪れた人々に対するもてなしの気持ちの表れと見ることができる。

さらに本章では、それらの活動を、ときに表舞台に立ち、ときには舞台裏にまわって支えた人たちとして、女性と教師に焦点を当てる。アチェの女性たちは、世界各地から集まってきた人たちが参加する会議の必需品であるお菓子を用意して会議を支えた。また、被災地で最も優先されるべき子どもたちのケアのため、学校を訪問して防災教育などを提供した支援団体の活動を支えたのは、自身も被災者である地元の先生たちだった。

図4－1　「津波縁日」で記念撮影（2005年12月、バンダアチェ）

1　遊び心——対話の材料としての津波

「津波縁日」

アチェの地元社会は津波をどう受け止めたのか。被災から一年たった二〇〇五年一二月、アチェでは津波を記念するさまざまな行事が行われた。いずれも悲しみを思い返すためではなく、前に進むための区切りをつけるという意味合いが大きいように見えた。

津波一周年を記念して各種のイベントが実施された。津波発生時、日曜早朝の体操などのために集まっていた市民約五〇〇人が犠牲となったバンダアチェ市内のブランパダン広場では、津波一周年一〇キロマラソン大会やバスケットボール大会が実施された。[*1] 市内の博物館をはじめとする各種の文化施設では、津波に関連した絵画展や州内各地の子どもたちによる舞踊ショーが行われた。アチェでは伝統的に詩を詠唱することで心情を訴えることが広く行われており、津波被害の心情を綴った詩集の出版も相次いだ。

海岸部で津波の直撃を受け、周囲の建物がすべて流された地域で唯一残ったウレレー地区の

＊1　二〇〇四年一二月二六日にブランパダン広場をゴールとして開催されていた一〇キロマラソン大会の地震発生当時の様子は、国立公文書館アチェ州分室が編纂した津波被災生存者の証言集『津波と彼らの物語』[Badan Arsip 2005] の中に収録されている大会スタッフの証言（"Akhirnya Dipasung Kayu." p.147）から知ることができる。

モスクの脇では「津波縁日」が開かれ、津波被害の様子を写したポスターやカレンダー、TSUNAMIと記したTシャツが販売されたり、津波被害を描いた背景画を前にした記念撮影の出店が出たりした（図4−1）。一見すると津波を金儲けの道具に使っていると映るかもしれない。しかし、売る人も買う人もその多くが津波被災者であることを考えるならば、一年前の津波を振り返りつつ、被災後を生きる人々を繋ぐ機会の一つとして津波が活用されていると見ることもできる。

図4−2　独立記念日を祝う集落のゲート（2005年8月、バンダアチェ）

集落のゲート

被災から一年を経たアチェでは、地元社会の日常生活に組み込まれた形で「津波」が顔を見せている場面がしばしば見受けられた。このような津波の使われ方からは、津波が乗り越えるべき災いから対話の材料へと移り変わっている様子を見ることができる。

インドネシアでは路地ごとに集落を形成しており、幹線道路から路地への入り口にゲートが設けられ、集落ごとに飾り付けが施される。とくに毎年八月一七日のインドネシア共和国独立記念日が近づくと、集落ごとに工夫してゲートを整えて独立記念日を祝う。「一九四五年八月一七日　二〇〇五年八月一七日、インドネシア共和国独立六〇周年記念」のように書くのはど

図4－3　発電船の模型を載せた集落のゲート（2005年8月）

の集落でも共通しているが、それ以外の部分のデザインは集落ごとに委ねられており、それぞれ知恵を絞って独自性のあるものを作っている（図4-2）。

バンダアチェの大モスクの裏には、対になった文章が頭に書き加えられているゲートが見られた。対の文章を繋げると、「たとえ我が家が壊れようとも　たとえテントで寝起きしようとも　二〇〇五年八月一七日　インドネシア共和国独立六〇周年記念」と読める。津波で家屋が壊され、住民の多くがテントや仮設住宅で寝起きする状況が続いているが、今年も独立記念日がやってきたと語るそのゲートからは、独立記念日を祝っているように見せる一方で、祝われている国家は自分たち被災者をそのまま放置しているではないかという不満を読むことができる。このゲートの飾りには、この集落の住民が自分たちの置かれた状況を皮肉交じりの笑いに変えるたくましさを垣間見ることができる。*2

入り口のゲートに言葉を書き加えるかわりにゲートに船の模型を載せた集落もあった（図4-3）。海岸から内陸に約三キロメートルの位置にあり、港に停泊していた重量二五〇〇トンの巨大な発電船*3が津波によって運ばれてきた集落である。発電船があまりにも大きく港に移送す

＊2　翌年、このゲートは、対の文章はそのままにされ、その半分だけ色が塗られた。

＊3　この発電船はアチェ州電力公社が所有していたもので、名をアプン号といい、バンダアチェ市の電力不足を補うためにバンダアチェ市沖で停泊していた。

る費用が捻出できなかったため、この発電船はこの集落内に据え置かれることになった。この集落の入り口のゲートに載せられているのはこの発電船の精巧な模型だった。津波から半年ほどたつと、二五〇〇トンの発電船を内陸に運んだ津波の威力の凄まじさを見物に来る人々が毎日のようにこの集落を訪れるようになった。ただし、幹線道路から少し奥に入ったところにあるため、幹線道路からどの路地に入っていけばよいかわかりにくい。幹線道路からこのゲートを見ると、「みなさんが探しているテレビなどで報道されたあの発電船があるのはこの集落ですよ」と呼びかけられているような気になる。発電船はその下敷きとなった家屋や住民に大きな被害を与えたが、その一方で、発電船の存在を受け入れ、それめがけてやってくる人たちの存在をある意味でおもしろがりさえする精神を見ることができる。

図４－４　折句が記された募金箱

この発電船は、その後、州政府が周囲の土地を買い上げて津波記念公園として整備し、現在では発電船の上に登れるようになっている。公園として整備される以前から、アチェを訪れた人々が必ず立ち寄る場所として、この発電船のまわりにいろいろなものが置かれることになった。被災から二年後頃までは、近隣の住民による手製の募金箱がいくつも置かれた。募金箱にはそれぞれ自分たちの苦境を訴えて募金を求めるメッセージが書き付けられていた。それらのメッセージの中に、頭文字を並べるとＴＳＵＮＡＭＩとなる折句になっているものがあった（扉の図と図４－４を参照）。

神は命じた（Tuhan Suruh）
預言者の民に（Umat Nabi）
覚醒せよと（Agar Menjadi Insaf）

あるいは、

神は命じた（Tuhan Suruh）
預言者の民に（Umat Nabi）
人類が覚醒するようにと（Agar Manusia Insaf）

というもので、津波にどのような意味を見出せるかを示したものだった。それが募金箱に書かれているということは、もしこれを読んでくすりと笑ったならばぜひ募金を、と呼びかけているようにも感じられた。あまりにも大きな災いであるからこそ、その災いの深刻さを競いあったり嘆きあったりするのではなく、津波を材料に機知と洒落を競いあっているように見えた。

スーパーの垂れ幕

機知と洒落を競いあうと言えば、地震で倒壊した大型スーパーのパンテピラクの営業再開を知らせる垂れ幕もあった。そこには「暮らしの中の試練、賢くふるまおう　食料・生活用品はすでに並べられた、努力した人だけ得をする　開店記念二〇%引きセール」と書かれていた。このスーパーはバンダアチェでも最大規模の二階建ての店舗を構えていたが、津波を引き起こした地震によって全壊した。お城のような一風変わった建築で、それが無残にも倒壊したため、地震の被災地として「絵になる」と思われたためか、日本を含む諸外国のテレビ局が津波後のアチェの様子をバンダアチェからレポートするときには倒壊したパンテピラクの前を選ぶことが多かった（図4-5）。

パンテピラク[*4]は被災直後に在庫品を被災者に無料で提供したことでも知られている。別の場所に仮設店舗を開いて営業しながら、崩れた店舗の跡地で鉄筋コンクリート造りの頑強な店舗の再建に取り組み、津波一周年を前に営業再開にこぎつけた。コンクリートで打ちっぱなしの四角四面の建物にしたことは、凝ったデザインだったから壊れやすかったのだといわんばかりの報道に対する皮肉も感じられるが、上述の垂れ幕にも商店側の機知と洒落を感じることができる。

図4-5　倒壊したパンテピラク（2005年2月）

「暮らしの中の試練」というのは、アチェの人々が今回の津波を受け止めるためにしばしば語った言葉である。ここで「試練」に使われているインドネシア語の単語（ujian）は、ふつう神が人間に与えた試練を意味し、読んだ人はこれが津波のことを指しているとすぐにわかる。それに続く「賢くふるまおう」「努力した人だけ得をする」という言葉も、津波後の生活における心構えを語ったものとして受け止められる。ところが最後に「開店記念二〇%引きセール」とあり、「賢くふるまう」「努力」というのは実はセールで安く買い物することを指していたのだとわかる。したがって「暮らしの中の試練」も、神の試練ではなく、セールの開催を嗅ぎつけて殺到できるかという試練のことだったとわ

＊4　パンテピラク（Pante Pirak）はアチェ語で「銀の浜」を意味する。店名はこのスーパーマーケットが建つパンテピラク橋を示すとともに、「銀」＝「貨幣」が打ち寄せる浜を連想させる。

かる仕掛けになっている。

大統領へのメッセージ

津波から一周年を迎えた二〇〇五年一二月二六日、スシロ・バンバン・ユドヨノ大統領がアチェを訪問し、半日かけて一周年記念式典への出席と復興状況の視察を行った。その四日後、アチェの地元紙『ラヤット・アチェ』(Rakyat Aceh)に大統領に向けたメッセージが掲載された。携帯電話のショートメッセージによる読者からの投稿欄に掲載されており、大統領の顔写真とともに「お帰りにお気をつけて。このたびの大統領のアチェご訪問は、今なお仮設住宅暮らしの私たちにとって神の恵みでした」とある(図4-6)。文字通り読めば、多忙の身にありながら遠い被災地にいる自分たちの生活を気にかけてくれた大統領のアチェ訪問に感謝し、帰路の無事を祈る気持ちの表れになっている。

図4-6　大統領へのメッセージ(『ラヤット・アチェ』、2005年12月30日)

ただし、これも別のメッセージが内包されていると読むこともできる。半日の儀礼的な訪問でアチェから立ち去ることのできる大統領に対し、自分たちは別の場所に逃げることもできず、被災から一年たった今なお仮住まいを余儀なくされている。大統領は今回の訪問で自分たちにいったい何をしてくれたのか、そしてこれから何をしてくれるのかという疑問を、強い不

満としてぶつけるのではなく、「今なお仮設住宅暮らしの私たちにとって」という強烈な皮肉を機知に富んだ言いまわしにくるんで伝えようとしている。

大統領へのメッセージが実際に大統領に届くとは考えにくいが、メッセージを宛てた相手に実際に届くかどうかが重要なのではなく、そのように考える人がいることを同じ境遇の人たちに伝えて、言葉に出さずとも共有することの方が重要だったのかもしれない。このように、ここまで紹介したものは、インドネシア語やインドネシアの事情に通じた人に伝えることを前提としたものだった。

図 4－7　トルコへのメッセージ（2005年12月、バンダアチェ）

トルコへの呼びかけ

アチェの人々の「遊び心」の対象は同国人に限らない。バンダアチェ市内に、トルコの支援に感謝する大きな看板が掲げられた。イスラム世界で発展し近代化を遂げたトルコのことを、かつてアチェは兄貴分として慕っていた。この地震・津波で、トルコはアチェにさまざまな支援を行った。緊急時にフランスパンを配給したり、コミュニティセンターを再建したり、住宅地を再建したりした。これらの支援に対する感謝の表明として、「トルコはいつまでもアチェのお兄さんです……インシャアッラー」とインドネシア語で書かれた看板が出された（図4-7）。

「インシャアッラー」とはアラビア語で「神のお許しが

あれば」と訳されることが多く、日常の会話ではあまり深い意味を込めずに口にされることも多いが、文字通り理解すれば、神の許しがある限りトルコのことを兄貴分だと思うということになる。その裏には、もし神の許しがなくなればトルコは兄貴分ではなくなるという意味が込められてもいる。これが書かれているのが支援への感謝を表明した看板であることを考えれば、神の許しが得られればというのは、トルコが引き続きアチェに支援を与えるならばという意味になりうる。トルコを兄貴分として一目置いているように見えるが、読みようによっては、それもトルコが支援を続ける限りのことだと釘を刺しているようである。

大きな災害に見舞われた社会を見る際に、外部社会は、ともすればその社会に生きる人々を「被災者」「犠牲者」という側面からのみ理解し、だから手を差し伸べようと考えがちである。悲しみに打ちひしがれるのではなく、ユーモアと明るさをもって津波を語ろうとするアチェの人々の姿を見て、騙されたような気持ちを抱く支援者もいるかもしれない。しかし、津波を対話の材料としようとする人々のこうした姿もまた、日々の暮らしの中で被災という現実を生活の一部として取り込み、今を生き抜こうとする人々の現実の姿といえるのではないだろうか。

2　食事と看板――世界の被災地アチェ

「ようこそアチェへ」

前節で紹介した「遊び心」は、インドネシアやアチェの事情に馴染んでいない人には伝わりにくいかもしれない。その意味では、このような津波による対話の試みは、アチェの人々に

とって言葉や発想が共有できる「身内」に向けた対話の試みであると言える。

それと同時に、アチェの人々は、自分たちと言葉や発想が異なる人々との間にも関係を作ろうと努力してきた。それは、外部社会からさまざまな人々がアチェを訪れたことによる変化を自分たちの暮らしに積極的に取り込もうとし、津波によって変化が生じた現実の生活に向き合おうとする地元社会の臨み方に見て取ることができる。

図4－8　空港の看板（2005年8月、バンダアチェ）

津波はアチェに大きな被害をもたらしたが、援助関係者、報道関係者、調査研究員などさまざまな人々が世界各地からアチェを訪れる契機ともなった。バンダアチェのスルタン・イスカンダルムダ空港には、英語、マレーシア・インドネシア語、アラビア語、日本語、オランダ語、フランス語、スペイン語で「ようこそアチェへ」と記された看板が掲げられた。[*5] 世界各国から人々の訪問を受けてバンダアチェはコスモポリタンな様相を呈しており、アチェの人々がそれを十分に認識していることが窺える（図4-8）。

西洋風のカフェ

報道や人道支援の関係者がバンダアチェをたくさん訪れるようになったことを受けて、外国人の訪問者を対象にした飲食店がバンダアチェ市内に次々とオープ

*5　日本語の部分は「おかえりなさい」と書かれていた。本来なら「ようこそ」かもしれないが、二回以上アチェを訪れたときにこの看板を見たとき、「ようこそ」よりも「おかえりなさい」の方が歓迎の気持ちがいっそう伝わると、日本の援助関係者の間で評判になっていた。

図4－9　キャスウェル・カフェ（2005年12月）

ンした。市内プナヨン地区には、海外直輸入のチーズや西洋仕込みのレシピで作るパンを出すキャスウェル・カフェがオープンした（図4－9）。インドネシアでコーヒー事業を展開しているキャスウェルによるもので、ガラス張りの正面扉には「ジャカルタ・バリ・アチェ」と記されている。インドネシアの首都ジャカルタと国際的なリゾート地として知られるバリにアチェが並べられ、津波被災によってアチェがジャカルタやバリと並ぶほど世界に知られる存在になったことを象徴していた。

　店内では、産地や抽出方式が異なるさまざまなコーヒーのほか、チーズやオーストラリア産の瓶詰ジュース、サンドイッチが提供され、これまでバンダアチェになかったいかにも都会的な雰囲気を醸し出していた。店内にはアチェで出されていた英語のフリーペーパー『アチェ・ワールド』も置かれ、西洋人の人道支援ワーカーやインドネシア人のアシスタントがノートパソコンを出して打ち合わせをしている風景をよく見かけた。

　キャスウェル・カフェの裏手にはイタリアン・レストランがオープンした。パスタやワインやビールを楽しめるのが売りで、表通りから一本裏手に入った静かな一角にある。二階に上がると外から見えないため、気兼ねなくワインやビールを飲むことができる。世界各地、とりわけ欧米や日本から来た人道支援ワーカーの息抜きに利用されていたし、人道支援ワーカーと一緒に働く地元の若者たちも訪れていた。

バンダアチェの中華料理

市内ストゥイ地区に作られた中華料理店インペリアル・キッチンは、本場の香港料理が食べられると評判を呼んだ。バス通りに面した一階建ての建物で、窓ガラスが大きいので通りを行きかう車がよく見える。客の半分は外国人で、無線インターネットの設備があるために食事の合間にノートパソコンで打ち合わせしている姿もちらほら見られたが、アチェの人たちも客としてかなり入っていた。こうした店は、バンダアチェで長期滞在する外国人を対象に、いわば本国の味を売りにして作られたものだが、地元の人々の中からも外国の味を試しに足を運ぶ人が出ていた。

津波以前にバンダアチェに中華料理店がなかったわけではない。プナヨン地区にトロピカーナがあり、紛争が激化する一九九八年より前からバンダアチェの中華料理店として名が通っていた。客席は建物の二階にあって、ステージがしつらえてあり、カラオケもできるし、ワークショップや会議を行うこともできた。窓はなく、外から見えないようになっていて、エアコンの効いた室内でビールを飲むこともできた。鹿肉の黒コショウ炒めやニンニクとショウガをきかせた香港風の蒸し魚料理を楽しむことができ、アチェの華人コミュニティで子どもの誕生会やクリスマス会などのイベントを行うのもこの店だったし、気兼ねなくお酒を飲みたいという客がアチェの外から来たときに連れて行くのもこの店だった。

トロピカーナは華人が集住するプナヨン地区にあり、客は外から見えない二階で食事をしていたのに対し、外から丸見えの状態で中華料理やビールを出すインペリアル・キッチンが何の問題もなく営業を続けていることは、津波後に見られる変化の一つだった。

無線インターネット

これらのカフェやレストランに共通していたのが無線インターネットのサービスだった。津波直後の二〇〇五年二月にバンダアチェを訪れたときにインターネット接続にとても苦労したのとは大きな違いだった。

当時は郵便局がインターネットサービスを提供していたが、回線が限られているために本国に連絡を取る人道支援ワーカーで混みあっており、営業時間中になかなか順番がまわってこなかった。二四時間オープンしている公衆電話屋は、夜の一一時をまわっても満席だった。順番待ちをしてやっと回線につないでも、通信速度が遅く、すべてのファイルを送りきる前にノートパソコンのバッテリーが切れてしまい、ホテルの部屋に戻って電源アダプターを持ってきて最初からやり直しとなったこともあった。

被災から一年の間にバンダアチェの通信環境は飛躍的によくなり、レストランやカフェで無線インターネットサービスが提供され、人道支援ワーカーの交流の場になっていた。

挨拶と呼びかけ

アチェは人口の九割がイスラム教徒であり、バンダアチェは町の入り口に「〔イスラム教の〕信仰深い町」という看板を掲げている。しかし、津波後にはじめて迎えたクリスマスの季節には、バンダアチェの町のあちこちで「メリークリスマス」の看板が見かけられた。これは、バンダアチェに滞在する外国人キリスト教徒の存在を意識するようになったことの現れである。また、東アジア系の外国人を見かけると、英語の「ハロー」ではなく中国語で挨拶の声をかけるといった光景も見られるようになった。

筆者が日本から来たと知ると、津波記念館を設立する参考にしたいので広島の平和記念資料館のことを教えてほしいとしばしば尋ねられた。後に津波博物館は実際に建てられることになるが、何人もの人に言われたため、それが実際に津波記念館の設立計画と関係がある人だったのかどうかはわからない。しかしここで注目すべきなのは、相手が日本人だと知ったときに平和記念資料館の話を持ち出してきたことである。

アチェを訪れる外国人の多くはアチェが津波の被災地であるためにアチェを訪れているのだから、アチェの人々が外国人と関係を作りたければ自分たちが津波被災者であることから話を始めるのは当然だろう。ただし、外国から来た人たちに対して自分たちが津波の被災者であることを強調しすぎれば、相手は被災者ではないことが強調され、自分と相手の間の違いが強調されることにもなりかねない。

被害をもたらした原因が人為的なものか自然現象であるかという点で、津波被害と原爆被害には根本的な違いがあるが、それでもなお自分たちの津波被害を日本の原爆被害と同列に並べて語ろうとすることは、ともに大きな荒廃を経験した人々としてアチェと日本の私たちを共通性の中に包み込み、その上で復興を実現した先輩として日本の経験に学びたいという態度をとっていると理解できる。このことも、津波を契機とした外部社会との関係作りの一つと見ることができるだろう。

津波を契機にアチェの人々がコスモポリタンなアチェに積極的に参加するだけでなく、世界の人々がアチェに向けている視線を踏まえ、アチェから世界に積極的に発信しようとする動きも見られた。

3　セミナーとお菓子——裏方で仕切る女たち

記念出版と観光ポスター

アチェ州観光局は『地震と津波の裏にあった物語——二〇〇四年一二月二六日のアチェ』というインドネシア語・英語併記の冊子を用意した。[*6] これは、英語が併記されていることからも明らかなように、津波によって世界各地の関心がアチェに向けられている状況を踏まえた上で、アチェから世界に発信しようとする思いの表れである。

また、アチェ州観光局はアチェの観光ポスターを作成し、観光局を訪れた人に『地震と津波』冊子とともに無料で配布した。観光ポスターは三枚一組で、それぞれ「津波前」「津波直後」「復興過程」の写真が載せられている。三枚一組のうち観光客に一番人気があるのは津波直後の被害の様子が載ったポスターで、次に現在の復興の様子が載ったポスター、そして一番人気がないのは津波前のアチェの風景や芸能文化が紹介されたポスターだという。それにもかかわらずアチェの人々が津波前の風景や芸能文化を紹介しようとしていることに、アチェ域外からアチェを訪問した人々が被災後のアチェにばかり関心を向けているのと対照的に、被災前のアチェの延長上に今のアチェがあることを知ってほしいというアチェの人々の思いを見るこ

*6 [Agus *et al.* 2005]。カラー刷り六四ページ。「地震と津波はなぜ起こったか」「緊急対応」「被害と影響」「津波の裏にあった物語」「アチェの復興再建」の五章からなる。

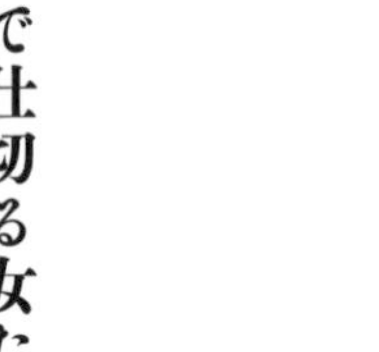

とができる。

ワークショップへの参加

津波を契機に、日本を含む諸外国でアチェに関するシンポジウムやワークショップが多く開かれた。これらのシンポジウムやワークショップに参加することでアチェ人としてのメッセージを世界に発信しようとする試みも見られた。たとえば、津波被害で失われたアチェの文化財の回復を企図して二〇〇五年一〇月に東京で行われた国際シンポジウムでは、アチェ州立博物館のヌルディン・アブドゥルラフマン館長が「アチェと知識人の文化遺産としての古写本」という報告を行った。[*7] そこでヌルディン氏は、津波で失われたアチェの文化遺産に人々の関心が向けられていることを踏まえつつ、想起すべきは古写本が活きた写本だった時代、つまりアチェがかつて国際都市として発展していた時代であって、津波後の古写本への関心がアチェのコスモポリタン的な性質の再評価に、ひいてはアチェの豊かさの再興に繋がるものとなることを期待すると表明した。津波によってアチェに向けられた関心がさらに津波以外の側面にも広げられることを強く望んでいることが窺えた。

津波をきっかけとした在外アチェ人による発信も活発になった。日本にいたアチェ人留学生たちは、アチェの様子を伝える活動に盛んに参加した。これらの活動は、津波被害の現状を語り、日本社会のアチェへの支援を求める活動にとどまらず、津波被害の陰で見落とされがちなアチェの紛争の歴史や、津波や紛争より前のアチェの人々の日常の様子や芸能文化を伝える努力を続けていた。津波によってアチェに関心が向けられたことを契機に、日本社会がアチェについてより幅広い理解を持つようになってくれればとの願いを見ることができる。

*7 シンポジウム「文化の記憶の喪失と回復――スマトラ島沖地震津波災害とアチェ文化財」（文化庁・東京外国語大学主催）。シンポジウムの内容と意義については［西 2005b］を参照。

これらアチェからの外部社会への発信に共通しているのは、津波を契機としながらも、津波だけでないアチェの姿を伝えたいという思いである。津波以前のアチェの様子を積極的に伝えようとしているのもその一つである。アチェの人々が津波前の状況を熱心に伝えようとするのは、決して津波前に戻りたいという後ろ向きの心情からではなく、津波前の多様なあり方を参照しながら津波後の今を生きていこうとする心情の表れだと理解すべきだろう。

ワークショップ開催を支える

会議やセミナー、ワークショップはアチェでもたくさん行われた。会議の表舞台に上るのは男たちが多いが、その裏方となってさまざまな形で会議を支えたのは女たちだった。津波一周年にバンダアチェで筆者がワークショップを企画・実施した経験[*8]をもとに、会議を裏で支えるアチェの女たちの姿を紹介したい。なお、以下の記述で「父」「母」とあるのは、かつて筆者のアチェ留学中に筆者を娘の一人として受け入れてくれたアチェ人夫妻のことを指す。

二〇〇五年一二月、復興事業が進むアチェで、筆者も地域研究という自分の専門性を活かした復興への関わり方を考え、津波被災と復興を歴史的観点から問うワークショップを実施した。アチェ州立博物館のヌルディン館長の協力を得て、会場は州立博物館を使わせてもらえることになった。困ったのは登壇者で、筆者は留学中にシアクアラ大学の歴史学科に在籍していたけれど、知り合いの先生方はすでに亡くなったり異動したりしていた。「母」のアドバイスに従ってアチェのもう一つの国立大学であるアルラニリ・イスラム高等学院（現イスラム国立大学）にも声をかけることにした。「母」は家政学科の講師で、歴史は専門外だったが、女性講師や講師の妻たちのネットワークで日頃からバンダアチェの大学の先生たちの動向をよく把握

＊8 国際ワークショップ「Thinking Acehness」（二〇〇五年一二月三〇日、バンダアチェ開催）。

していた。「母」が作ってくれた候補者リストをもとに先生たちの研究室を訪ねると次々と快諾してもらえた。

ワークショップの成功の鍵を握るのは休憩時間に出る軽食と昼食だと言われるほど、インドネシアのイベントでは食べ物が大切だ。当日の軽食の準備は「母」が引き受けてくれた。紙製の箱にお菓子数点と水が入ったセットを四〇箱用意した。我が家の「妹」[*9]たちが前夜からつくったアチェ名物のお菓子ティンパンも入れた。

アチェの女たちは津波前から菓子作りで小遣い稼ぎをしていた。会議を開くには軽食に数点の菓子を出さなければならない。それぞれの家ではコンロと調理器具と材料があればお菓子を作ることができる。津波後に会議が増え、突然まとまった数の注文が入ることが増えた。一人ではとうてい捌ききれない量だが、注文は断らない。注文を受けた人は、なじみの家に分散して注文を配分し、急ぎの注文に対応する。どの人に頼んでも、実際にお菓子を作る女たちは結局同じであることも多い。ワークショップやイベントは、いつの時代にもアチェの人々の生活を支える重要なビジネスの一つだ。

ワークショップ当日は三〇人以上が参加する盛況となった。元大アチェ県知事で当時はシアクアラ大学経済学部の教員だった「父」は一参加者としてワークショップに出席し、登壇者と日本からの参加者を引き合わせたり、質問をして議論に参加したりすることで会場を盛り立ててくれた。参加者から参加証明書を求められたのでそれも作ることにした。インドネシアではワークショップに参加することが昇進のポイントとなり、特に公務員にとってはそうなので、ワークショップなどに参加したときには参加証明書が必要になる。「母」のアドバイスにより、参加者一同で記念撮影して、その写真を印刷した参加証明書を作って参加者に届けた。

*9 「母」の母方の祖父はオランダ植民地時代にバンダアチェ市（当時はクタラジャ）のバイトゥルラフマン大モスクの管理者をしていた。「母」の母は自宅わきに女子寮を建て、田舎の子女を寄宿させてイスラム教の学習や職業訓練を施す活動を行っていた。「母」の母の死後、その活動は「母」とその妹たちに引き継がれ、一〇代後半から二〇代前半の娘たちが常時一〇〜一五人程度同じ敷地に寝泊りしていた。筆者の「妹」にあたる彼女たちは、大学や高校に通いながら「母」のミシン刺繍の仕事を手伝っていた。

女たちの井戸端会議

津波直後は、営業しているホテルが少ないため、バンダアチェを訪れた人たちは一般の家庭に滞在することになった。客を泊めている家の女たちは、客と話をしながら世間の関心がどの方向に向いているかを聞くともなく聞き出し、女たちの井戸端会議で情報を共有する。客の話を熱心に聞くのは、遠方から来てくれた客へのもてなしの心から出ているけれど、同時にそれがビジネスのヒントにもなる。

　もともと持っている自前のネットワークをそのときどきの世間の関心にあわせて仕立て直す工夫も見られた。津波後はNGOを立ち上げて活動するのが流行した。「母」の妹の家は、アチェの北海岸部を拠点に活動するNGOに以前からかかわっており、津波後はマングローブを植える事業に参加した。津波前からミシン刺繍の注文を受けていた「母」のところにもNGOの支援プロポーザルの情報が届いた。支援団体が事業相手を探していると聞くと、知り合いがちょうど関係するNGOをやっているからと紹介し、女たちのネットワークで仕事を分け合ってイベントを進めていく。こうして、女たちも裏方の部分で津波後の復興事業に関わる仕事に参加していった。

図4-10　津波後に開園した幼稚園（2005年2月、バンダアチェ）

被災直後、人道支援事業の重点分野の一つは子どもへの対応だった。児童向けの支援プログラムがあちこちで実施され、子ども向け遊具や教材の供与も進んだ。津波前はバンダアチェで子どもを幼稚園に預けるのは珍しかったが、人道支援事業によって小学校に入る前の子どもたちに集団で教育するという発想がアチェでも知られるようになった（図4-10）。こうした様子を見て、「母」の妹は幼稚園を開くことにした。三人の娘がみな大学に進学し、子育てから解放された彼女は、家の表通りに面した前庭に小さな建物を建てて幼稚園とした。壁には博士の帽子をかぶった子どもと積み上げられた本の絵を描いた。通っている子どもの親に話を聞くと、教育を身につければ新しいことが理解できるようになる、博士になることがどういうことかはよくわからないけれど、志を高く持つことが大事だから幼稚園に通わせているとのことだった。アチェには津波後にこのような幼稚園が増え、支援団体が供与したカラフルな滑り台があちこちで見られるようになった。

4　防災教育――被災者である前に教師として

被災地で最も注目が集まるのは子どもたちであり、特に津波で家族や親戚、友達を失った小学校の児童に心のケアを十分に与えるとともに教育の機会を提供することが最優先の課題として取り組まれた。

数多くの支援団体がアチェを訪れ、小学校や中学校をまわってさまざまな支援プログラムを提供した。それを現場で受け入れて支援プログラムを支えたのが、小学校や中学校の教員たち

図4-11　避難民キャンプに作られたテントによる仮設学校（2005年2月、大アチェ県）

だった。世界各地から訪れる支援者への感謝の気持ちとして、児童・生徒が描いた絵で教室を飾ったり、児童・生徒に英語の歌を教えて支援者へのお礼に歌ったりした。トラウマケアや防災教育が行われると、子どもたちだけでなく自分たち教師にも学ぶことが多かったと感謝して、支援プログラムを終えて別の学校に向かう支援者たちを笑顔で送り出した。

ここで取り上げるのは小学校や中学校の教員たちである。スマトラ島沖地震・津波では教員もたくさん亡くなった。国連児童基金（UNICEF）によれば、アチェでは津波で一一五一校の学校が破壊され、一七万五〇〇〇人の児童・生徒が授業を受けられなくなった。また、インドネシア政府の発表によれば、津波で死亡または行方不明になった教員は二三七〇人に上った。生き残った教員たちは、それぞれが喪失や悲しみを抱えながら自分の家族や家の再建に取り組まなければならなかった一方で、学校では教師として支援団体を受け入れ、児童たちのケアに奔走した。二〇〇五年一月一〇日に新学期が始まり、学校が再開された。新学期早々からバンダアチェ市内で授業を再開したのは小学校六校、中学校二校、高校二

校のわずか一〇校で、登校した児童・生徒は一〇%にとどまった。本節では、支援団体が防災教育のために訪れた小学校とイスラム寄宿学校を中心に、バンダアチェ市内および近隣地域のいくつかの学校を取り上げ、教員たちの様子を中心に紹介したい。

なお、高等教育機関の被害については、シアクアラ大学は教員一一〇人を失い、国立アルラニリ・イスラム高等学院では教員二三人、職員一六人が死亡した。二三校の私立大学・高等教育機関が損壊し、スランビ・メッカ大学学長とガジャ・プティ農業専門学校校長を含む教員二〇六人と学生二五〇〇人が死亡した。アチェ州では津波前から教員不足が指摘されていたが、アチェ州教育局長によれば、津波後は、アチェ州の教育活動を通常通り行うためには就学前教育一三四二人、小学校七五七二人、中学校一一九六人、高校七〇六人、そのほか五七三人の計一万一三八九人の教員が不足していた。

プンゲブランチュ村の第一八小学校と第三一小学校

第一八小学校の校長の話

第一八小学校の教員は、常勤が九人、非常勤が五人いたが、津波で三人亡くなった。児童は二〇〇人以上いたが、津波で八五人に減った。

校舎は三学年分の教室が浸水し、残りの三学年分は中程度の被害を受けた。机や椅子はどれも使えなくなった。児童たちは、バンダアチェ市とその近郊の浸水していない地域にばらばらに避難した。

第三一小学校の四年生担当教師（女性）の話

津波前には児童は一四〇人いたが、津波で五五人になった。津波で校長と二人の教員が亡く

なった。この学校は、津波の前から第一八小学校と合同で教室を使っていた。津波後は生徒の数が大きく減ったので授業も合同で行っている。

ランバロスケップ村の第四五小学校と第八四小学校

第四五小学校の校長代理によれば、第四五小学校と第八四小学校をあわせて津波前の児童数は四七三人で、津波後は一五〇人になった。教師は二校で二五人だったのが一七人に減った。校舎は一五教室あり、現在再建中で、ユニセフの資金で国連開発計画（ＵＮＤＰ）が建設してくれる。

第四五小学校と第八四小学校は二〇〇五年一月二六日にクタアラム地区の第四小学校の校舎で仮の授業を再開した。五月二八日にランプリ地区の第三五小学校に移って授業を続けた。七月には第四五小学校のもとの敷地に仮設テントが置かれ、九月にはＩＯＭの支援で仮設校舎が三教室分作られた。七月には国際ＮＧＯが二階建ての校舎を建ててくれることになったが、予算の問題で一階建ての六教室分だけに変更された。一階建ての校舎では津波が来たときに耐えられないため、近隣住民の避難施設にするためにも二階建ての校舎にしてほしいと要請したところ、二階建てとすることが認められた。

津波から二年間で、外国の支援団体からは中古のサッカーボール二八個、折り紙、津波の話が書かれた本などをもらった。外国の小学校の児童と手紙を交換するというプログラムもあり、この学校の児童たちから手紙を送ったけれど返事は来なかった。

校長代理の話

自分は南アチェ県ブランピディの宗教教員養成学校で四年間、西アチェ県ムラボの宗教教員養成学校で六年間学んだあと、バンダアチェの大学で学んだ。津波で第四五小学校と第八四小学校の校長がどちらも亡くなったため、バンダアチェの第四五小学校の宗教教員だった自分が第四五小学校の校長代理となり、二校の校長の役割を担っている。もともとブランピディの小学校で二〇年間教えていたが、二〇〇〇年に第四五小学校に移った。理由は、二〇〇〇年六月にＧＡＭメンバーに誘拐されたことだった。誘拐したのは互いに知っている地元の人で、手足を縛られて首にナイフを当てられ、三〇〇万ルピアの身代金を要求された。三〇〇万ルピアは無理だが金は用意するといってその日の夕方に解放してもらい、金策に走って翌日に金を渡して許してもらって、そのすぐ後にバンダアチェに移った。

バンダルバル村の第三五小学校

校長の話

教師は九人いたが津波で一人亡くなった。児童は一八五人いたが、家が海岸沿いにある児童が多く、津波の犠牲になった子もいたし、生き残っても家がなくなったので別の地区に移ったりして、津波後には五〇人になった。

津波で校舎が全壊した。校舎跡は瓦礫が多く授業ができなかったため、近くの四校が集まってサッカー場の近くの空き地で合同で授業を行った。その後、第二五小学校の校舎を使わせてもらえることになったが、第二五小学校の授業を午前中に行うために第三五小学校の授業は午後一時半からとなった。子どもたちは夕方には塾や課外レッスンがあって都合が悪く、別の小学校に移った児童がいたために児童数はさらに大きく減った。

大アチェ県のアルファラ・アブ・ラムウー寄宿学校

校長の話

　ここは民間の財団が運営しているイスラム寄宿学校で、一九九二年に開設された。中学校と高校がある。政府のカリキュラムも採用しており、修了すると一般の学校の修了証とイスラム教学校の修了証の両方が手に入る。生徒数は女子三〇一人、男子二〇四人、あわせて五〇五人で、全員が住み込み。教師は住み込みが三〇人、通いが五〇人。

　この学校は内陸にあるので津波の被害は全く受けず、津波被災者を受け入れている。月謝は生活費・授業料・食費込みで二〇万ルピアで、この付近の住民にとっては決して安くない。津波で両親が亡くなった人や住居をなくした人を八七人、被災生徒として無償で受け入れている。津波の後に新しく四棟が建てられ、生徒を多く受け入れられるようになった。建物の建設と被災生徒の奨学金は寄付によって賄われており、マレーシアのダイム・ザイヌッディン元財務相から建物三棟の建設費と二五〇人分の生徒の奨学金三年分を寄付された。この奨学金で、津波の被災生徒八七人のほか、紛争により被害を受けた生徒や低所得家庭の生徒を受け入れられるようになった。

　設立者の一人であるアタイラ・アブドゥッラー・ラムウーは教育文化省バンダアチェ局長を務めた「アチェの教育の父」の一人である。*10 貧しい子や親のない子を受け入れて教育するためにこの土地に寄宿学校を作り、紛争犠牲者も受け入れた。

　自分は一九六九年にアチェ州ピディ県で生まれ、中学校まで地元で過ごし、東ジャワ州ゴントルのイスラム寄宿学校で学んだ後にジョグジャカルタのイスラム大学で学んだ。一九九一年にアチェに戻り、一九九二年に友人たちとイスラム寄宿学校を作った。その後、一九九八年にジョグジャカルタのイスラム大学で修士号をとり、二〇〇〇年からこの学校で教え、二〇〇五

---

*10　アタイラの祖父アブ・ラムウーは一九世紀のアチェの高名なイスラム教教師で、一八七四年のアチェ戦争のときにヤン（現マレーシア・クダ州）に避難した。その息子がこの土地に一九四五年にイスラム寄宿塾を開いたが、病気になり、後継者がいなかったので一九五二年に閉校となった。一九九二年に再開したときには、塾長が亡くなっても継続できるように、塾長が主宰する伝統的なイスラム寄宿塾ではなく、政府の認可を受けた近代的なイスラム寄宿学校として開校された。

年に校長になった。

　これまでにも、日本政府の支援で女子寮を建ててもらったり、小笠原諸島から本やサッカーボールを送ってもらったりしたほか、ドイツ、オランダ、マレーシアなど世界各国の団体や個人から支援を受けている。この学校はイスラム教の寄宿学校だが、世界の宗教はどれも一緒に世界を支えているのであり、支援の裏に特定の宗教の宣教という隠された意図があるのでない限り、他宗教の団体から寄付や支援を受けることは問題ない。

第5章
さまざまな弔い方

被災から
1～3年

右：12月26日に集団埋葬地で津波犠牲者に祈りを捧げる女性（2007年12月、バンダアチェ）

本章下部の写真：紛争下のアチェ（1999年5月、11月、2000年10月）と津波後のアチェ（2005年8月、12月、2006年12月、2007年9月、2008年1月、12月、2011年8月、12月）

アチェの人々は津波被災の経験に区切りをつけてこれからを生きていこうとする積極的な側面を見せたが、それは津波によって亡くなった人々が忘れ去られているということではない。むしろ、亡くなった人々のことを日々意識することがこれから生きていくことと重ねられている。死者の弔いに注目して、アチェの人々が「津波後」にどのように取り組んできたのかを考えてみたい。皮肉なことだが、津波で多くの犠牲者が出たことにより、アチェでは死者や死の原因について人前で語ることができるようになった。津波前の紛争下のアチェでは、行方不明者のものと思われる人骨が多数発見されても、人々の死についておおっぴらに語ることが憚られる状況があった。津波では、一人一人の身元を確認できずに埋葬せざるを得なかったが、少なくとも犠牲者として埋葬し、その死を社会で悼むことができるようになった。ただし、そのような社会としての弔いでは満足しない人々もおり、それぞれの方法で弔おうとしている。生き残った人々は街のあちこちに犠牲者を偲ぶモニュメントや碑を置くことで、死者とともに生きる決意を見せている。

1　骸骨の丘——紛争下の弔い

津波で街全体が混乱する中、数万人に及ぶ犠牲者の遺体を通常の方法で一人一人埋葬する余裕はとてもなかった。そのため、市内数か所に作った集団埋葬地に一括して埋葬するしかなかった。遺体を清めることもできず、遺体の埋葬場所に墓碑を立てることもできなかった。それは決してアチェの人々にとって満足のいく弔い方とは言えなかったが、緊急時にできる最大

限の努力の結果であったことに加え、それまでの紛争下では死者を十分に弔うことができなかったことから考えると、親しい人の死を悲しみ、形はともかく埋葬してそこにいつでも訪れることができるようになったことは大きな変化だった。津波後の埋葬のあり方の意味を考えるには、長く紛争下にあったアチェで紛争の犠牲者がどのように弔われていたかを理解する必要がある。そこで、津波犠牲者の弔い方について考える前に、紛争犠牲者の弔い方について見ておきたい。

アチェでは、インドネシアからの分離独立を求めるＧＡＭと、これを認めないインドネシアの国軍との間で一九七〇年代から武力紛争が断続的に続いていた。一九九八年にスハルト大統領による長期政権が崩壊してから紛争の規模が拡大し、アチェの分離主義は多民族国家インドネシアの統合を脅かす紛争として注目されるようになった。権威主義体制が崩壊したことを契機に多民族国家の国民統合が揺らぎ、国家そのものが解体に至る例として、すでに世界はユーゴスラビアの経験を持っていた。

ＧＡＭは民族自決を掲げ、インドネシアによるアチェ統治はインドネシアの多数派であるジャワ民族によるアチェ民族に対する不当な統治であり、アチェはアチェ民族のもと独立すべきであると主張した。これに対してインドネシア政府は、インドネシア民族は多様な人々からなっており、アチェの人々もインドネシア民族の一部であって、オランダによる植民地統治からインドネシアが独立したときにアチェの人々も民族自決を達成したとの立場を堅持した。

この紛争は、アチェを統治すべき正当な民族は誰かを問う紛争として展開した。そのことは三つの困難をもたらした。まず、世界から見て位置づけが困難な紛争となったことである。国際社会は、アチェにおけるインドネシアの主権を認める基本的な姿勢を維持しながらも、ア

チェの人々がアチェ民族なのかインドネシア民族の一部なのか見定めることができなかった。

次に、アチェの人々にとって、自分たちはアチェ民族なのかインドネシア民族の一部なのかという問いは、自分たちの社会の歴史をどのように捉えるかという問いと関連して困難をもたらした。一九七〇年代にアチェ分離独立運動が始まるまでは、アチェはインドネシア独立戦争に積極的に参加し、旧宗主国オランダの再上陸を阻止したことでインドネシア独立を導いた「礎の地」として知られていた。独立戦争で命を落とした人々はインドネシアの英雄として国民英雄墓地に埋葬されている。しかし、ＧＡＭの主張を認めるならば、インドネシア独立戦争に参加したアチェの人々はインドネシアの枠組みでの独立を求めた人々であり、アチェ民族にとって裏切り者となる。武力紛争の展開とともにアチェ民族かインドネシア民族の一部かという問いがつきつけられたことは、かつてアチェに生きた人々と現在アチェに生きる人々との間に大きな亀裂を生じさせることになった。

三つ目は、人々の日常生活に関わる困難である。アチェ紛争は、ＧＡＭとインドネシア国軍という二つの軍事勢力による住民への縄張り争いの形をとって激化していった。どちらもアチェにおける実効統治の力を競い合った。実行者を特定できない暴力行為、たとえば学校や役場などの公共施設に対する放火事件（図5-1）や国軍・警察に対する発砲事件といった「匿名の暴力」が相次ぐ中で、ＧＡＭとインドネシア国軍は互いに相手を暴力行為の実行者であると非難した。両者は互いに相手を「住民生活の脅威」と非難し、ともに「治安回復の担い手」「庇護者」を名乗り、住民生活の脅威から住民を守るという名目で住民に対する統制を強めていった。多くの人々は目前の暴力行為を回避するために、ＧＡＭであれインドネシア国軍であれ、身近な軍事勢力に庇護を求めざるを得なかった。

図5−1　紛争中に放火された精米所（1999年6月、ピディ県）

紛争下のアチェにはさまざまな形の「不慮の死」があった。道端で突然銃撃されたり、突然銃撃戦が始まって流れ弾にあたったりして命を落とすこともしばしばあった。残された者は、身内が誰によってどのような理由で殺されたのかわからなかった。また、ある日突然正体不明の一団が家にやってきて家族が連れて行かれ、そのまま行方不明となることもあった。朝、仕事に出た家族がいつになっても帰らないまま、あるときたくさんの白骨遺体が大量に発見され、そこに家族の痕跡を見つけるということもあった。行方不明になった家族や知人が生きているのかどうかもわからない、殺されたとしたら誰によって何のために殺されたのかわからない、遺体が発見されても誰の遺体かわからないということが日常茶飯事だった。

遺体を見つけることができたとしても、死んだ原因を詮索したり、殺されたことを悲しんだり、殺した相手を恨んだりすることは公然とはできなかった。たとえば、息子が国軍兵士に連行され、そのまま行方知れずとなったある母親は、自分の息子が国軍兵士の暴行によって殺され、おそらくその場所に埋められているということを知りながら、紛争が続いている限りその場所を訪れることができなかったと後に述べている。*1 その場所に埋められているということは、息子が国軍兵士に殺されたことを認めることであり、国軍兵士に殺された理由を問えば、それは息子が反政府勢力、すなわちGAMに加担していたと疑われた事実を認めなければなら

*1　国軍兵士に身内を殺された遺族の置かれた状況については、たとえばドキュメンタリー映画『戦後の沈黙』（Silent After War、マウラナ・アクバル監督、二〇〇九年製作、インドネシア）を参照。

ないためだ。

国軍に協力していたと思われる住民が拉致・殺害されることもあった。GAMの勢力が拡大した一九九八年以降は、国軍に対してGAMに関する情報提供を行っていたと思われる人々が何者かに拉致され、遺体となって発見される事件が相次いだ。*2 なぜ拉致され殺されなければならなかったかを問えば、国軍の影響力が強かったときに国軍に協力し、GAMに加担したと思われる住民に対する拉致や殺害に関与した可能性を考えなければならない。

アチェでは、誰が家族や知人を拉致し、誰が殺したかがうすうすわかっていても、それを追及したり語ったりできない状況が長く続いていた。なぜ攻撃の対象になったのか、そしてなぜ死ななければならなかったのかを問えば、敵・味方の関係の中に自らを置くことになる。紛争に巻き込まれて不慮の死を遂げた人について語る際に、遺族や周囲の人々によって「ある日ある晩、家に軍服を着た人があらわれて家族を連れ去った」「道端で何者かに拉致され暴行を受けた」といったあいまいな語り方がしばしばなされ、原因を作った人物が直接名指しされないのは、実際に誰がやったかわからないためばかりではない。誰がやったかを明言してしまえば、なぜ殺されたかを示すことになり、それは結果として、不慮の死を遂げた人がどちらかの勢力に属していたことを認めることになるためだ。対立する勢力のどちらか一方に属していることを認めれば、それはただちに、もう一つの勢力の敵になることを意味する。

スハルト体制崩壊後の一九九八年八月に行われた国家人権委員会による真実究明のための現地調査を皮切りに、スハルト体制期にアチェ州北海岸の旧ピディ県、旧北アチェ県、旧東アチェ県で行われた軍事作戦で犠牲になった人々の集団埋葬地が次々と発見された。国家人権委員会は、国軍による住民に対する人権侵害が最も深刻だったとされる旧北アチェ県で視察を

---

*2　このような拉致・殺害事件は、アチェ州からインドネシア国軍の非常駐部隊の撤退が決定された一九九八年八月以降に急増した。国軍の軍事作戦への協力者はインドネシア語でチュアック（cuak）と呼ばれ、これら一連の事件の一部は「チュアックが正体不明者に襲われる」という見出しで地元紙でも報道された。

行った。[*3] 国軍が死体を捨てていたとされる丘の発掘も行われ、「骸骨の丘」と地元住民の間で密かに呼ばれていた場所から大量の人骨が見つかり、インドネシアのキリング・フィールドと言われた。一九九八年一〇月までに、一四か所で一三〇〇〜二〇〇〇人分と推定される人骨が発掘された。いずれの場所にも埋葬地であることを示す墓碑などはなかった。

アチェでの人権侵害の様子が体系的に明らかにされたのはこれが初めてであり、インドネシア内外はもちろんアチェの人々にも大変なショックを与えた。地元紙『スランビ・インドネシア』は、こうして収集された拷問・強姦・殺人の事例の中から象徴的なエピソードを連日紙面に掲載した。[*4] 言葉にするのもためらわれるようなむごい内容で、人々は毎朝むさぼるように新聞を読み、「ここまでひどいことが起こっていたとは知らなかった」と嘆きあった。アチェの人々がスハルト時代を振り返った当時の言葉に「山へ行けば虎に食われ、川に行けば鰐に食われ、海へ行けば鮫に食われ、村に帰れば同胞に殺される」というものがある。これは、同胞に非人道的な扱いを受けたことのショックの大きさと、安心して休める場所がどこにもないことへの深い絶望感が示されている。

紛争下のアチェの人々は、行方不明になった家族や知人の生死もわからないし、殺されたとしても誰によって何のために殺されたのか、遺体が発見されても誰の遺体かがわからないという状況に置かれていた。死体を前にしても、死んだ原因を詮索したり、殺されたことを悲しんだり、殺した相手を恨んだりすることは公然とできなかった。紛争のために亡くなった人たちは、せいぜい一括して「紛争犠牲者」として処理することしかできなかった。それは遺体処理ではあっても、本当の意味での死者の弔いではなかった。紛争下で家族や知人を失った人々は、その喪失を社会の中に位置づけ弔うことができないという思いを抱えて暮らしていた。

---

*3　その後、一九九九年第八八号大統領決定によりアチェにおける暴力行為調査独立委員会の設置が決定され、調査結果は二〇〇〇年七月に『アチェにおける暴力行為追及のための独立委員会最終報告』としてまとめられた。これによれば、軍事作戦の対象となった旧三県の被害はそれぞれ次の通り。ピディ県では死者四二七人、行方不明者二一七人、寡婦四七一人、孤児一三九八人、強姦犠牲者二〇人、重度の身体障害者五二七人、中程度の身体障害者四四一人、軽度の身体障害者三七一人、破壊された家屋一二七棟、焼失した家屋三七一棟、教育を中断された児童七九六人。北アチェ県では死者三六七人、行方不明者五一〇人、寡婦八三九人、孤児二一五一人、強姦犠牲者一九人、身体障害者二〇〇人、焼失した家屋四四一棟、破

2 集団埋葬地——墓標なき慰霊

行方不明の家族と身元不明の遺体

地震の犠牲者は亡くなった場所にとどまるため、倒壊した建物の瓦礫を取り除いていけば遺体を見つけることができる。これに対し、津波の犠牲者の遺体は水に流されて行方知れずとなることが多い。引き波で海に流されてしまえば遺体を捜すのはかなり難しい。陸地に流されていれば、運良く見つけることができるかもしれないが、バンダアチェ周辺だけで数万体の遺体があり、しかも日が経つにつれて遺体の状態は悪くなっていくため、家族や知人の遺体を探し当てる作業は困難を極めた。

津波後のアチェで、住宅を失った避難民の保護と並んで大きな課題となったのが遺体の処理だった。津波で死亡した人々の遺体は波によって内陸にまで運ばれて置き去りにされた。特に都市部では、津波の波が引いたあと、数多くの遺体が市街地のあちらこちらに残されており、これらの遺体をどう処理するかが復興支援に取り組む上での課題となった。復興再建活動に先立って遺体の収容は最優先事項の一つだったが、援助団体やボランティアの手を借りてもなお、街角からほぼすべての遺体が消えるまでに二か月近くを要した。*5

津波直後、収容した遺体をどこに埋葬するかは決まっていなかった。多くの遺体は身元を確認されないまま遺体収容袋に収容され、トラックに積み込まれ、空き地に運ばれて埋葬された。めざした埋葬地がすでに遺体でいっぱいでそれ以上埋葬できないと別の埋葬地に埋葬した

壊された家屋一五七棟。東アチェ県では死者五三七人、行方不明者二一三人、寡婦四八九人、孤児一六四一人、重度の身体障害者九六人、強姦犠牲者三人、軽度の身体障害者八四人、焼失した家屋四二九棟、破壊された家屋一一二棟 [Komisi Independen 1999: 14]。

*4 スランビ・インドネシア紙に掲載された記事は [Al-Chaidar *et al.* 1999] に見ることができる。このような悲劇が生まれた背景の一つとして、アチェに派遣された兵士たちがムスリムとしての信仰を生活の中心に置くアチェの人々の暮らしぶりやアチェ語を理解したり尊重したりしなかったために住民と摩擦が生じたとの指摘もなされた。たとえば、アチェ語で男性一般に対する通称としてしばしば使われるアガム (agam) と

図5−2　ランバロ村の集団埋葬地（2008年8月、大アチェ県）

ため、集団埋葬地に埋められている遺体の出元はばらばらで、埋葬地の近くで収容された遺体もあれば、遠く離れた場所で収容された遺体もあった。

遺体が埋められたところに墓標は置かれず、更地のままにされた。埋葬されている人々の名前がわからないからだけでなく、埋葬されているのがムスリムのほかに中国系などの他の宗教の信徒の遺体もあり、さまざまな宗教の人たちが混じって埋葬されているためである。周囲が柵に囲まれ、入り口に看板が掲げられていることで、かろうじてそこが埋葬地であることがわかる。このようにして作られた集団埋葬地は、バンダアチェ市とその近郊だけで一〇か所あった。

これらのうち最大規模のものは、スルタン・イスカンダルムダ空港から市街に向かう途中のランバロ村にあるもので、約四万七〇〇〇体が埋葬されている。ここには波を模したモニュメントが置かれている（図5−2）。

国内外からの訪問者によく知られているのは、バンダアチェ市内のウレレー地区にある集団埋葬地だろう。ムラクサ郡にあるためにムラクサ集団埋葬地とも呼ばれる。被災前に公立病院

いう言葉の発音が国軍兵士による掃討の対象であるGAM（ガム）に似ていたため、「GAMはどこにいるか？」と尋ねられた住民が自分のアガム（＝知り合いの男性）の居場所を伝えたといったエピソードが語られた。

＊5　本シリーズ第一巻第1章を参照。

があった場所で、病院の建物の一部が壁だけとなった被災当時のまま残されている。ここには約一万四〇〇〇体の遺体が埋葬されている。

トルコの赤新月社が作った復興住宅地に近い大アチェ県のモニクン村にある集団埋葬地には、約八〇〇人の遺体が埋葬されている。埋葬には重機を使い、遺体をすべて埋葬するのに一か月半かかったという。この集団埋葬地は国際ＮＧＯによって作られ、埋葬地の隣で茶屋を営んでいる住民が埋葬地の清掃などの管理を任されている。

新しい弔い方——集団埋葬地

これらの集団埋葬地では、毎年、命日に当たる一二月二六日に津波犠牲者の追悼式典が開かれている。多くの遺族は自分の知人や家族の遺体と対面することができないまま、どこかの埋葬地に葬られているのだろうと思いつつ、埋葬地の一つを訪れ、「津波犠牲者」として一括して葬られている知人や家族を追悼することになった。

これらの集団埋葬地は、アチェ社会の伝統的な考え方に従えば「墓地」ではない。イスラム教徒であるアチェの人々にとって、墓地とは埋葬された死者一体一体に墓碑が立てられ、断食明けに墓参りして草取りなどの掃除を行い、墓碑のまわりに座ってコーラン（クルアン）のヤシンの章を詠んで供養する場所である。命日に墓参りする習慣は一般的ではない。

これに対し、アチェの津波犠牲者の集団埋葬地では、命日の一二月二六日に追悼の儀礼が行われる。追悼に訪れた人々は、家族・親戚や友人・知人の遺体が実際にそこに埋められているかどうかわからない。遺体は海に流されてしまったのかもしれないし、一〇か所ある集団埋葬地のどこに埋葬されたかも定かではないためである。集団埋葬地には個人の名前を記した墓碑

図5-3　集団埋葬地でコーランを詠む人々（2007年12月、バンダアチェ）

はなく、敷地内には「大人の遺体」「子どもの遺体」という立て札が立ててあるだけで、埋葬されている場所に立ち入ることはできない。来訪者は中央の通路に座り、どこに埋葬されているかわからない想像の中の遺体が眠る場所に向けてコーランを詠む（図5-3）。このように、集団埋葬地はアチェの伝統的なやり方に従って死者を供養する場所としての墓地にはなっていない。

このことは、集団埋葬地が弔いの場所として適切でないということではない。津波直後に一人一人の遺体を確かめて弔うのが現実的でなかった状況で、津波の犠牲者たちを適切に弔うための知恵が集団埋葬地に込められている。

その工夫とは、たとえ目の前にあるのが誰の遺体であるかわからなくても、それを最寄りの集団埋葬地に埋葬するということである。それぞれの人が目の前の遺体を埋葬すれば、たとえ家族・親戚や友人の遺体を自分で見つけて埋葬することができなかったとしても、必ずどこかで誰かが埋葬してくれているという確信が持てる。そのため、残された人々は、自分の弔うべき人の遺体がそこに実際に埋葬されているかどうか確信がもてなくても、集団埋葬地の一つを

訪れて死者への思いを巡らせることができる。

　また、津波の犠牲者を殉教者として扱うことも工夫の一つである。イスラム教では、人が亡くなった場合には、体を清めて白い布で覆い、亡くなってから二四時間以内に埋葬することになっている。しかし、アチェの津波後には、亡くなってから何日も何週間もしてから遺体が収容されることもあり、また、遺体の数が多すぎて一人一人を清める余裕がなく、遺体収容袋に入れたまま埋葬せざるを得なかった。イスラム教では、教義のために命を落とした信徒を殉教者として扱い、殉教者は体を清めずに埋葬する慣行がある。殉教者は一般の死者とは扱いが異なるため、死後の審判の際に殉教者であることを示せるように、斃れたときの状態のまま埋葬するためである。かつて預言者ムハンマドが生きていて実際に戦闘が行われていた時代には、戦いの最中に斃れた同胞を適切に埋葬する余裕がなく、体を清めて埋葬できなかったこともあったのだろう。津波の犠牲者を殉教者として扱うということは、犠牲者は通常の死者よりもよい扱いを受けると考えることに加え、家族・親戚や友人の遺体を清めて埋葬できなかったという思いを抱く人に対し、清めなくてよかったと安心を与えることになる。

　このように見るならば、集団埋葬地に埋葬されている津波犠牲者の遺体は、やや乱暴な言い方をするならば、津波の被害を示す「津波遺物」として扱われていると言える。ここで一人一人の死は、家族や友人の死ではなく、津波被災という大きな出来事を象徴し、記念するものとなっている。アチェの人々は、そうすることで未曾有の自然災害を社会で共有し、受け止めているとも言える。

　紛争下のアチェで人々は紛争によって不慮の死を遂げた人々について語ることさえ困難で、家族や知人を失った人々はその喪失を社会の中に位置づけ弔うことができないという思いを抱

えて暮らしていた。そのことを思えば、津波で多くの犠牲者が出たことと、その上にアチェの人々が不慮の死者を弔う新しい方法を見出したことには、津波の犠牲者を弔うこと以上の思いを汲み取ることができる。

3　再埋葬——埋めきれない思い

災害は、個人のものであるとともに社会のものでもある。一人一人がそれぞれ異なる被害を受け、それぞれ異なる復興の過程を歩むとともに、社会全体で被害を受け、社会全体で復興の過程を歩むことになる。多くの場合、被害と復興の過程は社会全体を対象に進められていく。家族の遺体が見つからないからと、いつまでも遺体を捜し続けているわけにはいかない。亡くなった友達のことを偲んでいるからと、いつまでも何もしないわけにはいかない。住宅再建や生業支援などの復興プログラムが進んでいき、それに歩調を合わせて復興過程を進めていかなければならない。

このことは、災害からの復興過程において、社会全体と個人とでは必ず食い違いが生じることを意味している。それは住宅再建や生業支援でもそうだが、とりわけ亡くなった人への弔いにおいて著しい。

アチェの津波災害でも、集団埋葬地に埋葬し、毎年一二月二六日にそこを訪れることで弔うという新しい方法を作り出し、アチェの人々はそれによって亡くなった人たちを弔っている。しかし、それだけではどうしても割り切れない思いを抱く人もいる。本節では、集団埋葬地へ

の埋葬では納得できなかった人たちによる弔いのあり方を紹介する。

再埋葬

津波から二年半が過ぎた二〇〇七年八月、バンダアチェ郊外の村を訪れると、村の共同墓地で探し物をしている人がいた。イスラム教徒は断食月が明けたときに墓参りして草取りするため、ふだんの墓地は草が伸び放題になっており、探し物がなかなか見つからない様子だった。*6 尋ねてみると、最近埋葬されたばかりの知人の墓碑を捜していた。二年以上前に津波で亡くなったその知人の遺体を家族が集団埋葬地から掘り返し、自分の村の共同墓地に運んできて再埋葬したのだという。

津波直後、集団埋葬地には一つ一つの遺体を確認せずに乱雑に埋葬せざるを得なかったが、集団埋葬地のすべての遺体が身元不明なのではなかった。被災直後に瓦礫と遺体の山の中から幸運にも親しい人の遺体を見つけることができた人たちもいた。ただし、津波直後の混乱の中で正式に埋葬する余裕がなく、目印をつけて集団埋葬地に仮埋葬していた。家族の遺体が墓碑も設えられないまま集団埋葬地に埋葬されていることに落ち着かなさを覚えながらも、自分たちの生活の建て直しを優先せざるを得なかった。被災から二年が経ち、ようやく生活再建の見通しが立ったため、集団埋葬地の遺体を掘り返して村の共同墓地に正式に埋葬したのである。

墓地に埋葬することで墓碑を置くことができ、ほかの死者たちと同じように弔うことができるようになる。津波から二年が過ぎると、アチェの各地の村の墓地に二〇〇四年一二月二六日を命日とする新しい墓碑が多く見られるようになった（図5-4）。津波直後に仮埋葬した遺体のことをずっと覚えておき、二年以上経ってからそれを掘り返し、村の墓地に運んで再埋葬す

*6　断食月はイスラム暦の第九月で、ラマダンと呼ばれる。太陰暦なので毎年、約一一日ずつ早まっていく。二〇〇七年は九月から一〇月が断食月にあたり、断食月が明けたのは一〇月一三日だった。

るという営みには、津波犠牲者の遺体を名前のある個人として弔おうとする人々の執念を見て取ることができる。

ただし、すべての人が再埋葬できたわけではない。同じ頃、アチェの村の共同墓地を訪れると、遺体を埋葬するために掘ったばかりの穴がいくつも見られた。しかし、遺体がまだ見つからないのか、その穴はしばらく開いたままになっていた。翌年に同じ墓地を訪れても穴は空いたままだった。穴を覆うように草が生えていたことが、この穴が長いあいだ空けられたままになっていたことを物語っていた（図5-5）。さらにその翌年に訪れたときも、穴は空いたままだった。何年も空いたままになっている穴を見ると、いつか遺体を見つけて再埋葬するという執念とともに、心の穴が埋められないままでいる様子も強く感じられた。

図5－4　真新しい墓碑（2007年8月、大アチェ県）

図5－5　共同墓地に掘られた穴（2007年12月、大アチェ県）

サフィラ土産物店

大アチェ県のランプウ地区は、海岸近くに集落があり、津波によって集落ごと流され、モスクだけが残った地区として知られている。この地区の住宅再建はトルコの赤新月社が担当し、朱色のレンガ屋根とクリーム色の壁で統一された復興住宅地は「トルコ村」と通称されている。[*7]

トルコ村の復興住宅は、いずれも被災者の住居用に作られており、商店はない。しかし、一軒だけ、壁を橙色に塗った商店がある。サフィラという屋号がつけられた土産物屋である（図5-6上）。二棟をつなげた作りになっており、左側の棟にはお菓子や飲み物が置かれ、右側の棟には衣料品が置かれている。衣料品屋をのぞくと、アニメのキャラクターの絵が描かれた子ども向けのTシャツが数種類と、大人のイスラム教徒の女性向けの服が数種類並べられている（図5-6下）。この店はトルコ村のモスクの目の前にあり、このモスクは津波で唯一残った建物としてよく知られているために訪れる観光客も多く、その前に土産物屋を開くのは商売としては悪いアイデアではないだろう。しかし、この場所を訪れる観光客の多くはバンダアチェ市街から来るだろうから、わざわざここまで来てアニメのキャラクター入りのTシャツを買うとは考えにくい。それなのになぜこのような偏った品揃えをしているのか。

この謎は店の中を見ることで解けた。店の奥の壁に額に入った女の子の写真が飾られており、写真の下に「二〇〇四年一二月二六日に津波の犠牲になった私たちの一人娘サフィラ」と記されていた。この土産物屋の名前はこの女の子の名前をつけたものだった。そう思って店内を改めて見渡してみれば、衣料品店に置かれていたのは、今や服を買ってあげることができなくなった娘に着せてあげたかったTシャツであり、娘が大人になったときに与えてあげたかっ

*7 トルコ村については第6章を参照。

たムスリム女性の服なのだろう。そして、隣の食料品店は、娘ののどが渇いたりお腹がすいたりすることがないようにと飲み物や食べ物を並べているのだろう。

この店舗は、もとはトルコの支援団体が津波被災者に供与した復興住宅である。住宅として与えられた建物を商店に改造することは、支援する側から見れば約束違反だろう。しかし、そのような逸脱が見られるところにこそ、人々の割り切れない思いが込められている。

図5－6　サフィラ土産物店の外観（上）**と右側の衣料品店の店内の様子**（下）**。町で買うような子ども服と大人のイスラム教徒の服が並ぶ。**
（2008年12月、大アチェ県）

赤十字倉庫の身分証明証

家族・親戚や友人を失った人たちだけでなく、津波直後に現地入りして遺体の収容を行った人たちにとっても、津波の犠牲者をどのように弔うかは重要な問題だった。アチェの被災者、

域外からのボランティア、国軍兵士など、さまざまな人々が遺体の収容に関わったが、とりわけアチェで紛争中から遺体の収容を行ってきたインドネシア赤十字社は津波犠牲者の遺体の収容にあたっても中心的な役割を担った。

スマトラ島沖地震・津波では、世界各国から赤十字・赤新月社が集まって救援・復興支援に携わった。各国の赤十字・赤新月社が拠点としたのは、バンダアチェ市の郊外にあるインドネシア赤十字社のアチェ州支部だった。大きな倉庫棟と本部棟が増設されて活動の拠点となった。二〇〇九年に各国赤十字・赤新月社の拠点としての役割を終え、現在はインドネシア赤十字社が使用し、本部棟の一部は、各国赤十字・赤新月社の拠点として使われていたことを示す展示場になっている。

展示場には赤十字・赤新月社を派遣した各国の旗が飾られ、地図や写真で救援・復興の活動が紹介されている。展示場自体はそれほど広くないが、当時の活気が伝わってくるようなにぎやかな展示になっている。その一角に、そこだけ静謐な空気が漂う小部屋がある。数人でいっぱいになるほどの狭い部屋に入ると、部屋の壁がガラスケースになっており、収容された津波犠牲者の遺体が身につけていた身分証明証が陳列されていた（図5-7）。インドネシア国民でアチェ州出身者であることを示す紅白の住民登録証が多いが、そのほかにも、会社の社員証や図書館の利用証など、さまざまな身分証明証が並べられていた。数は多くないがインドネシア以外の国の身分証明証も含まれていた。身分証明証が種類ごとに分類されて丁寧に並べられている様子は、死者の名前を記しておくという意味に加えて、身分証明証だけでも一つ一つ丁寧に並べることで、津波直後に集団埋葬地で遺体を乱雑に埋葬せざるを得なかった犠牲者たちに対するせめてもの弔いの気持ちが込められているように感じられた。

図 5－7　身分証明証を展示する小部屋（2011年12月、大アチェ県）

4　昇天の間——死者とともに生きる

津波博物館

被災から五年を経た二〇〇九年に、ブランパダン広場のわきに津波博物館がオープンした。バンダアチェ市の中心に位置する広場のそばにあり、市内でもひときわ目立つ大きな建物は津波発生時の緊急避難所をかねており、バンダアチェを訪れる観光客が必ず立ち寄る観光スポットになっている（図5-8a）。観光や防災教育の拠点として見られがちな津波博物館は、バンダアチェ市内のアチェ戦争の英雄墓地[*8]に隣接して建てられており、津波による死者を世界の人々と結びつけ、被災の経験を世界に開く試みがされている。

この博物館は建物の構造そのものが展示物となっている。来場者は順路をたどることで、津波に巻き込まれた状況を追体験することができる。

津波博物館の入り口を入ると、細くて暗い道がある。ゆっくりと湾曲した道は、両脇を高い壁にはさまれている。壁をつたって水が流されており、水音とともに顔にも水しぶきが飛んで

＊8　アチェ王国の植民地化を図るオランダ軍によって一八七三年に始められたアチェ戦争で戦死したオランダ軍兵士の遺体約二二〇〇体が埋葬されている。一八八〇年に設立され、オランダ国外にあるオランダ軍墓地としては最大規模。オランダ軍はオランダ領東インド出身の兵士を含む混成部隊だったため、ジャワ、マルク、マドゥラ出身の兵士も眠っている。正面ゲートには戦死者の名と戦没年が彫られているが、二〇〇四年津波被災後に、新たに「二〇〇四年一二月二六日」の文字が付け加えられた。

くる。この暗い水の壁の間を縫うように抜けていくと地下広場に出る（図5−8b）。照明はなく、天井にあけられたいくつもの丸い小さな窓から外の光がわずかに差し込んでいる薄暗い空間である。窓を見上げるとそれが池の底で、外の光は水越しに差し込んでいることがわかる。これは、津波に巻き込まれた人々がたどりついた海の底を模している。地下広場が思いのほか静謐に作られていることで、津波に巻き込まれた人々が苦しい思いをしたのではないかと身をさいなむ人々の苦しみを和らげている。

地下広場を抜けた先には、高い天井を持つドーム型の部屋がある。ドーム型の部屋に入ると、床には瓦礫などの津波遺物が置かれ、そこが津波に巻き込まれた海の底の終点であることがわかる（図5−8c）。ここでも明かりは最小限に絞られており、薄暗いドームの頂上を見上げると、はるか遠くに小さな円形の窓が見え、そこにはイスラム教の神アッラーの名前がアラビア語で記されている（図5−8d）。瓦礫だけが地上に残り、津波によって流されていった犠牲者たちは天の神のもとに召されるということが示されている。この部屋は「昇天の間」と呼ばれている。

「昇天の間」のドーム状の壁面をよく見ると、いくつもの小さなタイルが貼られており、一つ一つに犠牲者の名前が彫られているのがわかる（図5−8e）。アチェ州の津波犠牲者である約一六万五〇〇〇人の名前をすべて記しているのではないが、壁面を下から上へと名前が少しずつ増やされていき、名前が書かれた部分が天に向かって延びている。この部屋は、津波によって海底へ引きずり込まれたあと、水面に再び浮かび上がることができなかった者が流れ着くところとして設計されているが、同時に、天井に神の名が光とともに記されることによって、この空間が神のいる空間に繋がっていることが示されている。

この部屋を出ると、ドーム型の部屋の周囲をらせん状にゆっくり登る道につながる。しだいに道は明るくなり、ほどなくして地下広場から見上げた池の水上に出る。池の上には「希望の橋」と名づけられた橋が渡され、津波博物館の二階へと続いている（図5-9）。二階には展示場があり、津波直後にアチェがどのような様子だったか、また、復興の過程がどのようであったかが写真やジオラマで展示されている。津波博物館の三階は、地震や津波が起こるメカニズムや防災に関わる展示がされている。津波博物館は、アチェの人々が津波被災の経験を人類社会の経験として位置づけなおす試みとして理解できる。

入り口からすぐに地下の間に向かい、「昇天の間」を通って二階に渡る「希望の橋」までの道のりは、生き残った人々が津波に巻き込まれた状況を追体験するとともに、遺された人々の犠牲者に対する思いをほかの人々と共有する仕組みとなっている。遺された人々の心の痛みを和らげると同時に、その心の痛みを被災を経験しなかった人々やこれから生まれてくる人々が共有する仕掛けでもある。

死者の名前を記す

津波の犠牲者は「津波犠牲者」として集団埋葬地に葬られ、毎年一二月二六日の記念式典で追悼の対象となっており、このことは、紛争下で長らく死者を弔えなかったアチェに、死者を弔える時代をもたらすことになった。ただし、アチェの人々は集団埋葬地という新しいやり方に完全に納得しているわけではない。集団埋葬地を通じた弔いは、津波による犠牲者を社会に位置づけるものであるが、その一方で、身近な者を失った遺族にとって集団埋葬地を通じてでは解消できない思いもある。集合的な津波犠牲者の一人として、あるいは名のない犠牲者とし

(a) ノアの箱舟を模した外観。屋上は津波時の避難所をかねている。

(b) 地下広場

(c) 昇天の間の床に置かれた瓦礫

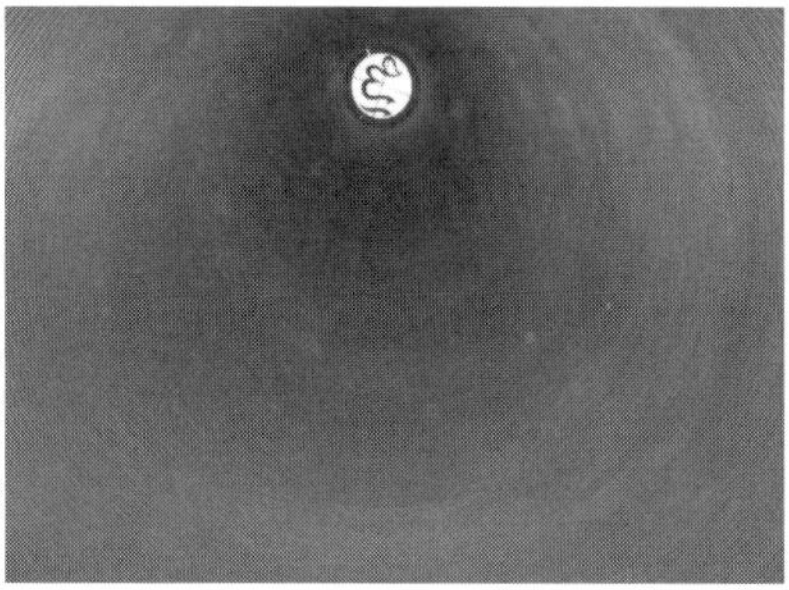

(d) 天井の小窓に刻まれたアッラーの文字

(e) 犠牲者の名が彫られた壁

図5-8　アチェ津波博物館

図５－９　アチェ津波博物館の「希望の橋」

てではなく、名を持ち、自分たちと繋がりのあった人として弔いたいとの思いは常にある。そこで人々はそれぞれに工夫を重ねて、亡くなった人々と自分たちの繋がりを維持しようとしている。状況が許せば、固有の名前をつけることによって死者を弔おうとする。

大アチェ県ロンガの国軍駐屯地跡地はその一つの例である。海岸沿いのこの地区には津波前に国軍兵士の宿舎が置かれ、津波の直撃を受けて兵士約一〇〇人とその家族が犠牲になった。ここに遺体は埋葬されていないが、跡地には犠牲となった兵士の名前が記された石碑が建てられている。個人の名前が刻まれているが、個人としてではなく、津波で犠牲になった国軍兵士として弔われている。この

ほかにも、地元の篤志家により、その地区で亡くなった人々の名前を記した記念碑を建てる試みがあり、このような試みは被災後三年を経て各地で見られるようになってきた。発電船が陸に打ち上げられて記念公園となっている場所にも、付近の村の犠牲者の名前が彫られたプレートが建てられた。

集団埋葬地の扉の言葉

ウレレー海岸に程近いムラクサ郡の幹線道路沿いの集団埋葬地の門扉には、インドネシア語で次の言葉が刻まれている（図5-10）。

命あるすべてのものたちよ
我らはお前たちを試している
よいことと悪いことによって
試練として。
そして お前たちはいつか
我らのいるところに戻されるのだ

これは、コーランの預言者の章の一部をインドネシア語に訳したもので、通常は以下のように理解されている。

誰でもみな（一度は）死を味わわねばならぬ身。
お前たち（この世にある限り）、
我らは禍福でいろいろに試練（こころみ）た上で、

図5-10　コーランの一節が記された集団埋葬地の門扉（2006年12月）

みな我らのもとに連れ戻す。[*9]

コーランの章句で「我ら」とは神を指す。そのことを念頭に置いてこの句を読めば、この一節は、神が人間に対し、この世に生きているときの苦難と歓びは神が与えた試練であって、死しては神に召されるのであって、この世においてもあの世においても神が人間を見放さずにいることを説いていると理解される。この章句は、津波で犠牲となった人々に向けられた言葉として理解されることになる。

ただし、コーランの章句の引用が通常はアラビア語でなされるのに対し、この章句がローマ字表記のインドネシア語で記されていることを考えるならば、そこに込められた別のメッセージを読むこともできる。「我ら」を文字通りわれわれと読むならば、それは集団埋葬地に埋葬されている津波の犠牲者たちを指すと理解される。そう読むならば、このインドネシア語の章句は津波犠牲者から生き残った人々に向けて、残された生をこの世で全うできるかを問いかけ、その生き様を見守り続け、生を全うしたときに再会し、その生き様を問うというメッセージになっている。門扉の章句が津波犠牲者の眠る集団埋葬地を背にして外側に向けて刻まれて

*9　第21章第35節（『コーラン中』井筒俊彦訳、岩波書店、188ページ）。

いることも、それが津波犠牲者から生存者に向けられたものであることを示している。そして、門扉の言葉をこのような形で刻んだのが生き残った人々であることを考えれば、この言葉は生き残った人々が津波犠牲者の思いやまなざしを背負って津波後を生きていくという決意表明にほかならない。

身元が不明なまま遺体を大量に埋葬する集団埋葬地や、津波犠牲者の経験を追体験しようとする津波博物館は、アチェの人々にとって津波後に新しく経験されたものである。そこには死者を弔い残された生を全うするための工夫が込められている。

第6章

住宅再建とコミュニティ

被災から
2～4年

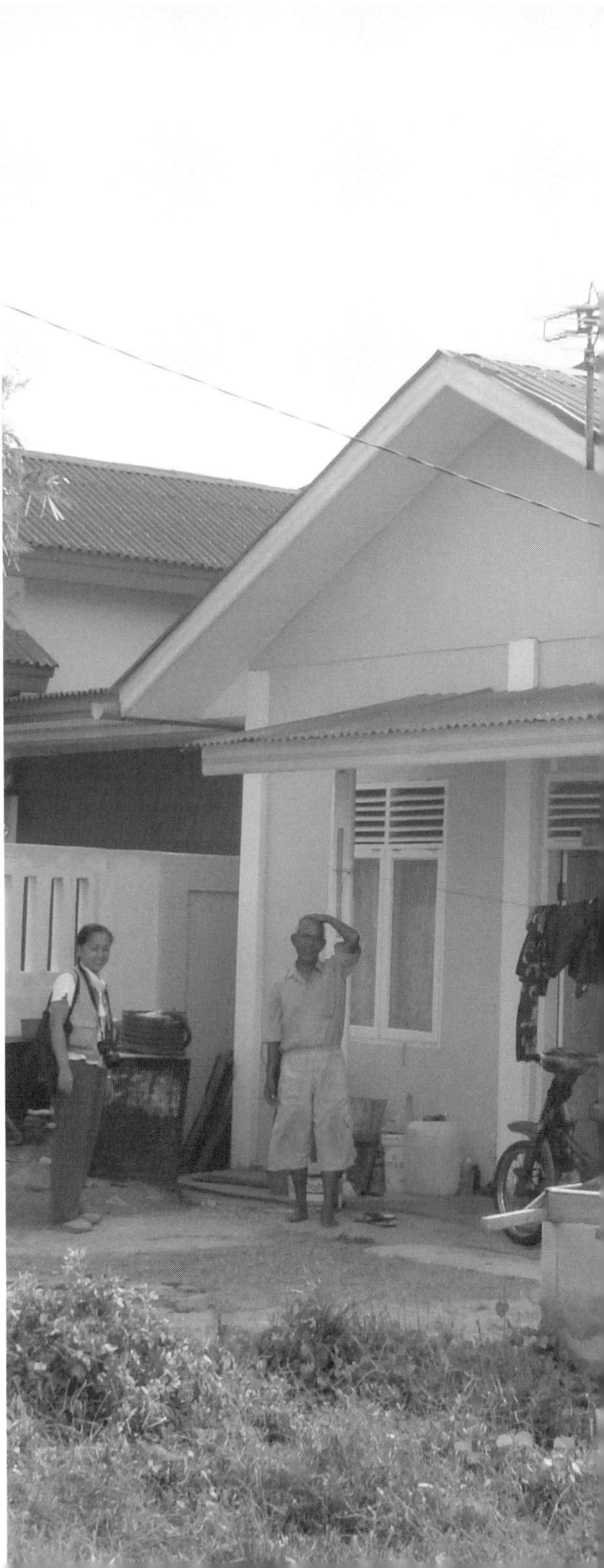

右：国際NGOによって再建された住宅に入居した被災者（2006年12月、バンダアチェ）

本章下部の写真：アチェにて、2005年12月、2007年12月、2008年１月撮影

家は人々の生活の基盤である。複数の家が集まったものが集落やコミュニティになり、コミュニティにとって家は基本の単位である。津波はコミュニティを支える家と人の双方に被害を与えた。紛争と災害後の地域社会の再建がめざされる中で、家は生活やコミュニティを再建するための要として、復興支援に携わる多くの団体・組織が住宅再建支援プロジェクトを開始した。住宅再建支援の直接の目的は住居を提供することにあるが、長期的にはコミュニティの再建が問われていた。支援団体ごとにさまざまな復興住宅が作られ、それぞれの復興住宅で新しいコミュニティづくりが進められていった。住宅再建とコミュニティの再生にはさまざまなパターンがある。一つの集落で複数の支援団体による復興住宅が再建されたところもあれば、一つの支援団体が集落全体の復興住宅の建設を行ったところもあった。海岸沿いで津波で住宅がすべて流されたところに復興住宅を再建したトルコ村、郊外の高台を造成して復興住宅地を作った中国村、近郊の未使用地を再開発したツーチー村などの例から検討したい。

1　復興住宅の見本市——ランバロスケップ村

住宅再建プロジェクトでは、自己所有の土地に有していた住宅を津波によって失った住民のリストを復興再建庁が作成し、支援団体に提供した。また、再建する住宅モデルをあらかじめ復興再建庁に登録させ、どの団体の支援を受けても得られる住宅に大きな差が生まれないよう調整した。事業店舗は住宅再建の対象とならず、再建する住宅の広さは被災前の住人の数にかかわらず三六平方メートルが基準とされた。住民側は自分の家を再建する団体を選ぶことはで

きず、支援団体が自分を選んでくれるのを待つことになった。復興再建庁は住宅再建の目標を二〇〇九年四月までに一二万棟完成と掲げた。

ランバロスケップ村は、バンダアチェ市内で海岸から少し離れたところに位置し、津波で全壊した住宅と浸水して使用不能になった住宅が混在する地区である。村長は津波の被害を免れ、村長の指導の下で支援事業が進められた。

この村には複数の支援団体が入り、津波で全壊した住宅に対して復興住宅を建設した。復興住宅が供与されたのは、この村に土地を持っていた人か、その人が津波で亡くなった場合にはその家族や親戚とされた。また、復興住宅の供与は世帯を単位として行われた。そのため、住宅が浸水しただけで全壊しなかった人、間借りしていてこの村に土地を持っていなかった人、独立した世帯を構成していない人など、この村に住んでいた被災者の中でも復興住宅が供与された人とそうでない人に分かれることになった。

ローンを返済しながら住宅再建支援を待つ

この村に住み、バンダアチェ市内の高校で英語教師を長年務めたＡさんは、津波で自宅が全壊した。教師を定年退職した後、息子が雑貨の卸売りを起業するのを支えるため、二年間のローンを組んで商品を購入したところ、その直後に津波に襲われて商品がすべて流され、後に二年間のローンだけが残された。村内の仮設住宅が割り当てられ、妻と息子の三人で生活していた。

国際ＮＧＯによる復興住宅供与の対象になるまで時間がかかり、それを嫌って自力で自宅を再建する人もいたが、Ａさん一家はローン返済のために自力での自宅再建は行わず、最後まで

仮設住宅に残っていた。

Aさん夫妻が復興住宅に「入居」し、ようやく自宅での生活を始めることができたのは二〇〇六年九月のことだった。二〇〇五年一二月に国際NGOのCAREと復興住宅再建の合意文書を交わし、二〇〇六年三月に住宅の建設が着工された。しかし職人が次々と逃げていったので入居までに時間がかかったという。そのときの事情をAさんはこう説明する。

> 職人への工賃がきちんと支払われていたならば作業は順調に進んだことと思う。二五日間働いて工賃が五〇〇万ルピアというのは安すぎる。また、作業が二五％進むと二五％の工賃を支払うという決まりだが、作業が進んでもNGOから職人に工賃がなかなか支払われず、支払いまで三週間待つこともあった。建材の入手も順調ではなく、最初の頃はひどく品質の悪い木材が届けられた。条件が悪いために職人が別の支援団体の建設現場に逃げていった。NGOの支払いが遅れるために職人が逃げる。職人は、地元の人もいるし、北スマトラ州のメダンから来ている人もいる。住宅が完成してもトイレは自分で作らなければならない。住宅はまだ完成していないが、自分たちで手を入れるために一か月前に鍵をもらい、仮設住宅からこの家に通って毎日少しずつ作業を進めている。一週間前に電気が通った。水はまだない。仮設住宅は三か月後の今年一二月までに出なければならないという話を聞いているし、新聞にもそう書かれているのを読んだが、正式な通知は受けていない。

未完の住宅再建

同じランバロスケップ村の住民であるNさんは、支援団体から復興住宅を供与されたが、欠陥住宅でそのままでは住めなかった。

Nさんは津波の三年前に夫を亡くしていた。子どもは娘が二人、息子が三人の五人で、長女

図6−1　仮設住宅（2005年8月、バンダアチェ）

は二児の母であり、一番年下の子どもは二〇歳の息子である。未婚の子どもは二人で、いずれも自分が生活の面倒を見ている。

津波後はモスクわきのテントに寝泊りしていた。二〇〇五年五月に仮設住宅に入り、二メートル×五メートルの広さの部屋に寝泊りしていた。そこで各国の支援団体から生活再建のための支援を受けた。Nさんは津波前には菓子を作って売り、一日五〇〇〇ルピア程度を稼いでいた。鶏を飼っていたので卵も売っていた。津波後、仮設住宅で暮らしていたとき、村の集会場に人が集められて日本のNGOの話を聞いた。二〇人ぐらい集まっており、起業支援プログラムに参加すると一人一〇〇万ルピアの支度金を貸してもらえると聞いた。

村の女性たちの中で菓子作りのグループが作られ、Nさんもそのグループに参加した。グループの代表は菓子売りの経験があり中学校の教員でもあるSさんだった。日本のNGOから一〇〇万ルピアとコンロ、なべ、フライパンがSさんの家で手渡され、書類にサインした。五％の利子をつけて一週間ごとに二万二〇〇〇ルピアを返済することになっており、お金はSさんに渡している。

Nさんは、ジャワ島のマゲランに拠点を置く国内NGOのDが建設した復興住宅に入居した。Dは女性の団体で、アチェの津波支援では夫がいない女性を支援するため二〇棟の復興住宅を再建し、多くの被災者がまだ仮設住宅で暮らしている時期にNさんは一足早く復興住宅を与えられた。しかし、Dの担当者は復興住宅が完成する前にジャワに引き揚げたため、職人の監督ができなくなり、家は壁と屋根はあってもドアも部屋もない状態で放置された。仕方なくNさんが扉を自分で買って付けた。天井も自分で張った。セメントも一〇袋分を自分で買い足した。家具も全くない状態で引き渡された。

マレーシアで働いている息子の仕送りによって少しずつ完成に近付けていき、ある程度住めるようになるまで全部で五〇〇万ルピアかかったという。家財道具は少しずつそろえている。ミシンはCAREが供与してくれた。テレビや冷蔵庫は息子がマレーシアから帰省したときに買ってくれた。菓子作りを続けており、津波後に菓子の値段が上がったため、一日の売り上げは一万ルピア程度になる。作ったお菓子は近所の雑貨屋などに卸している。

図6－2　再建されたNさんの家（2006年8月）

商店の再建

二〇〇八年一月、ランバロスケップ村の大通りに面した商店で再建工事している人たちに話を伺った。

図6−3　ショップハウスの再建風景（2008年1月、バンダアチェ）

津波前、この土地には父の弟が所有するショップハウスがあった。住んでいた一家が津波で全員死亡したため、自分たちの一族が土地を引き継いだ。住宅を作るならばＮＧＯから再建資金をもらうことができたが、自分たちはショップハウスにしたかったので、亡くなった弟の資金でショップハウスを建てることにした。広さは九メートル×一五メートルの一階建て。津波前の敷地はもう少し広かったけれど、自分たちの資金で建てられるのはこのサイズだった。資金が少ないので一階分しか作らないけれど、資金ができたら二階も作りたい。

自分が現場で建設作業を監督している。この種の建築は通常は三か月程度で終わる。自分は高校を卒業して以来ずっと建築現場で働いており、見よう見まねで技術を身につけた。今では現場監督をするまでになり、このショップハウス以外にも復興住宅の建設作業を請け負っている。そこでは五〜七人の作業員を使い、三か月程度で仕上げる。建設にかかる時間は天気に左右されるが、復興住宅の建設は工期が決まっているので大変だ。

建設現場の給料は、現場監督が一日七万ルピア、一般の作業員が一日五万ルピア。建築現場

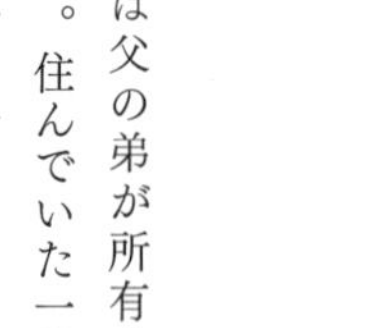

の作業員の日当は津波後に上がった。作業は八時から一二時半までと二時から五時まで行う。レンガは大アチェ県で作っており、一個五〇〇ルピアで買う。セメントは先月まで一袋三万三〇〇〇ルピアだったが、今は三万七〇〇〇ルピアに上がっている。アチェでよく使われるセメントはアンダラス・セメント社のものだ。アンダラス社の採石場と工場は大アチェ県にあるが、津波の直撃を受けて操業を停止している。現在市内で見かけるアンダラス社のセメントは、アンダラス社と同じ資本関係にあるマレーシアのセメント会社から買ったセメントをアンダラス社の袋に詰めて売っているもの。

AさんやNさんの近所には、被災から三年以上経っても被災直後の状態のまま放置されている家屋が何軒も見られた。津波で浸水して住めなくなったが、倒壊を免れたために住宅再建支援の対象にならず、家主が放置して別の場所に移ったためである。このほかに、村内には「この家売ります」という看板を掲げる家屋もある。ランバロスケップ村は、家屋によって被害の程度が異なるため、同じ村でも復興過程での住宅の再建のしかたが大きく異なった村の例である。

職業についても住宅と同様の状況を見ることができる。村内には、被災直後に支援団体から与えられた活動資金によって営業を再開した喫茶店や雑貨店が何軒かあった。しかし、被災から二、三年経つと、これらの喫茶店や雑貨店の経営者が店を別の人物に転売し、新しい経営者が営業再開の経緯を知らないまま経営する例も見られるようになった。資金を貯めた経営者が別の土地に移ったり別の職種に移ったりして、そこに新しく別の人が入ることで職業の再編が起こっている。もっとも、このような経営者の代替わりは津波後に新しく見られるようになったものではなく、津波以前にもよく見られたことだという。

2　海岸沿いの住宅再建——トルコ村

復興住宅の中でも住民に人気が高いのが、トルコ赤新月社が建設した「トルコ村」の復興住宅である。トルコ村は、バンダアチェ市から車で三〇分ほど西に向かった大アチェ県ランプウ地区にトルコ赤新月社の支援によって作られた復興住宅村である。トルコ赤新月社が住宅再建を一括して請け負ったこの地域は、朱色の瓦屋根とクリーム色の壁、そして玄関上のトルコの印章を特徴とする住宅が整然と並んでいる。ランバロスケップ村では支援団体ごとにさまざまな色や形の復興住宅が見られたのに対し、トルコ村では一つの団体が復興住宅を作ったため、同じデザインの家が整然と並び、見た目にきれいでアチェの人々の評判もよい。復興住宅村の入り口にはトルコ赤新月社の名前を冠した立派な門が設置され、地元では「トルコ村」と通称されている。

ここは、沿岸部にあって津波の直撃を受け、モスク以外の建造物が全倒壊した地域である。モスクを残しすべての家屋が津波によって押し流された情景が津波の脅威を物語るのに象徴的であったため、この地域の様子は内外で頻繁に報道された。二〇〇六年の時点で村の住民は一二五〇人だった。津波前に住宅は道路沿いに点在しており、漁業のほかに周辺の丘陵地での丁子栽培や、隣接する海浜地区を訪問する観光客を対象にした簡易宿泊施設や飲食店の経営が行われていた。丁子栽培[*1]には、自分の土地で丁子を栽培している人と、他の人の土地で働く人がいた。D氏は、津波前は一〇・四ヘクタールの土地に一〇〇本の丁子の木を持ち、五人の人を

*1　フトモモ科の植物チョウジノキの開花前の花蕾を乾燥させてつくる香辛料でクローブともいう。料理やタバコの香りづけに用いる。インドネシアのマルク諸島が原産で、東西交易の重要な交易品の一つだった。

雇って作業していた。年間の収量は五〇〇～七〇〇キログラムだった。丁子の採集で働いていた人たちはこの村内に住んでおり、多くが津波で亡くなったため、津波後は付近の村から働き手を調達して作業を再開している。

トルコ村は、行政上は一つの村ではなく、五つの村からなるムキム*2（区）である。ムキム全体を統括するイマーム（ムキム長）の下、五つの村にはそれぞれ村長がいる。津波でイマーム

図6－4　トルコ村のゲート（2008年８月、大アチェ県）

図6－5　津波直後のトルコ村（2005年２月）

*2　アチェの慣習村落単位の一つ。理念的には、一つのムキムはイスラム教徒が金曜礼拝を行うモスクが一つあれば十分な程度の人口規模が想定されている。インドネシアの地方行政制度が統一される過程で一九七九年以来、村落行政単位としてのアチェのムキムは廃止されていたが、スハルト体制崩壊後にアチェの自治を拡大する施策がとられる中で、二〇〇一年法律第八号によってムキムが村落行政単位として復活した。複数の村から構成され、村と郡の中間に位置するムキムの権限や機能は必ずしも明確ではない。なお、この法律により、アチェ特別州はナングロ・アチェ・ダルサラーム州となった。

と五人の村長が全員死亡したため、二〇〇五年三月、生き残った住民の中からメッカ巡礼経験があるD氏がイマームに選ばれた。各村の村長は、このときに郡長が暫定的に指名し、二〇〇七年末までに五つの村のすべてで選挙によって村長が選出された。[*3]

トルコ赤新月社はこの地区を復興支援の対象とした。実際には多くの支援団体がこの地域の再建に関心を示しており、たとえば米国国際開発庁（ＵＳＡＩＤ）が水田から瓦礫などを取り除く作業をキャッシュ・フォー・ワークで行い、イギリスのオクスファムは清浄な水の供給施設を供与した。イギリス赤十字社は女性または未婚の男性を対象に経済面での支援事業を行った。さまざまな支援団体が集まっていたが、住宅再建ではトルコ赤新月社が実施することになった。その決め手となったのは、この地域が近世にアチェ王国支援のため来航したオスマン朝トルコの戦艦の上陸地として知られていたというトルコとの縁だったという。

トルコ赤新月社は当初一〇〇〇戸の住宅再建を計画していたが、住民の多くが津波で死亡していたために一〇〇〇戸分の権利者を確保できなかった。そこで村では親族の中で唯一の生存者となった小学校四年生の児童や、ジャカルタ在住で日常的な居住地がアチェ域外にあった遺族住民を探し、ようやく七〇〇世帯分の住宅再建支援対象者の名簿を作成した。[*4]

被災前にはムキム内に住宅が点在していたが、トルコ赤新月社の要望で復興住宅を一か所にまとめることになり、ムキムを住宅再建対象地とそれ以外の土地に分け、住民どうしで土地を交換したり売買したりして全員が住宅再建対象地に土地を持つようにした。土地の売買の価格は、津波前の平均的な相場である一平方メートルあたり三～五万ルピアに定められた。この村に実際に住んでいなくても、この村の出身者であれば世帯単位で住宅を希望することができた。津波後に再婚したD氏は妻と子どもと三人で住むための復興住宅を手に入れたが、津波で

*3　イマームの給料は月額五〇万ルピアで、三か月ごとにまとめて支払われる。村長の給料は月額三〇万ルピアである。

*4　この地区には津波前によその土地から移ってきた住民もいた。独立派ゲリラと国軍の紛争を嫌って西アチェ県のムラボから逃げてきた人で、この村では漁師をしていた。この地区の出身者またはその家族・親戚というトルコ赤新月社の復興住宅支援の条件には当てはまらなかったが、津波前からこの地区で土地を買って家を建てて暮らしていたため、住宅支援の対象者に含められた。

亡くなった前妻との間に生まれた息子がジャカルタの大学で学んでいたため、その息子のために息子の名義でもう一軒入手した。

被災前からこの土地に住んでいた人もしくはその遺族にのみ復興住宅の所有権が与えられたため、両親が死亡して名義上は小中学生や高校生・大学生が所有者になっている住宅もあった。小さい子どもは親戚の家に引き取られたり、大学生にはジャカルタの大学で学んでいる人がいたりするため、それらの家はふだん空いたままになっていた。また、家を一人で所有している若者たちが寂しさを紛らすため食事や団欒の時間を一つの家で過ごし、寝るときだけ自分の家に帰ったり、近隣の住民が一軒の家で寝食をともにし、それぞれの家は荷物や服を置く場所としてのみ使用したり、さらには復興住宅をもらった者どうしが結婚したために片方の家を使わなくなったりと、さまざまな事情から昼間の空き家が多くなっていた。

住居の評判はよく、風光明媚な海岸にも近いため、住みたい人は多かった。しかし、復興住宅の売買を許すと、すでに住む家を持っている域外の裕福な人々が保養や投資のために復興住宅を購入すると考え、トルコの赤新月社は復興住宅を供与する条件としてこのムキム内に土地の権利を持っている人かその親類に限定し、転売を禁じた。そのためトルコ村の住民は家を売ることも貸すこともせず、空き家が多くなっている。

なお、村内には商業施設がほとんどなく、日常生活に不便であることが空き家が多い理由の一つとして挙げられていたが、二〇〇八年一二月にモスク前に雑貨屋と衣料品店が開店した[*5]ほか、村内に商業施設が何軒か現れはじめている。

＊5　モスク前の店については165ページのサフィラ土産物店の項を参照。

図6－6　トルコ村の家（2008年8月）

3　郊外の高台移転――中国村

自分の土地を持つ人だけが住宅再建支援の対象となったのは、土地がない人の住宅用地をどうやって確保するかという問題があったからだった。これに対して、一部の支援団体は、住宅地を造成して、土地を持たない被災者に住居を供与する支援を行った。そうしたものとしてよく知られているのが、中国赤十字社と中華慈善総会による支援、そして台湾に本部を持つ仏陀慈済基金会による支援である。これらの支援を受けるには、従来住んでいた地域から新しく作られた住宅地に移住することになり、場合によってはそれまでの生業を変えることになった。それでもこの支援が受け入れられたのは、家を持つことが単に住まいを確保すること以上に意味を持っていたためであるように見える。

中国印尼友誼村

中国赤十字社と中華慈善総会の支援によって作られた住宅地は、バンダアチェの市街から車で約三〇分の距離にある大アチェ県ヌフンの丘陵地を造成して建設された。二二・四ヘクタールの土地に六〇六棟の復興住宅が並ぶ大規模な再建住宅地区となった。建設費用は九〇〇〇万

米ドルで、工事は中国水電建設グループが担った。

一つの団体が作ったために統一されたデザインの家が整然と並んでいる。住宅のほか、モスク、小学校、市場、診療所、溜池が村の中に作られている。朱色の瓦屋根の住居が丘陵地に整然と並び、モスクはアチェでは珍しい黄色い屋根を持つ。村の入り口には「中国印尼友誼村」（中国インドネシア友誼村）と大書されたゲートが立てられ、その特徴的な景観もあってバンダアチェの人からは「中国村」と呼ばれたり、香港の映画スターのジャッキー・チェンが訪れたことから「ジャッキー・チェンの村」と呼ばれたりもする（図6-7）。

中国村に入居したのは、津波前に沿岸部に住んでいて津波で土地が浸食されたために住宅が再建できなかった人や、津波前に間借りしていて住宅再建の対象とならなかった人である。津波で配偶者を亡くした者どうしで再婚して中国村に入居し、ブロックBのブロック長を務めるAさんによれば、仮設住宅で生活していたとき、土地を持たない五九世帯が集まって復興再建庁に復興住宅の供与を求めたところ中国村を紹介されたという。

Aさんの父親は大アチェ県マタイー地区出身、母親はバンダアチェ市プラダ地区出身で、自身は津波前に二〇年以上も大アチェ県カジュ地区に住んでいた。他人が所有する漁船に乗って漁業を営んでいた。子どもは四人いた。村が津波で襲われ、家族・親戚二二人が亡くなった。自分も津波で村からバンダアチェ市内のダルサラーム地区まで流された。体のあちこちを怪我し、右耳は難聴になり、目もかすんでしまった。病院で飲み込んだ海水を胃から吸い出す手当てをしてもらったという。

津波後はカジュ地区の仮設住宅に入った。自分が住んでいた土地での住宅再建の支援を受けるはずで、それは支援団体から建材をもらって自分で家を建てるという支援だった。しかし、

図6－7　中国村のゲート（2008年8月、大アチェ県）

その土地は津波前に買ったもので、土地の権利書が津波で流されてなくなってしまい、土地の売主も津波で亡くなってしまったし、自分の家族もみんな亡くなってしまったため、その土地が自分の土地であると証明できなかった。その土地の売主の孫が土地の権利を主張して、それが認められて土地は取られてしまい、家を建てる土地がなくなったため、支援団体からもらうはずだった建材もほかの人にとられてしまった。

　このことにより、個人で交渉しても力が弱いし、支援団体は個人よりも世帯を優先することがよくわかった。津波後に結婚して世帯主となっていたAさんは、同じ仮設住宅に入っていた二〇世帯でグループを作り、住宅再建の支援団体を探した。さらに別の仮設住宅のグループと合流して五九世帯になり、各世帯の代表者五九人が復興再建庁を訪れて住宅再建を要求したところ、中華慈善総会による中国村の住宅再建プロジェクトを紹介された。中華慈善総会の担当者に会うと、その場で中国村の住宅の鍵を渡された。誰がどの家に入るかは中華慈善総会の担当者が決めた。

　Aさんが入居したのは二〇〇七年九月で、入居当初は電気も水道も使えなかった。中国村で

は、造成の工期ごとに第一期、第二期と海岸に近い方から丘の上の方に住宅が作られた。早い段階に作られた住宅は水や電気が通っていたが、丘の上の方にある住宅は建物はあっても水が出ないというように、初期は工期ごとにインフラ整備の度合いが違っていた。電気が使えるようになったのは二〇〇七年一一月の断食月明けだった。村の中央に溜池があり、そこから下の住宅は水が使えたが、そこより上にある家では、トラックで売りに来る水を買うか、朝夕に溜池で水を汲んで階段や坂道を上って自分の家に運ぶかのどちらかしかなかった。

Ａさんは、住宅自体には満足しているが、交通手段がないために仕事に就けないことが悩みであるという。中国村はバンダアチェからバスで三〇分程度かかることに加え、バス通りから離れた丘の上にあり、バスを降りた後は二〇分以上歩かなければならない。バンダアチェ市街までバスで往復一万ルピアかかり、これは大人の一日分の食費に当たる。

図６－８　丘陵地を造成して建てられた中国村の家
(2008年８月)

また、この村では津波前とは別の職業に就いている人が多い。入居者の多くは津波前の海岸近くに住んで漁業で生計を立てていたが、ほとんどの人は家が港から遠くなったために漁をやめた。オートバイが手に入ってベチャと呼ばれるバイクタクシーを始めた人や、ＮＧＯに雇われて車の運転手をする人もいるが、ＮＧＯが撤退した後の職の見通しは立っていない。

Ａさんが最も気がかりなことは、中華慈善総会から家の権利書を正式に受け取っていないことだった。い

つか出て行けと言われるのではないかと心配だし、お金を借りるにせよ何にせよ、家の権利書があるとないとでは全く違うという。

二〇〇八年一二月に筆者が訪れた際には、それ以前に入居していた住民の一部が入れ替わって別の入居者になっていた。正式に立ち退いて新しい居住者が入ったのではなく、立ち退いた住民の知人や親戚が入居する例が多く見られた。ブロック長はブロック内の住民の動向を把握するよう心がけているが、実際には把握しにくく、ブロック長以外の住民の間ではどんな人が住んでいるか互いに知らないこともある様子だった。

4　近郊の埋立地――仏陀ツーチー村

「ツーチー村」と通称される復興住宅地は、台湾に本部がある仏教系の慈善団体である仏陀慈済基金会[*6]（以下「ツーチー」）が作った復興住宅村である。

ツーチーは、アチェの津波支援では、食糧などの緊急支援のほか、バンダアチェ市内、大アチェ県、西アチェ県の三か所に復興住宅を建設した。建設戸数はバンダアチェで七一六戸、大アチェ県で八五〇戸、西アチェ県で一一〇〇戸だった。バンダアチェ市内には、曲がりくねって流れる川の一部が繋がって新しい流れができ、曲がった部分が三日月湖の形で残された場所があった。三日月湖で囲まれた土地は州政府が管理し、畑として使っている人もいたが、復興再建庁が立退き料を払って土地の使用権を手に入れ、ツーチーが三日月湖の一部を埋め立てて外から出入りできるようにして住宅地が作られた。埋め立てた部分の深さは九メートルで、

＊6　ツーチーは一九六六年に台湾で設立された仏教団体であり、現在では約四〇の国・地域で活動している。自前のテレビ放送局である大愛テレビ（Daai TV）を持つ。インドネシアでは一九九四年にジャカルタに拠点が設立された。慈善、医療、教育、人文の四分野で活動し、自然災害では緊急・復興支援の活動を行っている。

ツーチーが負担した埋め立て費用は六〇億ルピアだった。

住宅は七一六棟建設され、事務所などに使われている五棟を除き、七一一棟に住民が入居した。村内には、他に幼稚園、小学校、中学校、モスク、診療所、集会所が作られた。

ツーチー村の事務所を管理するRさんによれば、ツーチーの担当者が市内の仮設住宅をまわり、ツーチーの基準を満たす被災者家庭を探して面接して入居者を選んだ。復興住宅が一〇〇戸完成するごとに一〇〇世帯の入居者を決める方法を採った。最初の面接は二〇〇五年八月に始められ、最初の住民が入居したのは二〇〇五年一二月だった。担当者はプナヨン地区などの仮設住宅を訪問し、自分たちの基準を満たす家庭を探した。ツーチーは教育を重視しているため、学齢期の子どもが複数いる家庭を優先した。この復興住宅村には約八〇世帯の華人家庭が入居しているが、入居者を選ぶ際に宗教や民族を基準にしたわけではないという。

図6-9　ツーチー村のゲート（2008年8月、バンダアチェ）

入居者は原則としてツーチーの担当者が仮設住宅を訪問して選んだが、ツーチー村の様子を聞いて事務所を直接訪れた入居希望者がいたため、事務所で入居希望者の面接を行ったこともある。仮設住宅から入居した世帯は全体の約六割を占める。入居者には住宅と一二〇平方メートルの土地の所有権が与えられた。入居に必要な手

続きの費用もすべてツーチーが負担した。どの家に入居するかは、もともと住んでいた地区と関係なく、入居者のくじ引きで決めた。

この地域の住民に聞き取り調査をすると、かつての生業を変えて移り住んだという話をしばしば聞くことができる。たとえば、路地長をしているPさんは、津波前は海岸近くの地区で妻の親の土地に住み、そこで鶏を六〇〇羽飼育し、毎日市内のコーヒーショップに卵を売って十

図6-10 ツーチー村の航空写真(『朝日新聞』2006年12月22日)

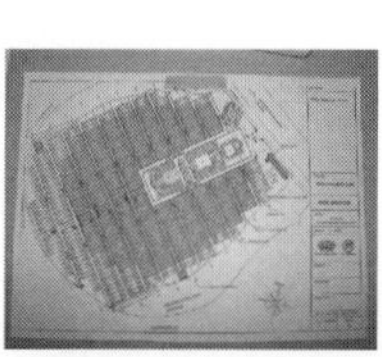

分に暮らしていたという。しかし、妻が津波で死んでしまい、子どももいなかったことから、妻の親の土地に家を再建する権利は妻の妹が手にし、自分は親戚の家に避難した。津波によって家族と家、そして生業のもととなる土地を失った。避難先で今の妻と知り合い、結婚して子どもをもうけた。自分の土地を持たず学齢期の子どもを抱えた家族ということでツーチーの支援対象となり、住宅を手にすることができた。今は建設作業をして日々の糧を稼いでおり、いずれは津波前の技術を活かし、用地がなくてもできる観賞用の鳥を飼育して売りたいという。

図６−11　植栽がしつらえられたツーチー村の家（2008年８月）

Ｐさんによれば、ツーチー村はさまざまな地区の出身者が集まっており、入居してはじめて知り合った人も少なくないため、路地ごとに選ばれた路地長が住民の親睦や協力を取りまとめている。路地によっては一年ごとに路地長が交代するところもあるが、Ｐさんのように入居以来何年も路地長を務めている人もいる。

これは、被災により妻と住まいと生業を失い、住む場所を変え、家族を作り直し、生業を変えたという一被災者の生活再建の物語だが、同時に、誰を支援対象とするかという支援する側の論理に被災者が自らを対応させていった物語にもなっている。

アンワルおじさん

プナヨン地区のメインストリートであるパンリマポレム通りの奥に、教会と附属学校がある一角がある。この区画はキリスト教施設だけでなく、その裏手に客家の集会場や観音堂がある。観音堂はパンリマポレム通りの反対側の裏手に入り口があり、馬の像や紅塗りの線香の受け皿がある。お堂に入ると、亡くなった人の名前と顔写真を張り付けた位牌が並べられている。中央は白いタイル張りで何も置かれておらず、がらんとしている。お盆の頃に行くと、隅に作りかけの紙製の供物が雑然と並べられている様子が見られる。左奥には机と椅子があり、この椅子に座って位牌を書くのがアンワルさんの仕事だった。

アンワルさんがこの仕事をするようになったのは、観音堂の管理をしていた姉が亡くなってからだった。アンワルさんの姉は尼僧として観音堂をとりしきり、バンダアチェの華人が亡くなるとその位牌を作って管理していた。姉が亡くなった後、ほかに漢字を書ける人がいなかったので、アンワルさんが位牌を記す係を引き継いだ。アンワルさんは独身で、妻や子はいなかった。女の人が中心の観音堂で男の自分が仕事をするのはどうかと思ったけれど、自分しかいなかったからとアンワルさんは言っていた。アンワルさんの仕事机の前の壁には、姉やその前の尼僧たちの白黒写真が飾られていた。

二〇〇五年八月に観音堂を訪れた時には、被災後最初のお盆ということで、アンワルさんは位牌書きに忙しかった。独身のアンワルさんのもとによく訪ねてきたのが自称「作家」の丘さんだった。丘さんは津波で妻を亡くしていた。津波前から観音堂を訪ねてはアンワルさんと話をするのが楽しみだったという。この観音堂はアチェの華人コミュニティの一つの拠点になっていた。向かいの米屋には、台湾や中国からの支援物資の米がうずたかく積み上げられていた。

二〇〇七年一月に観音堂を訪れた時に、何か欲しいものはないかアンワルさんに尋ねると、仏教を若い人に教えるのに使える教材が欲しいという。また、読み物が欲しいけれど目が悪くなって字を読むのがつらいので、絵がたくさんあるものがよいともいう。日本のマンガで仏教について説明したものはないのかというので、次に来るときには手塚治虫の『ブッダ』のインドネシア語訳を持ってくることを約束して別れた。

　二〇〇八年八月に手塚治虫の『ブッダ』を一式揃えてアンワルさんのもとを訪ねた。仕事机の上には台湾のツーチーの女性指導者であるチェンエン（證厳）法師の写真が置かれていた。ツーチーがアチェにも支援に来て、観音堂を訪れたという。證厳法師のことはテレビで知り、ファンになったという。アンワルさんに『ブッダ』を渡したけれど、もうあまり『ブッダ』には興味がないようだった。机の上には位牌の字を何度も練習した紙が散らばっていた。今度来るときに何か欲しいものはないか尋ねると、證厳法師の本が欲しい、もしあれば映像を見たいと言われた。

　そこで、アチェからの帰りがけにジャカルタでツーチーのインドネシア支部に寄った。ツーチーはインドネシアで大愛テレビというテレビ放送を行っていて、ツーチーの事務所は大愛テレビ局と同じ建物に入っていた。證厳法師は袈裟に身を包んでいるけれど、ツーチーで活動している人たちは紺のポロシャツに紺のズボンできびきびと仕事をしていた。そこで證厳法師のＤＶＤと本を買った。

　次にバンダアチェを訪れたのは二〇〇九年八月だった。ツーチーの資料を持って観音堂を訪ねると、アンワルさんの椅子に見知らぬ女性が座っていた。アンワルさんのことを尋ねると、亡くなったという。驚いて作家の丘さんに電話してみた。

　丘さんに話を聞くと、私たちが前回訪問してから間もなく亡くなったという。しばらく前から体調が思わしくなく、あまり先は長くないと自分でわかっていた様子だったそうだ。證厳法師の姿を見たいと言っていたのは、魅力的な女性に心が動いたのかと思っていたけれど、本当はお姉さんに会いたかったということだったのかもしれない。

第三部

社会の復興
―― 災害で生まれる新しい社会

大波の轟音とともに　姿を現す自然が問う
大波を記憶に留めるだけでよいのか
犠牲者の数を書き留めるだけでよいのか
今こそ変革の精神をもって　自然の摂理をたどるとき
自らにメスを入れ　大地からの宣託に応えるとき

（ズバイダ・ジョハル「大波の轟音」〔Zubaidah Djohar, “Gemuruh Gelombang”〕2010年12月26日）

第7章

亀裂の修復と社会の再生

被災から
5年目以降

右：訪問者が絶えない発電船の前に市が立った（2008年8月、バンダアチェ）

本章下部の写真：アチェにて、2007年9月、12月、2008年1月、8月、2009年8月、10月撮影

津波はアチェ社会に大きな変革の契機を与えた。長く続いた紛争に終止符を打ち、紛争による荒廃と津波による被害からの復興過程を進めただけでなく、アチェをめぐるさまざまな社会的亀裂を修復する機会ともなった。

津波前、アチェの人々は、アチェ社会内部、インドネシア国内のアチェと他地域、アチェと世界の三つの亀裂に直面していた。アチェ社会内部、アチェ分離独立紛争によってアチェの人々が政府・国軍派とアチェ独立派に色分けされ、それぞれが敵対勢力から生命や財産のさまざまな脅威を受けた。アチェは常にインドネシア政府に対して過度の要求を突きつけ、しかも中央政府はアチェに対して過剰な優遇を与えているという他地域の不満を招いた。そして紛争が激化する中でアチェに軍事戒厳令が出され、外国人のアチェ入域が厳しく制限された。

三重の社会的亀裂は、津波への対応を通じて解消の兆しが見られた。海外で亡命生活を送っていた独立派ゲリラのカリスマ的指導者がアチェに帰郷して亡くなったことは、インドネシア社会におけるアチェの再統合を象徴する出来事だった（209ページ以降参照）。アチェの津波への対応はインドネシアに「ボランティア文化」をもたらし、アチェと他地域のインドネシア人のあいだにあった社会的亀裂を軽減する役割を果たした。津波後のインドネシアの映画や文芸にはアチェとそれ以外のインドネシアの間の亀裂が修正された新しい意識の萌芽が見られる。また、世界各国から関心と支援が寄せられたことの意味をよく理解しているアチェ社会は、「世界の国々にありがとう」公園などを作り、世界の人々の関心を意識しながら復興後を生きている。

1　英雄の死──独立紛争への終止符

アチェ統治法（二〇〇六年）──「特別なアチェ」と「開かれたアチェ」の両立

二〇〇六年八月、前年八月のヘルシンキ和平合意にもとづいて制定されたアチェ統治法（二〇〇六年第一一号法律）が施行された。アチェ統治法には、インドネシアで類を見ない先駆的な試みが多数盛り込まれた。それを一言でまとめるならば、「特別なアチェ」と「開かれたアチェ」の二つの価値の実現の試みである。

アチェ統治法は、インドネシアで州の自治を法律で明確に規定した最初の法律となった。そこでは、インドネシアの他地域に先駆けて州知事の直接選挙制度を導入し、また、アチェ州にのみ支部を持つ地方政党の結成を認め[*1]、州知事選挙や州議会、県・市議会選挙への地方政党の参加も認めた。さらに、アチェ州内でのみ効力がある州法令[*2]の適用範囲を明確に規定した。ここには、地域住民の声を汲み取り、地域社会の事情を踏まえた統治を実現するという普遍的価値の追求を見ることができる。

また、アチェ統治法は、アチェに血統上の出自がたどれるアチェ人（Orang Aceh）と、現在アチェに居住しているアチェ居留者（Penduduk Aceh）をそれぞれ定義した[*3]。これには、アチェ紛争の過程で生じていたアチェの人々の間の分裂を埋める意味がある。紛争下で、アチェに居住しているが血統上の出自はアチェ以外の地域にたどれるジャワ人やバタック人のような人たちは、主に独立派ゲリラによって「よそ者」としてしばしば排斥の対象とされ、域外避難者を

---

*1　インドネシアでは選挙に参加する政党の要件は国内の州（二〇一三年現在は三四州）の過半数の州に支部を持つことであり、州に支部を持つにはその州内の過半数の県・市に支部を持つことが必要であり、さらに県・市に支部を持つにはその県・市の過半数の郡に支部を持つことが必要である。このため、特定の州にのみ基盤を持つ政党は国・地方どちらの議会選挙にも参加できない。アチェ統治法では、①インドネシア国籍を持つ「アチェ居住者」五〇人以上、②アチェ州内の過半数の県・市に拠点を有する、③既存の政党と党名・党章が重複しないという三つの条件を満たせば地方政党として認められ、アチェ州議会・県市議会選挙ならびにアチェ州知事・各県市首長選挙に候補者を擁立できることになった。

多数出していた。また、アチェに血統上の出自がたどれる人々は、インドネシアの治安当局によってアチェ独立支持者と疑われ、しばしば掃討作戦の対象になり、国内他州や外国に避難する人たちもいた。アチェ統治法が「アチェ人」と「アチェ居留者」をそれぞれ定義したことは、紛争下で自らの意に反した域外への移住を強いられた同胞を再び迎え入れようとするアチェ社会の対応でもあるように思われる。*4

また、アチェ統治法では、アチェ州政府が中央政府の承認を経ずに国際的な芸術・文化・スポーツ活動に参加できることが認められ*5、これにより芸術・文化・スポーツを通じてアチェが国際社会と直接やり取りできるようになった。*6

このように、アチェ統治法は、「特別なアチェ」と「開かれたアチェ」の両立がめざされたものである。アチェ独立の立場であれインドネシア統合の立場であれ、民族自決の論理を推し進めるとアチェの「囲い込み」に繋がってしまったとの反省を踏まえ、アチェがインドネシアの一部を構成しながらも世界に開かれた場所となることをめざしたものであると言える。

イルワンディ州知事の「開かれたアチェ」(二〇〇七年)

二〇〇六年一二月、アチェ統治法に基づいてアチェ州の統一地方首長選挙が行われ、州知事および県知事・市長が選ばれた。住民の直接投票による地方首長選挙はアチェで初めてのものだった。この州知事選挙で当選したイルワンディ州知事とナザル州副知事は、アチェで軍事作戦が行われていた時期にアチェで生まれ育ち、一九九八年のスハルト体制崩壊後に当時の軍事作戦がアチェの一般住民に何をしたのかを知り、アチェの地位の向上を求めて社会運動に身を投じた人々である。*7

*2 アチェ州では州議会が定める州法令を二〇〇一年よりアチェ語のカヌン(Qanun)と呼んでいる。

*3 アチェ統治法では、「アチェで生まれたか、もしくはアチェに系譜(garis keturunan)をたどれる者で、自身をアチェ人と認める者」であるところの「アチェ人」(Orang Aceh)と、「アチェに居住地を定める者」である「アチェ居留者」(Penduduk Aceh)という二つの「アチェ人」が定義された。前者はアチェに系譜がたどれる限り、生活の拠点がアチェ域外でも、場合によってはインドネシア国外でもよく、国境を越えて存在している「アチェ人」であると言える。後者は、エスニック集団、人種、宗教、出自にかかわらず、アチェを生活の拠点とする者であり、既婚者もしくは一七歳以上の者

イルワンディ[*8]にとって、アチェ問題は「独立か否か」ではなく、特定の政治勢力による「囲い込み」の中に置かれて自立を阻まれているアチェが外部社会と繋がる多様な経路を確保することで「囲い込み」を解こうとするものだった。イルワンディは、マスメディアではインドネシア政府の立場ばかり報じられるため、アチェに関する多様な情報を提供するためにGAMの情報を解釈・発信した。GAMも、指導部が国外に亡命しているためにアチェ内で彼らの立場を代弁する人々を必要としていた。このため、GAMの立場を代弁するイルワンディとゲリラ闘争を行うGAMとが相互に利用しながらそれぞれの活動を行うという一種の連携関係にあった。

二〇〇三年五月にアチェに戒厳令が施行された直後、イルワンディはジャカルタでインドネシア当局によって身柄を拘束された。同年一一月に判決が下り、イルワンディは政治犯として懲役刑に服した[*9]。

イルワンディは、二〇〇四年一二月の津波の際に収監先の刑務所から脱出し、後に特赦を得てGAMとインドネシア政府との和平協議に参加した。その後、和平合意の遂行を監視するアチェ監視団[*10]（AMM）にGAM側の代弁者として加わってGAMの武装解除やGAM兵士の社会復帰に取り組み、GAMとインドネシア政府との間で長年続けられてきたアチェ紛争の非軍事化プロセスの実現に最終段階で尽力した。ただし、アチェ紛争が激化した時期にゲリラ闘争に参加したことはなく、常に「対話を求めるGAM」の代理人であり続けた。

州副知事に当選したムハンマド・ナザル[*11]も、スハルト体制崩壊後に独立派と目されるようになった人物である。アルラニリ・イスラム高等学院の大学院生だったナザルの知名度を上げたのは、一九九九年に結成されたアチェ住民投票情報センター（SIRA）の代表としての活動

には居留証明書が与えられる。同時に、アチェ州の各地方政府はアチェにおけるエスニシティの多様性（keanekaraan etnik di Aceh）を認め、尊重し、保護すること、また、アチェにある各エスニック集団（kelompok etnik）の権利を認め、保護し、政治・経済・社会・文化の各領域で平等に扱うことを定めている。

*4 詳しくは［西 2010c］参照。

*5 二〇〇六年第一一号法律第四章「アチェ州政府ならびに県／市政府の権限」第九条第二項。

*6 アチェ州の州旗を独自に定める発想もここに繋がる。

*7 津波前にはGAM支持者や独立派と位置付けられていたが、どちらもスハルト体制崩壊

だった。*12

　二〇〇五年から五年間をめどに始められたアチェの復興再建は、イルワンディ州知事が誕生した二〇〇六年一二月に折り返し地点にあった。復興再建庁による復興再建事業、そして国際移住機関（ＩＯＭ）や世界銀行による元ゲリラ兵士の社会統合事業*13が実施され、世界の関心が注がれる中でイルワンディ州知事政権がスタートした。

　イルワンディは、アチェ経済の停滞の原因をアチェの北スマトラ州メダンへの依存という観点から説明し、アチェ経済の発展のためにメダンを経由しない経路を確保することの重要性を繰り返し主張した。政策方針の中では、外国投資家の積極的な誘致やマラッカ海峡を通じてマレーシア経済と直接結びつくためのインフラの整備が掲げられた。このことは、「囲い込み」に長年苦しんできたアチェの人々が経路の多様化を求めており、それがイルワンディの政策方針と合致していることを示している。

　ここに、アチェが、自前の国家を求めることなく国際社会の中で自律的な地位を得るという国際社会の新しいあり方への第一歩を踏み出そうとしている様子を見ることができる。スマトラ島沖地震・津波という人類史上に残る被災を経験し、世界中の関心と支援を受けながらそれを乗り越えようとしているアチェの人々の試みの一つであるアチェ統治法と州知事選挙は、国際社会の新しいあり方を積極的に切り拓こうとすることを通じて、自分たちを支援してくれた世界中の人々に対してアチェの人々が「恩返し」をしようとしているようにも見える。*14

ハサン・ティロの帰還（二〇〇八年）と死（二〇一〇年）

　アチェで津波と紛争からの復興の行く末が確かなものになりつつあった二〇〇八年一〇月、

後にGAMとの繋がりを強めていった人物であり、アチェ社会の世界からの孤立を防ぐためにGAMとインドネシア政府を仲介しようとする活動をしてきた人物と位置付けられる。

*8　イルワンディは一九六〇年にアチェ州ビルン県で生まれ、シアクアラ大学卒業後に米国に留学し、帰国して一九八九年からシアクアラ大学獣医学部の教員を務めた。この年からスハルト体制が崩壊する一九九八年までの約一〇年間、イルワンディは大学や環境保護NGOでの活動を通じて社会改革を模索しており、GAMのゲリラ闘争には参加していない。

*9　GAMのプレスリリースを英訳して外国メディアに電子メールで送り、これがGAMのプロパガンダを担ったとされた

図7−1　住民投票要求集会に集まる人々（1999年11月、バンダアチェの大モスク前）

アチェの和平合意を仲介した元フィンランド大統領のアハティサーリがノーベル平和賞を受賞した。この機を受けて、GAMの最高指導者として亡命先のスウェーデンでアチェの分離独立運動を率いてきたハサン・ティロがアチェに帰郷した。*15

その二年後の二〇一〇年六月三日、ハサン・ティロはバンダアチェ市の病院で死去した。ハサン・ティロは、アチェはインドネシアの一部ではないとしてインドネシア国籍を放棄していたが、亡くなる間際にインドネシア国籍を再び取得し、インドネシア人として死んだ。八四歳だった。

一九七六年のスマトラ・アチェ国独立宣言に始まり、二〇〇五年のヘルシンキ和平合意でアチェ独立要求が取り下げられるまでの三〇年にわたるアチェ独立運動において、ハサン・ティロはそのほとんどの期間を亡命先の海外で過ごし、それゆえにアチェの独立運動において象徴的な役割を果たしてきた。

ハサン・ティロはオランダ植民地統治期の一九二五年九月二五日、現在のピディ県ティロ村で生まれた。曽祖父は、オランダによるアチェ王国の植民地化に抵抗する闘争を率いたことで知られるイスラム教指導者のムハンマド・サマン（トゥンク・チ・ディティロ）である。インドネ

ためだった。有罪判決が下った当時、イルワンディはメディアの取材に応え、「自分はGAMのメンバーではなく、判決は不当だ」との声明を発表している。イルワンディによれば、GAMの文書の翻訳・発信を始めたのは二〇〇〇年の戦闘一時休止合意の際にスイスの人道支援団体アンリ・デュナン・センター（HDC）の求めに応じたためであり、自ら望んだことではなかった。

*10　二〇〇五年八月のインドネシア政府とGAMの和平合意に基づいて設置された。和平合意にいたる交渉の過程や内容については［メリカリオ 2007］［Kingsbury 2006］を参照。

*11　一九七三年ピディ県生まれ。

シア独立戦争期をアチェで過ごしたハサン・ティロは、インドネシア共和国の独立後、ジョグジャカルタの大学で学び、一九五〇年代前半にはニューヨークの国連インドネシア政府代表部に勤務した。この頃は、インドネシアをはじめアジア・アフリカの新興独立国がバンドン会議などを通じて国際社会にその存在をアピールしようとしていた時期である。

その後、ハサン・ティロは天然ガス開発が始まったアチェに戻り、GAMを結成して一九七六年一二月四日にスマトラ・アチェ国の独立を宣言した。かつてこの地を統治していたアチェ王国の主権とアチェ民族の自決権という二つの点からインドネシアによるアチェ統治を不当とするものだった。インドネシア政府主導で天然ガス田の開発が進められる中で、「独立すれば（石油や天然ガスの輸出で豊かな）ブルネイのようになれる」というGAMの言葉はアチェの一部の人々の関心をひきつけた。しかし、インドネシア政府による取締りを受け、運動の指導者は国外に脱出した。一九八〇年にスウェーデンに拠点を移したハサン・ティロは、国連憲章や一九六〇年国連総会決議などを引用しながらアチェ民族自決の主張を国際社会に向けて発信し続けた。

スハルト体制下における言論統制、インドネシア国軍によるGAM掃討作戦、二〇〇三年からのアチェ州に対する戒厳令の施行、二〇〇四年の地震・津波といったさまざまな衝撃がアチェを襲い、アチェ民族の自決という考え方がアチェの多くの人々にとってリアリティを欠く状況が生まれていた。それにもかかわらずアチェ民族の自決という主張が絶えることなく生き残ってきたことの背景には、ハサン・ティロが海外にいてアチェ民族自決の主張を維持していたことが大きい。海外の遠隔地にいて現場の状況を十分に踏まえずに理念を唱え続けたカリスマ的指導者が存在していたことが、アチェをめぐる問題が解決しないのはアチェが独立してい

＊12　SIRAは、アチェが長年にわたって紛争の舞台となってきたことの背景として、アチェ住民の声が政治に反映されていないことを指摘し、アチェの政治的地位を問う住民投票の実施を要求した（図7-1）。ただし、このとき問われた政治的地位とは、アチェのインドネシアからの独立に限定されるものではなかった。SIRAがアチェのインドネシアからの独立を唱えたために人々がSIRAに関心を向けたのではない。人々が求めたのは、武力による決着でも一部の住民代表の話し合いによる決着でもなく、当事者である自分たちが票を直接投じることでアチェ問題の解決方法を模索するという民主主義の制度だった［西 2001］。

＊13　元GAM兵士の社会復帰を支援するため、IOMが実施

ないためとの考えを招き、アチェの人々に対して「アチェかインドネシアか」という二者択一の問いを迫る状況を作ってきたともいえる。

ハサン・ティロがインドネシア人として死んだことは、長らくアチェの人々を悩ませてきた「アチェかインドネシアか」という二者択一の問いに対し、その問いを最初に発した人物がインドネシアを選ぶことでその問いに決着をつけたことを意味しており、アチェ分離独立という形であらわれたアチェ問題の一つの区切りとなった。

ただし、別の見方をすることもできる。ハサン・ティロは、インドネシア独立に一度は大きな期待を寄せながらもその期待を裏切られ、一九五〇年代にはダルル・イスラム運動、そして一九七〇年代にはアチェ独立運動というように、アチェの地位改善をめざす運動に身を投じてきた人物である。[*16] ハサン・ティロが一貫して民族自決や人権保護のような国際社会で通用する普遍的理念の追求を掲げてきたことと、ハサン・ティロが長い人生のほとんどをアチェから遠く離れたところで過ごしたことは無関係ではないだろう。ハサン・ティロ亡きあと、人類普遍の価値の実現とアチェの固有の価値の実現の両立という課題に誰がどのように取り組むのかが問われている。

2　ボランティア——防災と「外助」

スマトラ島沖地震・津波は、インドネシアの災害対応の歴史の大きな画期となった。第一に、自然災害への対応、つまり防災や緊急人道支援、被災地の復興といったものが国際協力の

主体となり、約五〇〇〇人を対象に就業支援事業が行われた。

*14　したがって、イルワンディとナザルを元独立派とする見方は、アチェ問題を「アチェの独立かインドネシアの統一か」という二者択一で語り、GAMを独立派、インドネシア中央政府を統一派とする見方の延長上にアチェの州知事選挙を置いた見方である。「独立か統一か」は一見するとわかりやすい図式だが、いずれもアチェに新たな「囲い込み」をもたらす結果になり、アチェの多くの人々にとってのアチェ問題の解決には結びつかない。

*15　翌二〇〇九年にはアチェ統治法施行後最初の地方議会選挙が予定されていた。

*16　インドネシア独立戦争期

焦点課題となり得ることを経験した。災害が起こると域外から人道支援が来ること、また、災害への対応は世界の課題であることをインドネシア社会が認識した。これ以降の自然災害は、誰が支援するのか、つまり救援・復興活動は州が行うのか国が行うのか、それとも国際社会に支援を求めるのかが必ず問われるものとして現れることになった。

第二に、自然災害の対応には制度的な対応が必要であることを人々が認識した。二〇〇四年の津波では、インドネシア政府はアチェ・ニアス復興再建庁という特設機関を設けて救援復興活動を調整した。その後、中央政府や地方政府における災害対策の機関の整備や災害対策法の整備が進められた。スマトラ島沖地震・津波は自然災害を制度的な対応の対象にした。

第三に、二〇〇四年はインドネシアにとってボランティア元年の幕開けとなった。遺体の収容やさまざまな人道支援活動のため、インドネシアの他地域の人々が多数アチェを訪れ、インドネシア語でボランティアを指す「レラワン」として活動した。阪神淡路大震災が発生した一九九五年が日本社会にとってボランティア元年となったように、二〇〇四年のスマトラ島沖地震・津波は、インドネシア社会がボランティア活動を社会活動の一領域として認識する契機となった。これ以降、インドネシアでは、自然災害が起こるとほかの地域の人々が救援復興活動に駆けつけることが一般的となった。

もっとも、二〇〇四年の津波は、被害がインドネシアの北西端に位置するアチェ州に集中したことで、インドネシアの他地域に住む多くの人々にとって、地震や津波はどこか別のところで発生するものと受け止められていたかもしれない。しかし、インドネシアの地震災害はその後ほぼ毎年のように発生しており、二〇〇六年のジャワ地震のように国際的な支援の対象となった地震もあり、また、二〇〇九年の西ジャワ地震では、首都ジャカルタに隣接する地域が

にはアチェで青年団の一人として独立戦争に参加したほか、ジョグジャカルタの大学在学中にはインドネシア共和国政府閣僚の私設秘書を務めた。一九五一年に渡米し、米国滞在中にアチェでダルル・イスラム運動が始まると、ダルル・イスラム運動の国連大使を自称し、運動の鎮圧をはかるインドネシア政府がアチェ住民に対して人権侵害を行っていると国際世論に訴えた。一九五〇年代のハサン・ティロの思想については[Hasan 1958（1999）]を参照。

大きく揺れ、それまで地震はひとごとだと思っていた首都の人々を含め、インドネシア中の人々が「地震は起こる。自分たちの住んでいるところがいつ揺れるかわからないし、地震が発生すれば何が起こってもおかしくない」と実感するようになった。一〇〇〇人以上が亡くなった二〇〇九年の西スマトラ地震では、西スマトラ州の州都パダン市が大きな被害を受け、都市災害の恐ろしさが報道によって伝えられた。*17

インドネシアではこの間、地震以外にも、多くの人々が死傷したり避難を余儀なくされたりする事件が相次いだ。ポソ紛争などの社会的紛争*18や、中部ジャワ州シドアルジョの熱泥噴出事故*19、マンダラ航空機の墜落事故*20などである。それらは、人知を超えた災いという意味でいずれも「災厄」(bencana)とされる。二〇〇七年にインドネシアで制定された災害対策基本法でも、「災害」を広く、(1)自然災害、(2)社会災害、(3)技術災害の三つの点から捉え、地震、火山噴火、洪水などの自然災害に加えて、化学工場の事故や船舶・飛行機事故などを技術の発展に起因する技術災害として、また、社会騒乱やテロを社会災害として、いずれも「災害」と捉えた上で対応をはかる方針が示されている。

災害対応——防災読本

今日のインドネシアでは、災害は誰の身にも起こりうるとする論調が増え、「インドネシアは災害で危ない」を冠した書籍の出版が増えている。*21

そのような書籍の一つである［Ella & Usman 2008］では、地震、津波、噴火、地すべり、火事災害への対応がまとめられている。インドネシアの防災読本には外国の防災読本をそのままインドネシア語に訳しただけのものもあるが、この本は外国の防災読本の引き写しではなく、イ

*17　本シリーズ第一巻を参照。

*18　中部スラウェシ州ポソで一九九八年末にイスラム教徒とキリスト教徒の住民の間で抗争が発生し、一〇〇〇人以上が死亡し、数万人が避難民となった。民族や宗教の違いが争点となって住民間の殺し合いが拡大した騒乱としてインドネシア国内で衝撃をもって受け止められた。二〇〇一年にインドネシア政府の調停で住民代表のあいだで和平合意が結ばれた。

*19　二〇〇六年五月に泥火山による熱泥の噴出が始まり、三郡一六村が泥で覆われ、一万人以上の住民が移住を余儀なくされた。一帯で地下ガス田の開発を行っていたラピンド社の採掘ミスによる人災とするか、噴出の数日前に発生したジャワ地震に起因する自然災害とするかを

ンドネシアの事情に即して災害ごとの対応が示されている。インドネシアの事例の写真や挿絵がふんだんに盛り込まれ、災害の原因は何か、災害発生時には何が起こるか、災害にどのように備えるべきか、災害発生後はどのように対応すればよいかが示されている。ここで興味深い点が二つある。一つは、大災害においては災害対策事務所も「公正な店」も被害を免れないことが示唆されていること、もう一つは、災害への対応においては被災地以外の地域の人々からの支援が重要であり、日頃からよい関係を結ぶことの必要性が指摘されていることである。

図7－2　震度10での被害状況を示すイラスト［Ella & Usman 2008: 88］

「公正な店」でも被害を免れないことは、同書の地震の項に示されている。ここには「地震の震度」の項目が設けられ、震度に応じてどのようなことが起こるかがイラストによって丁寧に説明されている。イラストを見ると、震度九では人間は起立

めぐって論争となったが、決着がつかないまま政府とラピンド社の双方が被災者支援と被災地の再建に取り組むことになった。二〇一四年現在も泥が噴出し続けており、泥は川から海に排出されている。

＊20　二〇〇五年九月、北スマトラ州メダンのポロニア国際空港から離陸しようとしたマンダラ航空機が離陸に失敗して大破炎上した。乗客乗員一〇二人と近隣住民四九人が死亡した。搭乗していた北スマトラ州知事や国会議員も犠牲となった。

＊21　[Mudfi 2009] [Made 2009] など。

を維持できず、地面から中空に放り出され、「地震監視ポスト」も崩壊する様子が描かれる。震度一〇ではほとんどすべての建造物が倒壊し、「公正な店」(TOKO ADIL)と看板を掲げた店も倒壊している様子が描かれている(図7-2)。

ここで、壊れた店の看板に「公正な店」と書かれていることに注目したい。ここには、大地震が発生すると、たとえ公正な人であっても被災を免れないというメッセージが込められている。スマトラ島沖地震・津波でアチェが被災したことについて、被災地のアチェでも、また、インドネシア国内の他の地域でも、これを「天罰」とする考えが見られた。これは、一見すると災害犠牲者に鞭打つ言葉のように見える。アチェは長年にわたる紛争地でインドネシアを悩ませてきたため、紛争を続けるアチェに「天罰」が下ったという見方もあった。しかし、津波は神の思し召しであるとする見方は、神の為せる業は人智の範囲外にあり、したがって被災した人に原因があるわけでも、また、被災地で生き残った人が悪いわけでもないという考えを導き得る。

このことは、さらに次のような考え方を導くことになる。災害は被災者を選ばないため、誰もが災害に備える必要があるし、災害に見舞われた後にどのように対応するかが重要である。ここには、災害を神の為せる業とする論理の上に防災や復興の心構えを説こうとする工夫を見ることができる。

域外からの支援の重要性とそのための日常的な関係づくりの大切さは、同書の津波の項に示されている。「津波への対応」の項は「A.津波のリスクを減ずる」「B.津波を乗り越える」「C.避難と復興」から成っており、「A.津波のリスクを減ずる」の「④パートナーシップ」の項目には次のように書かれている。

津波被害が発生したときに支援を与えてくれるような国内外の諸グループとパートナーシップを結んでおく。状況に応じた支援を得るにはガイドブックが必要である。ガイドブックには、支援機関の種類と住所、連絡のための電話番号、そして、保健、トラウマケア、教育、住宅供与、職業訓練など、それぞれに応じた支援の種類が記されている［Ella & Usman 2008: 56］。

被災時には域外からの支援が重要な役割を果たすため、日頃から地域の外の人々との関係を良好に維持することが日常的な防災策として提言されている。

インドネシアの災害対応のありようからは、境界を越えてもたらされるものは「越境するテロ」のような脅威だけでないこと、すなわち、スマトラ島沖地震・津波の際に世界各地の団体・機関によって行われた救援復興活動のように、支援もまた境界を越えてもたらされることがインドネシアで認識されていることが理解される。

救援復興活動の展開とボランティア

スマトラ島沖地震・津波への対応では、インドネシア国内各地からボランティアとして多くの人々がアチェを訪れた。津波被災直後のアチェで、救命救急、水・食料などの基本生活物資供与、避難所の設置・運営とともに急務とされたのが犠牲者の遺体の収容だった。バンダアチェ市周辺では六万体を超える遺体が津波によって街中に押し流された。遺体の収容と埋葬は全国から集まったボランティアやインドネシア赤十字スタッフが担った。遺体の収容作業が終わったのが被災から二か月が過ぎた二〇〇五年二月だったことは、遺体収容作業の困難さを物語っている。全国各地のボランティアがアチェで活動したことは、アチェに対する他のインド

ネシア人の意識を変革する契機となった。

津波の黒い濁流に車が押し流されて人が逃げ惑う映像や、道路際にずらりと並べられた身元不明遺体のあいだを家族や知人を探して歩きまわるアチェの人々の姿は、インドネシア国内のテレビニュースで繰り返し報道された。先に見たようにアチェを襲った悲劇をインドネシア政府に反乱を起こしたアチェへの「天罰」と捉える声も一部には見られたが、「インドネシアが泣いている」[*22]とのキャッチフレーズが示すように、インドネシアの多くの人々は、アチェの津波を同胞に起こった悲劇と捉えた。全国からアチェに派遣されたボランティアを指すインドネシア語の「レラワン」は、アチェの津波報道を通じてインドネシア国内で広く知られる単語となった。被災地入りしなかった人々も、寄付を行ったり、楽曲を作成したりして、アチェを襲った津波に反応することが一種の社会現象となった。

インドネシアでは二〇〇六年のジャワ地震、二〇〇七年のベンクル地震、二〇〇九年の西スマトラ地震と地震が相次いだが、それらの被災地でも、団体名の刺繍を背や胸元に入れたベストを着て支援活動を行うレラワンの姿が多く見かけられた。ジャワ地震ではアチェのレラワンも被災地入りして支援活動を行い、災害が発生すると国内各地からレラワンを派遣する「レラワン文化」がすっかり定着したようである。

かつてインドネシアの人々が身を投じたインドネシア独立戦争などの政治運動にではなく、自然災害の被災地にボランティアとして赴く行為が社会現象となったことは、インドネシアの市民社会にとって新たな連携の可能性を示唆するものである。

---

*22　インドネシアの民間テレビ放送局メトロTVが行ったアチェの津波被災地支援キャンペーンのキャッチフレーズ。

3　フィクション——国民的連帯の再生

映画を通じたアチェへの共感と連帯

津波後のインドネシアの映画や文芸にはアチェの津波を題材にしたものが少なくない。そこにはアチェとそれ以外のインドネシアの間の亀裂が修正された新しい意識の萌芽が見られる。ここではアチェとアチェ以外の地域の人々によるアチェへの共感と連帯という観点から三つの作品に絞って紹介して内容を検討したい。

図7－3　被災地支援のため空港に到着したレラワン
（2007年９月、ベンクル州）

新たな聖地巡礼への誘い——『スランビ』

『スランビ』（原題 Serambi、リアント・ルセノほか監督、二〇〇五年）

クリスティン・ハキムのプロデュースによるガリン・ヌグロホ[*23]と若手監督三人（トニー・トリマルサント、リアント・スセノ、ヴィヴァ・ウェスティ）の合作映像作品。津波後のバンダアチェの街や海岸の景色を背景に、津波から生き残った三人の心の軌跡を追ったドキュメンタリー調の作品である。津波から一年となる二〇〇五年一二月にインドネシアで上映された。

物語は津波被災の二か月後から始まる。青年レザ・

---

*23　ガリン・ヌグロホとクリスティン・ハキムは、インドネシアの国民的映画監督と映画女優であると同時に、どちらもアチェにゆかりのある作品の製作や出演で知られている。
　ガリン・ヌグロホは、『ある詩人』（原題 Puisi Tak Terkuburkan、一九九九年、二〇〇九年山形国際ドキュメンタリー映画祭で上映）でアチェ州内陸部のガヨ地方の伝統的な詩ディンドンの詩人として知られるイブラヒム・カディルを主人公に、一九六五年に誤って投獄された詩人の恐怖の二二日間を描いた。『枕の上の葉』（原題 Daun di Atas Bantal、一九九八年、一九九八年東京国際映画祭審査員特別賞）では、露天商の女性（クリスティン・ハキム）と三人のストリート・チルドレンの過酷な現実を描いた。ここで枕を叩きながら歌うシーンが印象的に使われてお

イドリア（二四歳）はチェ・ゲバラのTシャツを着るのが好きな活動家だ。恋人を津波で失い、バイクで津波被災地を訪ねまわるのが日課となり、恋人のいた家の跡を頻繁に訪れる。被災後の様子を記録して、被災したこと、そして自分が生き残ったことを説明する言葉を探している。少女マイサラ・ウンタリ（一二歳）は津波後、児童センターで生活している。津波で母と弟を亡くし、自らも脚を骨折した。同じ年頃の友人たちともうちとけ、イスラム教についての歌を口ずさみながら自分の足で散歩するようになる。原付ベチャの運転手だったウスマン（五〇歳）は、家族をみな津波で失った。いつも優しかった妻のことが忘れられない。アチェの伝統的な舞踊のメンバーと交流するようになってようやく笑顔を見せる。心情を語る言葉は最少限にとどめられ、一歩ひいた場所から撮影された画像が言葉にされない思いを汲み取る。描かれているのは三人だが、亡くなった人の数と生き残った人の数だけ、簡単には整理がつかない思いがこの地に漂っていることを思わせる。

『スランビ』というタイトルは、アチェがメッカ巡礼の出発地だったことからついたアチェの美称「スランビ・メッカ」からとられている。東南アジア世界から見て、アチェはイスラム教の聖地であるメッカを奥座敷とするインド洋世界（イスラム世界）という家のスランビ（ベランダ）にあたる。「スランビ・メッカ」とは、アチェが「イスラムの家」のベランダとして多様な世界を繋ぐ結節点の役割を果たしていたことを象徴的に示している。

ただし、この映画のタイトルは、「スランビ・メッカ」から「メッカ」が外されていることに現れているように、アチェが聖地巡礼にあたっての旅立ちの地であったという記憶を重ねる意味合いのほうが強い。多くの人々が津波の犠牲となったことは、この地が多くの人々を別の世界に見送った地であることを意味している。この作品は、未曾有の危機に直面しながら生き

り、これもガヨのディンドンである。

クリスティン・ハキムは、オランダによる植民地化に抵抗するアチェ戦争を描いた映画『災の女　チュ・ニャ・ディン』（原題 Tjoet Nja' Dhien、エロス・ジャロット監督、一九八八年、一九八九年東京国際映画祭で上映）で、オランダへの抵抗戦争を率い、インドネシアの国家英雄にも数えられているアチェ人女性チュ・ニャ・ディンを演じた。

残り、悼みと喪失を抱えながらも人間らしさを失わずに生きていこうと静かに苦闘している人々の姿を示し、この地の人々が経験したことに思いを馳せるという新しい旅に観客を誘っている。

家長に頼らない世界へ――『分かち合う愛』

『分かち合う愛』（原題 Berbagi Suami、ニア・ディナータ監督、二〇〇六年）

ニア・ディナータは、スハルト体制崩壊後のメディアの自由化と期を一にする形で活躍の場を広げてきた新世代の監督である。*24 一人の夫と二人以上の妻が登場する三つの物語が同時に進行する本作品は、一夫多妻制を問題視した作品として紹介されることが多いが、スハルト体制崩壊後のインドネシアにおける新しい社会関係を模索した作品と捉えられる。*25

物語の中で、妻たちは一人の夫を奪い合うことをせず、夫の意向と無関係に妻たちの物語は展開し、最終的に夫抜きの家づくりがはかられる。夫に権威はなく、夫のもとにあるはずの力や豊かさは争いの種にならない。第一のサルマの物語では、女医サルマが政治家である夫の第二夫人や第三夫人の登場に驚かされるが、それによって大きく動揺しない。第二のシティの物語では、田舎からジャカルタに出てきたシティが暮らしの面倒を見てくれたリクニャの第二夫人になる。面倒見の良いリクニャが第三夫人を連れてくるに及び、第一夫人とともに家を出奔する。第三のミンの物語では、女優志望のミンが住み込みのアルバイト先の

図7－4　『分かち合う愛』DVD ジャケット写真

*24　一九七〇年にジャカルタで生まれ、経済成長を続けるジャカルタで育った。一九九〇年代半ばからコマーシャルやビデオ・クリップの制作を始め、長編第一作は『チャバウカン』（Ca Bau Kan、二〇〇二年）である。

*25　スハルト体制崩壊後のインドネシアでは、豊かさと安全を保障する強い父親として君臨したスハルトを否定した後、どのような社会秩序を構想するかが課題となっていた。人々は国家からの暴力と抑圧から解放されて民主的な政治を手に入れたのと同時に、庇護し庇護される関係を作り直すという課題に直面していた。この問題は、映画の世界では、力と知恵を持つ父親像を描けない、あるいは、子がどのようにして大人になるかが描けないという形で表れていた［西 2013a］。

雇い主と不倫関係にあるが、雇い主の妻とトラブルになると、それまで仕事と庇護を与えてくれた雇い主に見切りをつけ、手切れ金を手に引っ越す。新たに借りた部屋の扉に前の部屋から持参した「私のスイートホーム」の札をかけたところでミンの物語は終わる。

いずれの物語でも、スマトラ島で津波が発生し、ボランティア活動のため現地入りする人のエピソードが挿入される。これらのエピソードは、秩序の担い手である家長に依存しない世界へ向けて登場人物が足を一歩踏み出すきっかけとして使われている。スマトラ島の津波は、インドネシアのボランティア元年の幕開けを促し、国家を経由せず自前の資源を用いて生活圏を越えた助け合いを行う可能性を示すものになっている。ここでインドネシア社会に新たな共生や連帯の関係を作り出す一つのきっかけとしてスマトラ島の津波被災が使われていることは、現実のインドネシアにおいても、津波後のボランティア活動がインドネシアの人々のあいだに新しい社会関係をイメージさせる上で重要な契機となったことを示している。

家族との別れを受け入れる――『デリサのお祈り』

『デリサのお祈り』（原題 Hafalan Shalat Delisa、ソニ・ガオカサク監督、二〇一一年）

インドネシアの若手人気作家テレリエ[*26]による同名の人気小説を原作とする映画で、津波被災から七周年を迎える二〇一一年一二月に公開された。その後もテレビ放映されるなど、大きな反響を呼んだ。

七歳のデリサはアチェ州ロンガに住む。四人姉妹の末っ子。父のアビ・ウスマンは国際石油会社のタンカーで働く。母ウミととても仲が好い。姉のファティマ、双子のアイシャとザラがいる。母と一緒に礼拝試験の準備をしているときに津波に襲われた。礼拝がうまくできればご褒美に金の腕輪をもらう約束だった。

---

*26　ボリウッド映画の挿入歌「テレリエ」（あなたのために）と同じペンネームを持つ著者は、スマトラの農民アブドゥラ・パサイの子で本名をダルウィスという。一九七九年にスマトラ島の内陸部で生まれ、南スマトラ州で育った。地元の高校を卒業後、インドネシア大学の経済学部に進んだ。会計士の仕事のかたわら作品を執筆し、これまでに一四作品を発表した。レプブリカ出版やグラメディア出版などのインドネシアの大手出版社から作品を発表している。家族を描く作品が多い。

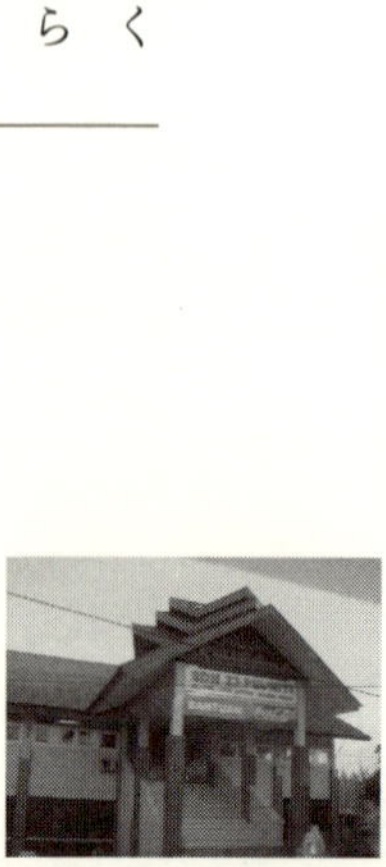

丘の上で何日も気を失っていたデリサは軍人のスミスに助けられる。命は助かったが右足を切断しなければならなかった。*27 スミスはデリサを養子にとる気になっていたが、アチェに戻ってきた父親がデリサを見つけ出した。再会の喜びもつかのま、デリサは三人の姉の死を知らされ、母親も行方不明になっていた。それでもデリサは左足が残ったことを喜び、周囲の人たちもデリサの頑張りに目を細める。礼拝の練習に努めるデリサ。津波から一年が経ち、デリサは河原で母のジルバブ（ベール）を見つけ、母の死を受け入れる。

原作の小説は母のジルバブが河原で発見されるシーンで終わるが、映画では波の間から母や姉たちの姿が現れ、光に包まれながら消えるシーンが描かれる。映画には遺体がないままでは死ぬことができない話も示されていた。空想の世界を実写化することで、遺体の確認ができないまま家族の喪失を受け止めなければならなかった人たちの思いが汲み取られている。

図 7－5　『デリサのお祈り』ジャケット写真

『スルタンの杖』――文芸に織り込まれたアチェの津波と社会

インドネシア全体でアチェの津波被災者に寄せられる関心や同情の高まりを背景に、さらにもう一歩踏み込んで、アチェの人々にとって世界がどのように見えているかに思いを寄せ、同じ経験をしていない地域の人々にも共有できる物語の形にして提示しようと

*27　なお、小説のデリサと同じように、津波に被災し、足を切断することになり、外国の支援団体から義足の援助を受けたデリサという女の子がいた。インドネシアのメディアでも報じられているほか、日本では、[広瀬 2007] の中で、バンダアチェのウレレー地区で暮らしており、父親が州外に仕事に出かけている間に津波に被災し、母と二人の姉兄を失い、病院で足を切断する治療を受けた後に父親と再会したデリサという名の七歳の女の子のエピソードが印象的に紹介されている。

するリンダ・クリスタンティの活動も生まれた。

アチェの外でアチェに関心が向けられるとき、たいていの場合、話の始まりは独立紛争や津波の話となる。和平は定着するのか。復興はどこまで進んだのか。さもなければ、アチェのイスラム教の信仰実践や規範の及ぶ範囲について。それらは確かにアチェをインドネシアや世界に知らしめた話題であり、アチェについて語り出す糸口ではあるが、アチェの外の人々が紛争や災害やイスラム教といった枠組み——それは悲劇だったり懸念だったり問題だったりする——の中でしかアチェの人々のありように関心を向けられないとしたら、アチェの人々が外の人々と繋がるための枠組みもまた、悲劇や問題に限定されることになる。

紛争地だったためアチェに入ることをためらっていた人々は、二〇〇四年の津波を契機にアチェを訪れた。二〇〇五年八月の和平合意を見てアチェ入りしたリンダ・クリスタンティもそうした人々の一人である。リンダは、南スマトラのバンカ島で生まれ、短編小説作家として、また、新聞等の特集記事の執筆者として知られる[*28]。

津波後、リンダは記事やエッセイを集めて配信する「アチェ・フィーチャー」(Aceh Feature)という事務所をバンダアチェに構えた。リンダはその理由を、ジャカルタからの見方では捉えられないアチェから語られる話を発信したかったからと説明している[*29]。新聞・雑誌に報道記事を寄稿するのと並行して、物語という形で固有の語り手に語らせるのも、この地域でこの時代に生きた人々のありようを外の人々の視線に迎合せずに語る試みの一つと理解できる。

『スルタンの杖』は、津波後のアチェを舞台にした小説で、ファフミというアチェの若者の視点で語られる。物語では、アチェ王国が全盛だったときのスルタンであるイスカンダルムダの杖が伝えられている[*30]。これといった取り柄をもたず頼りないファフミは、スルタンの杖を

---

*28　一九九八年に「東ティモールにおける軍事主義と暴力」というエッセイでベストエッセイ賞を受賞し、二〇〇四年に短編小説集『空飛ぶ馬マリアピント』でカトゥリスティワ文学賞を受賞した。

*29　アチェ滞在中のエッセイをまとめたものに、『ジャワからアチェをめざす』[Linda 2009]がある。

*30　タイトルの「スルタンの杖」(*Tongkat Sultan*)は、「スルタンの杖を洗った水で水浴びしたものは特別な能力を持つ」というモスクの番人の話に由来している。

洗った水で水浴びすることで特別な能力を手に入れる。それは、アチェの歴史物語を書いたり、道路にアチェの歴史的な英雄たちの絵と「アチェ独立万歳!」という言葉を書いて人々を喜ばせたり、地震が起きた時にこれは地球が壊れた音だと説明したりする力である。ここでスルタンの杖は、人々の思いを言葉の力によって別の人々に伝え、人と人とを繋ぐ力を与えるものとして描かれる。また、スルタンの杖の力が水によって人々に伝えられることは、津波によってアチェの人々が外部世界から理解される存在となり、アチェの人々が世界の人々と繋がるようになったことを思い起こさせる。

　小説の中で読者に強い印象を与えるのはファフミの姉ナスルミの物語である。ナスルミは、アチェ独立運動を支持した「反乱者」「テロリスト」として逮捕され、海岸近くの刑務所に収容された。その刑務所はアチェの海岸部に押し寄せた津波を受けて跡形もなく押し流され、収容されていた人々は建物とともにこの世から消えた。

　インドネシアからの独立紛争と大津波という二つの災厄はアチェをめぐる物語の中でも最も広く世界に知られた物語であり、その二つの災厄に翻弄された人生と位置づければナスルミの人生は理解できたような気になれるし、そう理解するだけの価値もあるように思える。紛争や災害という悲劇は民族や国境を越えて広く人類社会に訴えるものがあり、だからこそナスルミの物語は日本にまでたどりついたともいえる。

　しかし、それだけでは、リンダがナスルミを取り上げ、それをファフミに語らせたことの意味が半減するように思われる。悲劇の犠牲者の物語に頼ることは、かつてアチェが外の世界と繋がるために紛争地となり、そのためにかえって外の世界との繋がりの多様性を失ってしまったように、アチェの内と外とで結ばれる関係性の幅を広げる可能性を閉ざす危険もあわせもっ

ているからだ。

私たちは、この物語の中に、自分らしさを保ち、くじけそうになる自らを励まし、さまざまな形でこの世の中に自らを刻み付けて位置づけようとしているファフミやナスルミの姿を見ることができる。年寄りから昔話を聞くこと、たまねぎを刻みながら台所で世間話に花を咲かせること、アチェ独立運動を支持すること、刑務所で受刑者を励まし、看守や国軍将校をもてなすこと、コーランを詠むこと、誕生日を盛大に祝うこと、自分の持つ「スルタンの杖」の力を信じること――どれもみな、そのような人の営みとして理解することができる。

アチェの人々の歴史好きはアチェに出入りするようになればすぐに思い知らされる。元独立運動支持者はあちこちにいるし、苦しいときにコーランを読誦するのはいかにもアチェ人らしい姿だ。災害や紛争に加えて、そうしたアチェ人の「お決まり」の姿が盛り込まれた物語は、しかし、等身大のファフミの語りを経ることで、読者と同じ人間が人間らしく生きようとしたときにアチェではそのような形をとることをわかりやすく示してくれる。リンダの試みは、災害や紛争を糸口にしているが、アチェの外と中とを多様な形で繋ぐ試みの一つである。

4　公園と記念碑――世界への応答

アチェにとって、津波は、紛争によって長く断たれていた世界との関係を復活させ、世界との繋がりを結び直す機会となった。アチェを再び世界から孤立させないためにも、津波を契機に結び直された世界の人々との関係を社会全体で受け止め、さらに太くしていく必要がある。

ここでは、アチェ社会が世界との関係を記録し、記憶するために津波後の景観に世界との関係を刻み付けている様子に注目する。

災害の被害をどのように残すかはさまざまである。津波によって形が変えられたものを被害の象徴としてそのまま残すもの。津波で被害を受けたものをもとの形に戻したものや、津波前の状態に手を加えて新しい形を与えたもの。津波後に新しく作られたもの。バンダアチェ市内で津波後に見られるようになった公園や記念碑を見ると、津波そのものの被害を記録するというよりも、津波を契機に新しい関係を作る手段として記録を利用しているようにも見える。

図7-6　ボートが載った家（2008年1月、バンダアチェ）

津波遺構の見学証明書

バンダアチェ市ランプロ地区には、津波で運ばれた漁船が民家の上に載ってしまったことで知られる家がある（図7-6）。この「ボートが載った家」は、今では周辺に階段が作られて家の上に載ったボートをすぐそばから見ることができるし、記念撮影用の舞台も作られている。ここは津波ツーリズム[*31]の対象地ともなっており、有料の見学証明書を発行してくれる。

この証明書はバンダアチェ市長とランプロ村長による感謝状の体裁をとっており、「二〇〇四年一二月二

＊31　戦争や災害などの災禍に見舞われた地域を訪れ、被災と復興の過程を見ることで人類社会が災いを乗り越えようとしてきた経験に学ぼうとするスタディ・ツアーはアチェだけでなく世界各地の被災地で行われている。アチェ戦争からスマトラ島沖地震・津波までのアチェにおける戦争と災害の歴史の跡を現在のアチェの景色の中に読み込む試みとしては、［内藤 2013: 51-80］が図画資料をふんだんに使ったガイドブックとなっている。

図7-7　「津波ボートハウス」印のカツオ節（2011年12月）

六日日曜日の朝にアチェで発生した地震・津波がいかに甚大な被害を及ぼした災害であったかを証明し、アッラーの警告として一般住居の上に乗りあげツーリズムの対象となっているボートという津波遺構を目の当たりにした」人として、通し番号が与えられ、バンダアチェ市長とランプロ村長の署名と印章が入れられている。証明書は英語とインドネシア語の両方で書かれており、外国人観光客のことも念頭に置かれている。その脇では津波遺構を意匠にしたカツオ節も売られている（図7-7）。

発電船と津波教育公園

国有電力会社が所有する長さ六〇メートル、幅二〇メートル、高さ一三メートル、重さ二六〇〇トンの発電船が津波で海岸から約三キロメートル内陸の住宅地に打ち上げられた。あまりに巨大なので政府は撤去を断念し、二〇〇五年二月の時点で発電船を津波被災のモニュメントとすることが提案された[*32]。

発電船は、津波のエネルギーの大きさを示すものとして津波直後から訪問者が後を絶たず、さまざまな形で利用された。たとえば、発電船のまわりで復興の写真展が開かれたり、募金箱が置かれたり、野菜や魚の市場が立ったりした。発電船の上で結婚式を挙げる人も登場したし、そのうちに発電船の上に自由に登れるようになった。二〇一三年末現在、発電船の周囲に

*32　二〇〇五年二月二日にアチェ州副知事が提案した（『ワスパダ』二〇〇五年二月四日）。

柵が作られて津波教育公園として整備が進められている（図7-8）。まわりには土産物屋が立っている。

トルコ人墓地

津波を契機に個別の国との関係が強化された例もある。バンダアチェ市ビタイ地区に設立された通称「トルコ村」は、村の入り口にトルコ赤新月社村と書かれたゲートが建てられている。津波後に再建された住宅は、第6章で紹介した大アチェ県のトルコ村と同様に、朱色の瓦屋根が印象的である。

ビタイ地区のトルコ村ではトルコ人の墓地も再建された（図7-9）。これは、かつてアチェ

図7-8　発電船を取り囲んで津波教育公園が作られた（2011年12月）

図7-9　トルコ人墓地（2008年1月、バンダアチェ）

王国の援軍としてアチェに滞在していたオスマン朝トルコの戦士の墓地とされる。墓石にはトルコの国旗と同様の意匠がほどこされ、トルコとアチェの歴史的繋がりを説明する展示館も建てられている。

コカコーラ学校とホンダ診療所

津波を契機に外国との関係が強化されたことを、支援してくれた民間企業への感謝を通じて表現している例もある。バンダアチェ市内には、校舎の再建にあたって支援してくれた企業のロゴを校舎の壁や門に掲げる一風変わった学校が見られる。

バンダアチェ国立第六五小学校は、コカコーラ社の支援で校舎が再建されたため、校名の下にコカコーラ社の赤いロゴを張り出した。コカコーラ社のロゴをそのまま看板のようにして校舎に張り出しているため、まるでコカコーラの学校であるかのように見える。

それと隣接する診療所は、ホンダの支援で再建されたため、診療所の壁に赤いホンダのロゴが張り出され、ロゴの上に刻まれた文字と併せて「ホンダにより寄付を受けた」と読めるようになっている。いずれも少し離れた道路からもよく見える場所にロゴがつけられている。

日本の慰霊碑

津波よりも前からある関係が、津波を契機に再び人々の記憶の表舞台に戻ってきた例もある。バンダアチェ市のスルタン・イスカンダルムダ空港の敷地内には日本人が建てた「現地人労務者の慰霊碑」と「海軍澁谷部隊の忠魂碑」（図7-11）の二つの碑が並んでいる。第二次世界大戦中、スマトラ島の飛行場建設のため、昭和一八年七月から一九年にかけて北部スマトラ

に海軍第四〇設営隊が派遣されていた。指揮官は澁谷武之丞で、約三〇〇名が従軍していた。この碑には昭和一九年一〇月建立と記されている。[*33]

津波前は空港の裏手に置かれており、空港周辺の一部の地元住民のあいだで日本軍兵士の碑として知られていた。空港が津波復興再建の過程で拡張され、空港周辺の道路を付け替えた際に、二つの慰霊碑は駐車場の一角に移された。日本人を含めて外国人にはあまり知られていないが、空港から街へ行く人たちは必ずこの脇を通っている。

ブランパダン広場

バンダアチェ市内にある大モスクのそばにブランパダン広場がある。毎年八月一七日のイン

図7-10　コカコーラ学校とホンダ診療所（2008年8月、バンダアチェ）

*33　日本軍占領期は、アチェでは「サロン（腰巻）も手に入らなくなった時代」と呼ばれる一方で、オランダの植民地統治に抵抗するアチェの青年たちの協力で日本軍のアチェ上陸が行われたことや、インドネシア独立戦争に際して日本軍兵士から武器供与や技術提供などがあったことが知られている。日本軍とアチェとのかかわりについては［総山 1992］［藤原 2012］［本田 1990］を参照。

ドネシア共和国独立記念日にはインドネシア全国で独立記念式典が行われ、アチェ州の公式記念式典はこの広場で行われる。州内の優秀な高校生が集められ、州知事の前でインドネシアの国旗の掲揚が行われ、毎年の記念式典のたびに歴史が更新される場所である。津波が起こった二〇〇四年一二月二六日は、日曜日の朝の恒例の体操集会が行われており、バンダアチェ市の市長と副市長も参加していた。

この広場には、インドネシア共和国第一号飛行機のスラワ号[*34]が置かれており、津波を受けたものの損壊を免れた。この飛行機は、スカルノ大統領がインドネシア共和国の独立を世界の国々に認知してもらうための外遊に使われた。アチェの住民がインドネシア共和国の独立闘争のために自分たちの財産を提供することを惜しまなかった証として、そしてそのおかげでイ

図 7-11　日本軍兵士の碑として知られる慰霊碑（2013年12月、大アチェ県）

図 7-12　第 1 号飛行機のレプリカ（2008年 1 月、バンダアチェ）

＊34　一九四五年に独立宣言を発したインドネシア共和国がオランダからの独立戦争を闘っていた一九四八年六月、スカルノ大統領が独立戦争のために飛行機を購入する資金を集めようとアチェを訪問した。アチェの住民は独立戦争への支援のために一人一人が装飾品などを出し合い、二〇キログラム分の金塊にしてスカルノ大統領に手渡した。その資金で購入した飛行機がインドネシア共和国の最初の国有機RI〇〇一号である。この飛行機は、「金の山」を意味するアチェの有名な山の名前をとって「スラワ号」と名づけられた。

ンドネシア共和国が世界の国々と結ばれたことで今日の独立が得られた証として、レプリカがこの広場に置かれている。[*35]

中華慰霊碑

二〇〇八年、スラワ号の脇に新しい慰霊碑が建立された。[*36] 米国サンフランシスコの華人団体である紫蓮堂（Purple Lotus Temple）と麗恵上師基金会（Mother Samantha Foundation）がジャカルタの華人団体であるヤヤサン・ハラパン・バンサ・ヌサンタラ（民望基金会）の協力のもとで建立したもので、黒い石の四角柱をしており、上部に蓮の花と梵字をかたどったレリーフが貼られている（図7-13）。塔の本体には、アラビア語、中国語、英語、インドネシア語の四つの言語で書かれたレリーフが各面に貼られている。津波記念塔（中国語では海嘯記念碑）と名付けられ、数十万人の命を奪った津波が起こった二〇〇四年一二月二六日を人類史に記録し、この経験を警告とし、思い返し、そして全世界のすべての人類にとって意味のある知識の糧となるようにとの言葉が記されている。

図7-13　中華慰霊碑（2008年8月、バンダアチェ）

「世界の国々にありがとう」公園

ブランパダン広場は、式典に使われるとき以外はサッカーやバスケットボールをする運動公園になっている。津波後に、広場を一周するジョギングコースが整備さ

---

*35　このほかに、大アチェ県には津波後にインドネシア空軍の戦闘機を飾るモニュメントが設置された。インドネシア独立戦争期に戦闘機乗りを志し、インドネシア空軍の戦闘機乗りになったマイムン・サレを記念するもので、アチェがインドネシアに貢献した証であり、また、インドネシアとアチェの結びつきの強さを示す狙いがある。

*36　二〇〇七年末の津波三周年の日に落成するはずだったが、塔の素材となる黒い石の入手に手間取って作業が遅れ、完成は二〇〇八年になった。

れ、コースに沿って五四の船型のモニュメントが作られた。モニュメントには、アチェの復興を支援した国ごとに、国名と国旗とその国の言葉で「感謝」と「平和」を意味する言葉が書かれている。この公園には、「世界の国々にありがとう」公園という名前が付けられた。アチェの人々はこの公園でジョギングしながら、アチェを支援してくれた世界の国々に感謝することができる。

図7-14　ジョギングコースとモニュメント（2011年12月、バンダアチェ）

かつてインドネシアの国旗かGAMの旗かどちらか一つの旗を選ぶことを求められ、アチェの人々が長い紛争のときを過ごしたことを思えば、津波被災を経てようやく手に入れることができた平和の言葉のそばに万国の旗が翻っていることの意味は明らかだろう。津波は多大なる犠牲をアチェにもたらしたが、津波がきっかけとなり、アチェの人々は旗色を問われることな

く、世界の国々と結びつくことができるようになった。ブランパダン広場に埋め込まれた世界の旗のモニュメントはそのことを象徴している。

会議と観光は続く

ホテルを見るとその街がどれくらい栄えているかがわかる。

津波前のバンダアチェで、ホテルといえばクアラトリパ・ホテルだった。ジャカルタを拠点にするアチェ人実業家が経営するホテルで、インドネシア政府とGAMの和平交渉が行われていた時には両者の代表が常駐して連日記者会見が行われていた。二〇〇四年の地震で一階部分がつぶれ、解体・撤去された。

津波後に使えるホテルは少なく、多くの支援団体は民家を借り上げて拠点としていた。ホテルは宿泊施設であるだけでなく、会議や結婚式などのイベント会場でもある。たくさんの支援事業が行われる中で、バンダアチェにスイス・ホテル（現エルメスパレス・ホテル）が誘致された。市の中心部からは離れているが、州庁舎前を通る四車線の大通りに面していて、津波後に内陸の拠点として賑わったウレーカレン交差点は徒歩圏内にある。ホテル前の道路沿いにはしだいにさまざまな店が並ぶようになった。隣には無線インターネットができる二階建てのカフェもオープンした。

大型ホテルがオープンすると、これまでは「アチェでは設備がないから」と断られていたイベントや会議が誘致できるようになった。復興が進む中でホテルで開催される会議のテーマも様変わりした。被災から八年がたった二〇一二年のアチェでは、復興は社会の主要な関心ではなくなってきており、かわって、成人病予防会議や保険会社の社員親睦会などが行われていた。ホテルに来る客も、インドネシア国内の他地域や近隣のマレーシアからの客が目につくようになった。

バンダアチェへのアクセスは随分よくなった。格安航空券が普及し、アチェの一般の人も自費で州外のメダンやジャカルタに飛行機で行きやすくなっただけではない。マレーシアの首都クアラルンプールとはエアアジアで結ばれており、切符の買い方によってはメダンに行くよりもクアラルンプールに行く方が安くすむ。インドネシア人が外国に行くときに払っていた高い出国税もなくなった。格安航空券に対抗してメダンとバンダアチェを結ぶ長距離バス便も増え、時間短縮をめざして猛スピードで街道を走らせる運転が社会問題になるほどになっている。

第8章

津波の経験を伝える

被災から
7年目以降

右：大アチェ県ウレレー海岸で行われた2011年12月26日の津波被災７周年記念式典でコーランの章句を詠む人々

本章下部の写真：アチェにて、2007年９月、2008年１月、12月、2011年８月、12月、2013年８月撮影

二〇一一年一二月二六日、アチェ州は津波から七周年を迎えた。一二万棟の住宅再建事業を始めとする復興再建事業のほとんどが完了し、復興再建庁は二〇〇九年に解散していた。救援復興活動のために世界中からアチェ州を訪れていた人道支援団体のほとんどは撤退し、「ツナミ景気」とも呼ばれて援助の見本市のようになっていた面影もすっかりなくなった。バンダアチェ市周辺だけで六万体の身元不明遺体が回収され埋葬されたことは、市内に一〇か所ある集団埋葬地を訪れてもなかなかイメージしにくい。

かわって、アチェ州ではアチェの津波被災と復興の経験を世界の他の地域と結びつけることによる創造的復興に関心が向けられるようになった。アチェをインドネシアの防災研究の拠点とし、防災による南南協力を展開しようとする機運も生まれた。内戦と津波からの復興は、被災から七年を経て、また一つ別の段階に進みつつあった。アチェの津波被災の経験は、災害を通じて世界と繋がりうること、また、災害を通じて社会の問題にアプローチしうることを示すものとなっている。そして、アチェの人々がそのように思う契機となったのは、被災から七年という年月に加え、二〇一一年三月に日本で発生した東日本大震災だった。

1　学術交流──「メッカのベランダ」から防災学の拠点へ

ワークショップという方法──アチェの創造的復興と学術交流

津波被災から七年を迎えたアチェ州で、アチェの津波被災と復興の経験をもとにした創造的復興に人々から強い関心が寄せられたことは、紛争と災害という二つの大きな災厄からの復興

に取り組んできたアチェにとってごく自然なことに思える。

スマトラ島沖地震・津波に被災する前、アチェは紛争地だった。一九七六年にGAMがアチェ州のインドネシア共和国からの分離独立を求めて武装闘争を開始して以降、アチェではGAMとインドネシア国軍との武力紛争が断続的に行われてきた。一九九八年、中央政府で長期にわたって権威主義的な統治を行ってきたスハルト大統領が退陣を余儀なくされるインドネシア政変が起こると、アチェ州では紛争が激化し、アチェ独立旗を掲げるGAMとインドネシア国旗の紅白旗を掲げるインドネシア国軍という二つの勢力の縄張り争いの場になった。

アチェ州の一般の人々にとって、紛争とは、国軍とGAMという二つの軍事勢力がアチェと外部世界との経路を独占的に監視し、アチェ州を囲い込む形で進行した。アチェの経済発展の基盤は三つある。エビやコーヒー、木材、アブラヤシといった一次産品産業、アチェ州北海岸にプラントのある天然ガス産業、そして学校や道路建設といったインドネシア政府の公共事業である。いずれもアチェ域外との結びつきによって成り立っている。

アチェが「紛争地」となったことは、治安確保の担い手を自認するそれぞれの軍事勢力が物流経路を掌握する構造をもたらした。二〇〇三年にインドネシア政府がアチェ州全域に戒厳令を宣言し、人道支援や報道を含めて外国人のアチェ州立ち入りを制限し、アチェとアチェ域外との通信・物流に対する管理を強めたことで、アチェは外部世界から閉ざされた。

アチェ州はもともとインドネシア内の他地域だけでなく、マレーシアやシンガポールといった隣国とのつながりも深い。たとえば、結婚式を行うときに親戚をマレーシアやシンガポールから呼び寄せることはごく普通に見られる。しかし、軍事戒厳令布告後は結婚式に親戚を外国から呼ぶことも憚られるような事態となった。

このような状況下で、人々はアチェの内と外とを繋ぐための経路を維持し発展させる工夫を試みてきた。その一つが学術交流であり、その担い手となったのはアチェから海外に留学していた人たちである。海外留学者たちは、インターネットを利用して、居場所が離れていても情報を共有し、イベントを企画する方法を知っていた。たとえば、アチェが紛争地となり、海外からの参加者の入域が困難な状態になっても、ペーパーやポスターによる参加や、電子メールによるオンライン・ディスカッションを認めることによって国際学会を開催した。紛争が最も激しかったアチェ州北海岸部では紛争で多くの産業が疲弊していたが、衛星通信を利用した遠隔授業システムの導入を通じて地域の拠点大学を底上げし、地域の専門家を養成する試みが行われていた。

紛争下にあった当時のアチェでは、学術研究には二つの意味で紛争を乗り越える役割が期待されていた。一つは、学術研究が、アチェかインドネシアかという帰属を問われることがなく誰にとっても意味がある価値をもたらしうるという期待である。もう一つは、武力によって奪われることなく共有や普及が可能な財産ということである。

アチェで被災後に行われた復興事業には、災害や平和構築だけでなく、歴史や開発経済といったさまざまな分野の専門家がかかわり、世界中の技術や知識が投入された。アチェと世界を繋ぐものが、一次産品や天然資源、公共事業に限定されずさまざまな分野に広がったことは、津波で紛争が終わった背景と無縁ではない。アチェの人々にとって、学術研究の成果や専門知、そしてそれを伝える情報のあり方は、アチェという地域の発展にとって、そして、一人一人の生活をよくするための手段に直結している。

アチェで学術ワークショップを行うと、参加者が狭い意味での研究者に限定されず、さまざ

図8－1　ワークショップの参加者たち（2011年12月、バンダアチェ）

まな分野にわたっていて驚くことがある。アチェでは学術研究が研究のための研究である以前に、人々の暮らしをよりよくするための方法となっている。ワークショップの議論がたとえ自分の専門外であっても、学生、政府の役人、NGOスタッフを問わず、臆することなく積極的に議論に参加する姿を見ることができる。ただ質問をするのではなく、自分の立場を伝え、自分の現場の情報を提示した上で、講演者に意見を求めたり、自分の現場にとって意味がある提言や具体的な関与を講演者に求めたりする質問をしばしば見ることができる。たとえば、二〇一一年一二月に筆者らがアチェで実施した国際ワークショップでは、「大きな災害に備えるだけでは不十分で、小さな災害にも目を向けるべきではないか」「外国の学術交流や研究調査の拠点はバンダアチェに集中しているが、見るべき災害の事例はアチェの別の地域にもたくさんある」といった提案がされた。こうした提案は、質問者が講演者に対して自分の現場に関心を向けてもらおうとする試みでもあると同時に、会場の他の参加者にも自分の現場の課題を理解してもらおうとする試みになっていた。

津波被災から七周年を迎えて、津波後の復興事業と紛争後の平和構築事業のいずれもがひと段落した今、アチェは津波被災と復興の経験を世界に発信することで、復興の次の段階に歩み

を進めようとしているように思える。たとえば、次節以降で紹介するシアクアラ大学津波防災研究センターは、インドネシアの防災研究拠点となるだけでなく、防災の南南協力の拠点となることもめざしている。それは、災害研究を発展させるためだけではない。学術交流を通じてアチェと世界を結びつけ、アチェという地域社会の発展を支えるためである。

「世界のベランダ」としてのアチェ

災害からの「復興後」をめざすアチェの発展の方向性は、アチェの歴史的経験の延長上に位置づけて理解することができる。かつてアチェは「スランビ・メッカ」（メッカのベランダ）と呼ばれていた。アラブ世界の知識や経験がウラマー（イスラム教指導者）によってアチェに持ち込まれ、アチェでアラビア語からマレー語に翻訳されることで、東南アジア各地にイスラム教の知識が広まった。アチェが交易で発展する中で、アラブ世界の知見だけでなく、中華世界やヨーロッパ世界、インド世界からさまざまな学問や知識がアチェに集まり、人々が理解できる言葉に翻訳された。Arab（アラブ）、Cina（中華）、Eropa（ヨーロッパ）、Hindia（インド）の頭文字をとってこの地をAcehと呼んだという話もあるほどである。この地は、多様な背景を持つ知識や情報が交換される場であり、また、人々によりわかりやすい形に知識や学問が翻訳される場であった。

アチェが発展したのは、金やコショウや天然ガスといった天然資源が豊富だったからばかりではない。この地に来れば、それぞれの人にとって使いやすい形になった知識や情報を手に入れることができたためである。

知識や情報の担い手は時代によって移り変わる。かつてはもっぱらウラマーが内外の情報を

伝えていた。オランダの再植民地化に抵抗したインドネシア独立戦争期には、アチェ山中に設置されたラジオ局が放送を通じてインドネシア独立の意思を発信し、人々にさまざまな情報を伝えた。また、同じく独立戦争期には、アチェの人々の寄付によって購入された飛行機がインドネシアの状況を伝える使者を国外に派遣するのに使われた。*1

アチェの情報は、アチェの人々が自分の家の前（スランビ）に座っているだけでは活用されない。情報が世界に伝えられるために求められる力とは、世界の知識や情報を十分に理解する力、知識や情報を自分の必要に応じて翻訳し使いこなす力、得られた新しい知見をほかの地域の人にもわかるように発信する力である。そのためには、アチェの人々が持つ「地域の知」を世界の人々が理解できるように改めて翻訳することが必要となる。

学術研究やワークショップでは、アチェの経験と世界の経験をつなぎあわせ、新しい道を切り開く方法が議論されている。そこでは、アチェと外国の被災や復興の経験をどのように共有し、世界に発信するかが議論されている。現在のアチェでは、情報を共有し、わかりやすい形にかえて発信する方法への関心が高まっている。

どんなにすばらしい知識や情報があり、それが人々に役立つ形になっていても、その地が紛争地である限り、人々はその土地を訪れない。このことをアチェの人々はよく知っている。津波後に世界中の国から支援のためにアチェに人々がやってきたことは、アチェの人々の間に、アチェが再び紛争地とならないように努めているかを常に世界の人々に見守られているという意識をもたらしている。地球のプレートの間に小さなゆがみが生じ、それがたまって爆発するときに大きな地震になるのと同じで、小さなわだかまりが積み重なり、小さな紛争が積み重なることで大きな紛争になる。大きな紛争を解決するのは困難だが、小さな紛争ならば私たち一

---

*1　アチェ王国期からオランダ植民地時代にかけてウラマー（イスラム指導者）が果たした役割については［Siegel 1969］を、インドネシア独立戦争期にアチェがインドネシアと世界を繋ぐ重要な役割を果たし、スカルノ大統領に「アチェはインドネシア独立のための礎の地（Daerah Modal）」と呼ばしめたことについては［Jacobi 1992］を参照。

人一人が工夫をすることで解決できるかもしれない。

2　防災学専攻——インドネシアの大学院で二校目

インドネシアは自然災害が多い。プレート境界の近くにあり、地震多発地域であり、活火山も多い。洪水、地すべり、土砂崩れは各地で日常的に見られる。あらゆる種類の災害が見られるということで、「インドネシアは災害のスーパーマーケットだ」という言われ方がされるほどだ。*2 このようなインドネシアでは、地震・火山の観測や災害が起こるメカニズムについての研究が、主として理工系の大学・研究機関や、気象気候地球物理庁（BMKG）や鉱業・エネルギー省といった気象や地質に関係する政府関係機関で行われてきた。

スマトラ島沖地震・津波は、津波の発生が予測される地域だったにもかかわらず、事前に社会に津波についての知識と備えがほとんどなく、また、地震発生時も、津波の発生予測の情報が住民に伝えられることなく、大きな被害を出すという苦い経験となった。そして、二〇〇六年のジャワ地震では、耐震性のない家屋の下敷きになるなどして五〇〇〇人以上が亡くなった。いずれの場合も、研究者や専門家の間で災害の研究が進んでいても、社会の中で災害についての知識や災害に備えるための方法や考え方が普及していなければ現実の災害対応には役立たないことが明らかになった。二〇〇四年以降のインドネシアでは、災害対応にあたり、研究者、政府、社会が互いに連携する必要性が強く認識されることになった。

また、スマトラ島沖地震・津波の最大の被災地となったアチェ州では、実際の災害対応を進

*2 インドネシア科学院（LIPI）が防災教育のためにインドネシアの音楽家たちの協力を得て制作したアルバム『Science in Music―防災編』（二〇〇八年）には「インドネシアは災害のスーパーマーケット」（Indonesia Supermarket Bencana）という曲が収録されている。The 70's OC というグループの作品で、LIPIの防災教本の内容がそのまま歌詞にされている。

めるにあたり、緊急救援時においても復興再建期においても平時と異なる考え方や発想が求められた。特に復興再建期には、災害そのものに関する理工系の専門知識だけでなく、政治・経済や社会・文化に関する多様な専門性を持ち寄る必要があった。

こうした中で、アチェ州のシアクアラ大学に、二〇〇六年に津波防災研究センターが設立され、さらに二〇一一年にはインドネシアで二校目にあたる大学院防災学研究科が設立された。アチェでは、日々の生活に直結している点で災害対応に対する人々の関心が高いだけでなく、大規模な救援復興事業が行われたことで、被災と復興の両面で他地域では経験し得ない実践的な経験が蓄積されてきた。

津波防災研究センター（TDMRC）

津波防災研究センター（TDMRC）は、シアクアラ大学の二つの活動の流れを合わせる形で二〇〇六年に誕生した。一つは、復興再建の基本計画が策定される際に政府と住民の動きを連携させることを狙いに発足した「アチェ再建に貢献するシアクアラ大学」という活動である。もう一つは、津波研究センター（センター長：シャムスル・リザル博士）と減災情報センターの設立である。特に後者は、神戸大学を訪問したシアクアラ大学のアブディ・ワハブ元学長が日本の減災の取り組みに触発されて設立されたものである。

防災・減災は新しい学問領域で、TDMRCに参加したスタッフのほとんどは災害と異なる分野を専門としていた。設立の中核を担ったのは、工学部機械工学科のムハンマド・ディルハムシャー学科長[*3]とムハンマド・リダ材料工学研究室長[*4]である。ディルハムシャーは騒音や振動の研究、リダは腐食についての研究が専門で、いずれも災害は専門外だった。

*3　一九六二年メダン生まれ。シアクアラ大学工学部機械工学科を一九八七年に卒業後、一九九五年にバンドン工科大学産業工学の修士号を、二〇〇三年にマレーシア国民大学で機械工学の博士号を取得した。

*4　一九六七年ピディ県生まれ。スラバヤ工科大学を一九九一年に卒業し、一九九七年から東京工業大学大学院に留学し、博士号を取得した。

この二人がTDMRCのセンター長と副センター長に抜擢された背景はいくつかある。アチェの災害復興に関心を持つインドネシア、日本、マレーシアの大学・研究機関で研究した経験を持ち、インドネシア国内のみならず国際的な研究ネットワークと結びつける役割が期待されたこと、温厚で実直な性格で知られ、多様な分野の人々を結びつけるマネジメント能力が期待されたことなどである。加えて、津波被災後のアチェの復興に強い意欲を持っていた。ディルハムシャーは、津波で末娘と実の母親を失っていた。リダは、津波で孤児となった大学生を養子として引き取っている。津波被災後、シアクアラ大学を訪れる世界各国の防災の専門家に対応する中で、アチェに防災研究の研究センターを作ることが自分たちの義務であり、また、津波で犠牲になった人々に対する生き残った者の責任であると考えたという。

TDMRCは災害対応の研究センターとしてインドネシア内外で知られるようになり、アチェにおける防災・減災研究や社会への普及活動を行う際の研究教育拠点となった。TDMRCではインドネシア内外の研究者一二六人が活動している。[*5] また、政策提言や教育・訓練部門では二〇〇六年から現在までに災害対応のボランティア・スタッフ約一〇〇人を養成している。

海外の研究教育機関や国際援助機関との共同プロジェクトも多数展開しており、日本、ドイツ、オーストラリア、アメリカ合衆国といった災害研究の先進国だけでなく、スマトラ島沖地震・津波で被災したスリランカ、インド、タイとの協力も進めてきた。

協力の形態は、アチェでの合同調査、防災教育プログラムの実施、調査データの共有など多様である。アチェの災害に関する情報を発信する拠点としての役割も期待されているTDMRCは、災害に関する研究情報をデジタル化しデータベース化したアチェ津波デジタル・レポジ

---

*5　二〇一〇年七月現在。なお、TDMRCのセンター長は二〇一三年よりハイルル・ムナディが務めている。

トリー（ATDR）を公開している。GISやリモートセンシング技術の活用もはかられ、災害リスク管理情報システム（DRMIS）の制作も進められている。

TDMRCでは、大学や研究機関で実績を積んできた研究者や専門家だけでなく、UNDPをはじめとする外部の援助機関との共同プロジェクトを進める中で、多様な能力を持つ若手の人材を積極的に登用し、実践に活用している。これらの若手は、内外の支援団体・機関が進めるアチェの復興再建事業に地元スタッフとして参加して職業経験を積んできた。たとえば、防災教育用のアニメーション制作を担当しているマフルザ・ムルダニ*6は北アチェ県の出身で、津波被災後にバンダアチェに来た。もともとコンピューター・サイエンスに関心があったが、英語の能力を活かしてUNDPやユネスコの仕事に参加した。自らも俳優として出演しながら、二〇〇七年頃からドキュメンタリー映画の制作にもかかわるようになった。TDMRCのプロジェクトに参加したのは二〇一一年で、プロジェクト終了後もさまざまな機関による映像制作の仕事に携わっている。この間、二〇〇九年にシアクアラ大学機械工学の学士を取得し、二〇一三年には修士号を取得した。現在は大学でマルチメディアについて講師を務めるようにもなっている。

TDMRCのメディア広報部門を担当しているヘンドラ・シャプトラは、ジャーナリズム業界で活動の幅を広げてきた人物で、アチェやインドネシアの新聞やオンラインメディアに記事を寄稿してきた。その力を買われてTDMRCの活動に関する記事をメディアに寄稿している。TDMRCの研究成果や活動の内容や意義を一般の人にわかりやすく翻訳し、普及させる役割を担っている。

TDMRCの活動は外部資金によって支えられており、そこで雇用される人々もプロジェク

*6　一九八三年ロクスマウェ生まれ。

トが終わるとＴＤＭＲＣを去り、別の現場に移る。その意味で、ＴＤＭＲＣが人材交流の場になっている。

大学院防災学研究科――多様な現場と理論を結ぶ

二〇〇七年の災害対策基本法にもとづき、二〇〇八年第八号大統領令によって国家災害対策庁（ＢＮＰＢ）が設置された。[*7] また、州レベルや県・市レベルでも地方災害対策部門が設置された。[*8] 各現場で防災の専門的知識を持った人材が必要となったことを受けて、シアクアラ大学大学院に防災学研究科が開設され、二〇一一年に第一期生が入学した。大学院の防災学研究科は、インドネシアではガジャマダ大学についで二番目の開設となる。

図8－2　防災学研究科の授業風景（2011年12月、シアクアラ大学）

防災学はインドネシアで新しい学問分野であり、教員はシアクアラ大学の各学部から集められた。研究科長はＴＤＭＲＣのセンター長であるディルハムシャーが兼任し、研究科専属の教員は、工学部出身者四人、数理学部出身者一人、教育学部出身者一人の六人である。

防災学研究科は社会人学生が多いことが特徴で、土曜・日曜に授業を開講し、平日に勤務がある社会人学生が学位を取得できるように準備されている。第一期生は七七人、第二期生は六五人だった。学生は多様な背景を持ち、州開発計画局や鉱業・エネルギー局、運

＊7　前身は、アチェの地震津波災害を受けて二〇〇五年に設置された国家災害管理調整局（Bakornas PB; Badan Koordinasi Nasional Penanganan Bencana）。Bakornas PB の前身は、Bakornas PBP（Badan Koordinasi Nasional Penanggulangan Bencana dan Penanganan Pengungsi、二〇〇一年から二〇〇五年）だった。

＊8　前身は二〇〇五年に設立された災害対策実施調整部門（Satkorlak; Satuan Koordinasi Pelaksana Penanganan Bencana）である。

輸交通局などの災害や復興に関わりの深い地方政府関係部局の公務員や、アチェの復興再建期に外国の援助機関やNGOのスタッフとして職業経験を積み、次の仕事を探しながら専門的知識を身につけようと入学してきた人もいる。出身地域もさまざまで、バンダアチェ周辺だけでなくアチェ州各地から集まっており、また、アチェ以外の州の出身学生もいる。

　学部を卒業してそのまま大学院に進学する学生はおらず、それぞれが現場を持ち、自分の現場に即して災害への対応を強化するための知識と経験を得ようとしている。授業では、防災学を初めて教える立場になった教員が、英語やインドネシア語訳の防災学の教科書をもとに理論を教えると、自分の現場に即してその知識がどのように役立つのか具体的に説明してほしいと学生に鋭く追及されるスリリングな場面もしばしば見受けられる。なお、二〇一二年には修士号を取得した一三人の卒業生を送り出した。

アチェ＝京都国際ワークショップ

　TDMRCと防災学研究科の特徴が最大限に発揮されたのものとして、筆者らが二〇一一年に企画・実施した国際ワークショップ・シンポジウム「災害遺産と創造的復興——地域情報学の知見を活用して」を紹介したい[*9]（図8-3）。一二月二一日から二六日までの六日間、バンダアチェ市のエルメスパレス・ホテル、アチェ津波博物館、シアクアラ大学兵庫県記念棟[*10]、シアクアラ大学TDMRCの四つの会場を移動して行い、六日目には津波七周年記念式典に参加した。

　このワークショップでは、筆者の所属先である京都大学地域研究統合情報センター[*11]がTDMRCと共同で開発を進めてきた災害地域情報マッピング・システムを活用したアチェ津波モバ

＊9　JST-JICA地球規模課題対応国際科学技術協力事業「インドネシアにおける地震火山の総合防災策」、京都大学地域研究統合情報センター、文部省科研費プロジェクト「災害対応の地域研究の創出——「防災スマトラ・モデル」の構築とその実践的活用」がインドネシアの関係諸機関と協力して開催された。一二セッション・四四本の報告と質疑応答・総合討論の内容は日本語とインドネシア語のそれぞれの言語で報告書にまとめられている〔山本・西 2012〕。また、ワークショップ・シンポジウムの内容と津波被災七周年を迎えたアチェの様子は記録映像「災害遺産と創造的復興——地域情報学の知見を活用して」（深田晃司監督、二〇一二年）によっても知ることができる。

イル博物館システム[*12]をアチェの人々に紹介し、その具体的な活用方法を検討するとともに、日本の防災や地域情報学の専門家がアチェを訪れ、ワークショップやフィールド調査を通じて防災研究や地域情報学のアチェでの活用方法を検討することを目的とした。

インドネシア側の参加者は、大学、政府、小中学校教員、ＮＧＯ、医療、メディア、議会、その他・一般と多岐にわたった。五日間とも一〇〇名以上の参加者があり、日本側参加者とあわせて五日間で延べ六〇〇名の参加者を得た。インドネシア側参加者の業種・分野別の延べ人数は、大学関係者二五五名（シアクアラ大学の大学院防災学専攻が九三名、教育学部化学学科が二四名、大学院建築学専攻が五名、その他の教員・学生が一一六名、州内の他大学が一四名、アチェ州外の大学が三名）で、政府関係者は七一名（バンダアチェ市政府および大アチェ県政府。部局は、多い順に気象気候地球物理局、文化観光局、図書・文書局、開発計画局、鉱業・エネルギー局、統計局、公共事業局、公務員研修局、森林・農園局、災害対策局、運輸・通信・情報局、環境・衛生・公園局、アチェ州外から科学技術省）、小中学校の教員四〇名（小学校教員二七名、中学校教員一三名）、ＮＧＯ関係者三〇名、医療関係者一一名（インドネシア赤十字社二名、病院五名、保健所四名）、メディア関係者八名（ラジオ五名、新聞二名、アチェ州外が一名）、議会関係者二名、その他・一般が一七名だった。

このような参加者の所属組織の多様性は、ＴＤＭＲＣや防災学研究科のスタッフや学生が持つそれぞれの所属組織やネットワークの幅広さを反映しているとともに、

図8－3　防災の歌を唱和するワークショップ参加者たち（2011年12月、TDMRC）

*10　兵庫県の寄付によりシアクアラ大学構内に建てられた。現在は、シアクアラ大学大学院防災学研究科が使用している。

*11　インターネット上の新聞記事で災害に関するものを自動収集して、記事をもとに災害の種類と地名を割り出し、地図上で表現する仕組み。本シリーズ第一巻を参照。

*12　二〇〇四年スマトラ島沖地震・津波の被害と復興の過程を記録するため、証言集、写真、新聞記事などを地図上で表現し、スマートフォンなどのモバイル端末を用いることでバンダアチェの町全体をフィールド博物館にする仕組み。本シリーズ第一巻を参照。

学術分野横断型の災害対応研究に対する社会の関心の高さを裏付けている。[13]

図8－4　ラジオ取材を受ける日本人研究者たち（2011年12月、バンダアチェ）

図8－5　ワークショップでの質疑応答の様子（2011年12月）

3　物語——タイプライター・プロジェクト

タイプライター・プロジェクト

アチェ津波モバイル博物館は、二〇〇四年の地震・津波の被害とそこからの復興過程を記録し、世界の他の国の人々や次世代の人々に伝えようとするものである。[14] アチェの人々がそれぞれの持つ情報を登録して発展させていくデータベースとして設計されているが、そこに盛り込

*13　ワークショップの様子は、アチェの地元紙『ハリアン・アチェ』（Harian Aceh）と『スランビ・インドネシア』で報道されたほか、地元のＦＭラジオ「ジャティＦＭ」の防災番組「早朝災害討論」でも紹介された（図8-4）。
　また、このワークショップの際に共同主催団体であるＴＤＭＲＣと京都大学地域研究統合情報センターは研究・教育協力に関する学術交流協定を結び、その後も活発に交流を続けている。毎年二、三回、京都とアチェのそれぞれで合同の国際ワークショップを開催し、京都＝アチェ国際ワークショップは二〇一三年末で九回に上り、両機関の交流実績は延べ四〇人を超える。

*14　本シリーズ第一巻参照。

む情報の一つにアチェの被災者による手記がある。これは、アチェ社会を研究対象とする人文系の研究者にできる復興支援の一つのあり方として筆者が取り組んできたタイプライター・プロジェクトによって得られたものである。被災者のうち時間に比較的余裕がある人に、生活再建が一段落ついて気持ちに余裕が出てきた頃を見計らって、手動式のタイプライターと紙を渡し、これまでの人生を振り返って自由に文章を書いてもらい、その文章を提供してもらうことにより情報提供を受けて謝金を支払うものである。

タイプライターを使ったのは、電気を使わずに済む道具だったことに加え、いくつかの理由がある。手書きだと本人も読み返すのが億劫になることがあるという意見に加え、津波の際の負傷などのために手にうまく力が入らず、ペンでは書きにくいという意見もあった。また、アチェでパソコンを使い慣れているのは四〇代以下の世代であり、それ以上の世代ではパソコンはうまく使うことができない人が多く、手動のタイプライターは手軽でよい仕上がりが得られる筆記具として歓迎された。インドネシアでは公文書をタイプライターで書くことが求められるため、タイプライターを貸し出せば個人的な書類作成にも役立ててもらえるのではないかという考えもあった。

津波や紛争といった大きな事件が発生すると、その事件への関心が高まり、その事件に人々がどのように対応し、どのように考えたかについての情報が集められる。アチェでも、津波被災時の経験を集めた本や、紛争について人々が考えたことをまとめた本の刊行が見られる。これらはもちろん重要であるが、その一方で、重要な事件だけ切り取って語られることになる。人々はそれらの事件が起こる前からその土地で暮らしを営んでおり、津波や紛争といった事件はその暮らしの延長上に発生したものである。このプロジェクトは、津波や紛争が起こってい

ない時期についての経験もあわせて収集することで、大きな事件を人々がどのように受け止めているかを位置づけることができる。

自分史の執筆を依頼するにあたっては、自由に書いてもらうだけでなく、いくつかの注文をつけた。また、ある程度執筆が進んだ後で内容を読ませてもらい、重要と思われるエピソードについて加筆を依頼したり、時代状況からまだいろいろな話があると思われる部分について新たに執筆を依頼したりした。事件が起こった年がわからないとか細かい地名を忘れてしまったといった不安を訴えた人もいるが、それに対しては筆者が別途情報を収集して執筆者に確認した上で補足した。

執筆者を選ぶにあたっては、筆者が津波の前後一〇年余りにわたる現地調査の中で出会った人々の中から、文章を書くことに興味を持っている人で、比較的時間のあることがわかっている人を何人か選び、被災後の数年は年に二、三回の割合で訪問して暮らしの様子を伺い、復興に一段落ついて生活や気持ちに余裕ができてきたと思えるようになった順に依頼していった。相談しているときには書くことに賛成してくれたが、実際に始めようとすると他の仕事で忙しいからと断られることもあった。また、喜んで引き受けてくれたので半年後にタイプライターを持って再び訪れると、その二か月前に亡くなっていたこともあった。遺族の方に話を聞くと、筆者の来訪を心待ちにしており、執筆のために古い新聞や雑誌の切り抜きの整理を始めていたとのことだった。はじめは定年退職した元教員や元公務員に依頼したが、女性たちに作文のトレーニングを行っている女性支援ＮＧＯとも協力して、女性を含むいろいろな人に参加してもらえるように活動を広げている。

執筆にあたっては、手動式のタイプライターと補充用のインクリボン、そしてＡ４判用紙一

綴り（五〇〇枚）を手渡して、自分が直接体験したり見聞きしたりしたことを執筆すること、執筆した期日を明記することを条件とした。使用言語は基本的にインドネシア語とするが、必要に応じて他の言語の単語や表現を入れても構わないこと、ただしそれぞれにインドネシア語の解釈を添えることを求めた。また、このプロジェクトは社会の多様な姿を描くことを目的としており、歴史的な事件の背後でどのような生活があったかに関心があることを伝え、さらに、書かれた文章はインドネシア語で、または他の言語に翻訳して、何らかの形で一般の人の目に触れる形で公開する可能性があることを伝えた。

図8-6　タイプライターを渡し執筆を依頼する（2011年8月、バンダアチェ）

執筆の途中で筆者が定期的に訪問し、謝金を渡した。執筆した結果はコピーをとり、オリジナルの原稿は本人の手元に置いた。また、執筆内容をその場で読み、不明な点や関心を持った点について質問を投げかけ、必要があれば、どのような事柄についての経験を加筆してほしいかを伝えた。執筆者自身も、どのような事柄だと人々が関心を持つか、そして自分が書いた事柄を筆者がどのように思うかに関心があり、その希望に応えるようにした。

紛争と津波を生きながらえて

ここでは、実際にタイプライターを供与し、執筆を開始した人のうち、比較的まとまった分量の執筆が進んでいるアミルッディン・マナフさんについて紹介したい。

アミルッディンさんはイスラム教徒だが、長くバンダアチェ市内の高校で英語教師を務め、現在は退職金で生活している。一九三〇年代、アチェ内陸部のタケンゴン地方でミナンカバウ*15人の農園労働者頭の息子として生まれた。バンダアチェには一九七〇年代末に住むようになり、メソジスト教会が開設した私立高校で主に華人を相手に英語を教えていた。

津波のときは自宅前で被災した。人々が避難しているのを見て妻とともに知人の車に乗り込んで避難しようとしたが、津波に追いつかれて車ごと巻き込まれた。妻は車から脱出できたが、アミルッディンさんはドアを開けられないまま車に水が入ってきて顔まで水に浸かったが、救出されて助かった。同乗していた知人は車から出られずに助からなかった。

筆者がこの夫婦に初めて出会ったのは、二〇〇五年八月にバンダアチェ市の仮設住宅を調査で訪れたときである。何軒かの部屋を見せてもらった中で、仮設住宅の限られた空間を少しでも居心地よくしようと趣味の日曜大工で本棚を作り、友達にもらった雑誌とコーランをきれいに飾っていたのが印象的だった。津波前、アミルッディンさんは教師を定年退職しており、息子の仕事を支援していた。行商をしていた息子は、アミルッディンさんの退職金を担保に借金をして商品をまとめ買いした。その矢先に津波に見舞われ、商品が倉庫ごと流された。商品はなくなって借金だけ残ったため、退職金を使えば仮設住宅を出てもう少し環境のよい部屋を借りることもできただろうが、仮設住宅に入って住宅再建支援の順番待ちをしていた。

その後、調査のために年に二回程度バンダアチェを訪問するたびにアミルッディンさん夫婦

---

*15　西スマトラ州を故地とし、ミナンカバウ語を話す。インドネシアではアチェ人と並び敬虔なイスラム教徒として知られる。伝統的に男性の出稼ぎ・移住慣行が盛んで、インドネシア各地に散らばっている。特に商業や教育分野で活躍する人が多かった。アミルッディンさんの父は西スマトラ州アガム県タンジュンラヤ郡出身である。本シリーズ第一巻第7章も参照。

のもとに立ち寄った。二〇〇六年には仮設住宅暮らしを終えて復興住宅に移っていた。家具がまったくなく床や壁にコンクリートがむき出しの殺風景な復興住宅内を居心地良くするため、夫婦で協力して型紙で模様をとりながら内壁のペンキ塗りをしていた。アミルッディンさんは、以前から文章を書くことが好きだったが、津波の際に手を強打したために右手を使った細かい作業ができなくなっていたことや、所有していたタイプライターが津波で流されてしまったことから、津波後は文章を書くのをやめていた。

図8－7　仮設住宅でのアミルッディン夫妻

このような様子を見ていたため、タイプライターを渡して自分史の執筆を依頼することにした。アミルッディンさんは、最初の二か月弱で三六ページにおよぶ自分史をまとめた。原稿に打ち間違いはほとんどなく、どのようにして執筆したか尋ねると、妻が「ちょっとした打ち間違いがよくあるけれど、それを一つ一つ清書していたのよ」と答えた。アミルッディンさんは妻に原稿を見せたことはなかったそうだが、アミルッディンさんが礼拝のために席を外したすきに読んでいたという。筆者が依頼した自分史の執筆を契機に、家族の互いの来歴や経験を話す機会が増したことが感じられた。

アミルッディンさんの原稿は、息子の運転でバンダアチェ市から車で八時間ほどの距離にある故郷の

タケンゴンに夫婦で旅行に出かけた話から始まり、津波被災後の仮設住宅暮らしを経て、国際NGOの支援により現在の住まいに落ち着くまでが執筆されていた。途中には、両親の思い出や、子ども時代のこと、仕事を始めたときのこと、結婚したときのこと、苦労して家を建てたときのことといった人生の節目の出来事だけでなく、昔よく見ていた三船敏郎が出演する白黒映画のあらすじや、敬愛するタゴールの詩の引用なども含まれている。津波については章を一つ立てて一〇ページにわたって記述しており、どのようにして津波から助かったか、津波後の困難をどのように乗り越えたかが記されている（260～262ページに抜粋して掲載）。

　復興住宅を供与されたときはとても嬉しく、病院のようにきれいな家をもらったと息子に伝えたことが記されている。日々の暮らしはいろいろと思うに任せず、家も手を入れたいところはあるけれど、「いつかそれは実現すると楽観的に信じたい。今はまだできないだけだ。失敗したのでなく少し時間がかかっているだけだ。いつかきっと全てよりよくなるという希望を持っている。どうなるかは神の御心しだいだ」と原稿を結んでいる。

　アミルッディンさんの原稿を読み、記述が少ない時期について加筆してくれるよう依頼すると、追加執筆も喜んで引き受けてくれた。タイプライターの前に座ると書きたいことが次々と浮かぶのに、実際に書いてみると少ししか書けず、書き足りない思いがあったそうで、加筆できるのは嬉しいとのことだった。

　津波被災地では、財産をすべて流されて一から人生をやり直すことになった人がいる。知人や家族を失う中で、思い出や記憶が津波前からの唯一の財産だという人も少なくない。そのような中で、記憶を記録にしておくことは重要である。災害は人々に断絶をもたらす。自分史の執筆は、災害を契機に断絶を経験した人々の記憶や歴史を結び直す役割を担いうる。

通常、聞き取り調査を実施するためには対象者との信頼関係を構築するのに一定の期間を要する。場合によっては一、二年かかることもある。さらに、被災地で調査を実施する場合には、対象者一人一人の復興の進み具合を見守りながら適切な時期を待つことが必要になる。

アミルッディンさんの場合、タイプライターによる執筆を依頼したのは被災から七年が経過した二〇一一年のことだった。人によってはもっと時間を要するかもしれない。災害に見舞われた社会に関わるといったとき、被災から七年が経過したからこそようやく始められる取り組みがある。二〇年、三〇年、さらに一〇〇年単位で事象を観察し、いま目の前で生じている事柄にすぐに対応できないように見える人文系の研究者でも、被災からある程度の年数が経過したときだからこそその力を発揮できるということがあるのではないだろうか。

図8－8　執筆風景

図8－9　現在の二人

ツナミ

アミルッディン・マナフ

以前はほんの一握りの人々にしか知られていなかったツナミという言葉は、今ではどこででも見かける言葉になった。その始まりは、アチェ州と北スマトラ州ニアスの住民にとってとりわけ忘れがたい出来事だった。本当にまったく想像もしていなかった出来事だった。そのことについてすでに多くのことが語られ、記された。だからここで長々と書くことはするまい。ただ私たちが経験したこと、私が真実だと知っていることについて少しだけ書こう。

二〇〇四年一二月二六日の日曜日、私は朝早く作業用ズボンに着替えて自宅の庭に出た。曇り模様だった。朝のうちに鉢植えの唐辛子の世話をすませようと思っていた。じき太陽がのぼれば暑くなるからだ。家の中から妻が私を朝食に呼んだ。先に食べていなさい、摘み取りをすませたらすぐ行くから、と答えた。庭仕事に必要な道具を準備した。

作業を始めると隣人のハサン・ダウドが訪ねてきた。彼も私と同じく仕事を引退していた。毎週日曜日、私たちは家の前の路地の溝を端から端まで掃除していた。ときどき休みにしてくれと頼んだ。掃除は来週の日曜日にしようと。

ハサンと世間話をしていると、突然、揺れを感じた。揺れは徐々に激しくなり、人々が家の中から走り出てきた。私は妻に身支度するように言ったが、揺れはますます激しくなった。突然、村の北側の海の方からオートバイが猛スピードで走ってくる音がした。乗っていた人が叫んだ。「海の水が入ってきたぞ、すぐそばまで来ている。」

私と妻はためらう間もなく、身を守ろうと走りだした。その前にできたことといえば、サロン〔腰巻布〕とサンダルを取ることだけだった。路地に出ると、近所の人が車で逃げようとしていた。私たちも連れて行ってくれと許可を求めたかどうかは覚えていない。私たちはその車に乗りこんだ。私は助手席に、妻は車の持ち主のアワン夫人、その子ども二人、家政婦が乗る後部座席に乗り込んだ。私の隣には病気の子どもを抱きかかえたご婦人が座っていた。

運転手はアワン夫人の弟のマットシャだった。車は南のムジャヒディン通りに向かった。路地の出口につくと、崩れた家の木材で道が塞がれていた。その路地で車が通れるのはスマンカ通りだけだった。車はスマンカ通りの方角に進んだが、スマンカ通りから別の大通りに抜けられるかどうか私にはわからなかった。果たして道は行き止まりだった。そこへ海の水の波が二度にわたって襲ってきた。最初の波は半透明だったが、次の波は濃く黒い色をしていた。車は波で持ち上げられ、アユブさんの家の鉄塀のほうに押し流された。塀に車が押し付けられる直前、運転席のマットシャが素早く外に出た。

車は塀に寄りかかる形になり、ドアが開けられなくなった。そうなる前に後部座席の私の妻とアワン夫人と二人の子どもは外に出ることができた。車のドアは開かなくなってしまい、私を含めた四人が車中に取り残された。私、私の隣のご婦人とその子ども、家政婦の四人だ。外に目をやると、妻、マットシャ、アワン夫人と二人の子どもの姿はなかった。車のドアはもう開かない。手でフロントガラスを割ろうとしたけれど駄目だった。私はもう一度試みた。もう一度。もう一度。ドアはロックされたままだった。

車の中の水はだんだんかさを増し、私たちは顔を上に向けた状態になった。我々はみなアッラーに身を委ねた。アッラーの名を唱えて祈り続け、アッラーの赦しと助けを請うた。私たちの口は途切れることなく次の文句を唱え続けていた。「ラーイラーハ・イッラッラー」（アッラーのほかに神はなし）。頭をあげ、目を半ば閉じながら唱え続けた。

目を開けると、マットシャ、アワン夫人、二人の子ども、そして何人かの人たちが私たちの正面五〇メートルほどのところにある家の上にいるのが見えた。どうやって屋根に上ったのかはわからなかった。彼らのなかに妻はいなかった。しだいに私たちの声は弱まっていった。いまや声を出しているのは私だけのようだった。

気づくとマットシャが車の前にいた。どうやって屋根から降りてきたのかわからなかった。泳げるのかどうかもわからなかった。マットシャは瓶で車の窓ガラスを割ろうとしたが、うまくいかなかった。流れてきた木で再び試み、ようやくガラスが割れた。

まず私が車の外に出て、それから子どもを抱いたご婦人が外に出た。外に出ると、子どもはもう死んでしまったとご婦人が言った。彼女の涙は枯れていた。私はどうか気を確かにと言った。このとき、もう一人の同乗者が外に出てこないことに私はまったく気づいていなかった。

水が引き始めて足が地面につくようになり、車から降りて妻を探した。海の水はまだ私の首ほどの高さまであった。私は家屋の瓦礫の山に足を乗せて妻を探そうとした。突然私を呼ぶ声を耳にした。一人の子どもが向かいの家の方を指さしていた。その方角をめざすと、水に浮かんだソファーに妻が座っているのを見つけた。妻の傍らには大人の女性と赤ん坊の遺体があった。赤ん坊はかわいらしいお人形さんのような姿をしていた。妻はそこにいることを怖がっていなかった。不思議なこと！

私と妻は、水の中を苦労してさっき私を呼んだ子どものいた大きな家の方に向かった。そこには大勢の人たちが避難していた。私はその場から失礼してモスクに行った。礼拝するためだ。モスクも厚く積もった泥やたくさんの遺体でいっぱいだった。そのままランプリ地区に行くことにした。ランプリに着く前に、お医者さんの家に立ち寄った。そこも大勢の人でひしめいていた。私は友人に会うことができ、互いに抱きあった。私は勧められるまま、遠慮することなく子ども用のお菓子と飲用水の小さなボトルを二つ受け取った。子ども用に運び込まれたものだった。それから私たちはランプリに向かった。水はまだ胸の高さまであった。

ランプリの大通りまで来ると水かさは膝までぐらいになった。道の中央は痛ましい姿勢の遺体でいっぱいだった。私たちはそのまま歩き続けた。電力公社の前まで来たところで、礼拝をしてよいか守衛所で尋ねた。守衛は私たちを礼拝用の小さな建物に案内してくれた。きれいな水がなかったので、小さな池に溜まった水を使った。お菓子と水はできるかぎり節約した。

その晩を私たちは礼拝所の外ですごした。礼拝所が崩れるのが怖かったからだ。人が次々と避難してきた。その中にタケンゴン出身の大学生がいた。男の学生も女の学生もいた。いよいよその人たちが来たことで雰囲気が変わった。タケンゴンの学生たちがいたことで私は家族の中にいるように感じられた。ガヨの言葉〔タケンゴン地方で話されている地方語〕を使うと親しい気持ちがわき、彼らが自分の一部であるように思えた。翌日、そこに避難していたあるご婦人が、あるだけの惣菜で自分の部下に何人分もの食事をつくらせ、バナナの葉に包ませた。食事はそこにいた人みんなに分け与えられた。ありきたりな惣菜なのにとてもおいしかった。調理したのは男の運転手だったけれども。この話はいずれしよう。

妻がスマンカ通りで経験した話を付け加えておこう。乗り込んだ車から降りた後、妻は近くの板張りの家に向かった。そこに着くと新しい波が来た。家の中に押し流され、気づいたときは台所かどこかの部屋の中にいた。部屋の出口は見つからなかった。たぶん混乱していたのだろう。壁の隙間から外が見え、男の人たちが水の中を移動しているのが見えた。妻は何度も助けを求めた。彼らに妻の居場所がわかり、壁を壊すから離れているようにと言われた。それで妻は部屋の外に出ることができた。部屋の中には遺体があったという。助けてくれた男の人は顔見知りの人だったが、それ以来一度も会っておらず、まだお礼は言えていない。（タイプライター・プロジェクトの原稿より抜粋翻訳。写真は津波被災後に自宅跡から掘り出した夫婦の記念写真）

第9章

津波のうねり

被災から
8年目以降

右：アチェ津波博物館で津波避難シミュレーションの展示に見入る小学生たち（2009年10月、バンダアチェ）

本章下部の写真：アチェにて、2005年8月、2007年9月、2008年1月、8月、2011年8月、10月、12月、2013年12月、2014年2月撮影

二〇一三年一二月で地震・津波から九年が経った。アチェでは物理的な復興が一段落を迎え、復興の次の段階を迎えようとしている。アチェの人々は、津波を契機に、アチェ社会内部の亀裂、アチェとアチェ以外のインドネシアの間の亀裂、そしてアチェと国際社会の間の亀裂を修復してきた。また、アチェの人々は自分たちの未曾有の経験を人類社会全体の教訓にしようとし、インドネシア国内の防災学の拠点として、あるいは防災における南南協力の拠点として自らを位置づけ、また、防災・復興の情報のデータベース化などにより情報を世界に発信しようとしている。

このように見ると、地震と津波で甚大な被害を受けたが、世界中の人々の支援を受けて復興を進めるとともに、被災を契機としてアチェ社会が抱えてきた課題を克服し、また、新しい価値を創出して世界に向けて発信しようとするアチェの姿を見ることができる。

ただし、被災を契機とした社会の課題の克服や新しい価値の創出と発信は、一度にすべて理想的な形で決着がつくわけではない。一部は不完全な形をとるかもしれないし、一部は過剰な形をとるかもしれない。現実の復興過程は歪な部分を抱えながら進む。解消しきれなかった課題や新たに抱えた矛盾は、別の災害や出来事を契機に露呈し、そこで改めて調整されていく。津波は多くの犠牲とひきかえに社会の課題を克服する機会となり、新しい価値の創出と発信をもたらすが、それは一度では終わらない。地震の後に余震が続くように、あるいは津波のうねりが続くように、復興過程やその後の過程でずっと続いていく。

被災から九年を経たいま、アチェはどのような課題や矛盾を抱えており、それに対してどのような対応が試みられているのか。二〇〇四年の地震・津波は、三〇年に及ぶアチェ紛争の解決という結果をもたらしたが、その裏で、津波の直接の被災地となった沿岸部と直接の被災地

とならなかった内陸部に対する支援の格差がもたらす確執や、元独立派ゲリラが選挙に参加して議会で多数を占めたことによる民意を錦の御旗にした政治主導の強化という課題を抱えることになった。本書を結ぶにあたり、この二つの課題について整理した上で、津波後に国内外の支援団体によって新しい価値観を与えられた若い世代が登場していることを紹介し、先にあげた課題にアチェ社会が今後どのように対応していくのかを見守る手がかりを示したい。

1　内陸地震への支援——州内格差の解消に向けて

アチェは被災と復興の経験をもとに防災研究・防災教育の最先端として知識と経験を世界に発信しようとしているが、二〇一二年のアチェ地震（スマトラ島沖地震）と二〇一三年のガヨ地震（アチェ内陸地震）の二つの地震により、それまでアチェにおける防災研究・防災教育の意義が抜本的に問い直されることになった。それは、先進国で確立された防災研究・防災教育をそのままアチェに普及させようとしたことへの反省であり、また、二〇〇四年の地震・津波への緊急・復興支援によって顕在化した内陸部と沿岸部の住民の間の確執への再認識である。

スマトラ島沖地震・津波は世界中の関心を集め、アチェに支援が集中した。ただし、人道支援では透明性や公平性の観点から支援対象を拡大適用することが認められず、アチェでは地震・津波の直接の被災者以外を支援対象とする支援団体は限定的だった。その結果、地震・津波の直接の被災地と、長年の紛争で被害を受けていた地域の間で復興支援の地域格差が顕著に見られた。

二〇一二年アチェ地震

二〇〇四年の地震・津波への対応の過程で、インドネシア政府は国家災害対策庁を設置し、全国レベルで防災教育を推し進めた。アチェでは、二〇〇四年には津波に関する知識と備えがなかったために被害が拡大したという認識のもと、災害に関する知識の普及や災害発生時の避難行動などの防災教育がさまざまな形で取り組まれた。街に津波避難棟を設置するだけでなく、津波発生時の避難行動のシミュレーションが津波博物館に展示され、街のどの部分で渋滞が起こりやすいかなどの情報が提供された。さらに、それらの仮想実験を踏まえた津波避難訓練も定期的に実施され、津波観測ブイや津波警報サイレンも設置された。

このように防災教育を積極的に進めていたアチェで、二〇一二年四月一一日の午後三時三八分（現地時間）に地震が発生した。震源はバンダアチェの南西約四三四キロメートル、震源の深さは二二・九キロメートルで、地震の規模はマグニチュード八・六だった。横ずれ断層型の地震としては最大規模のものであり、インド洋周辺の二八か国で津波警報が発令された。インドネシアでは、アチェ州を含む島の広範囲にわたって四分以上の有感地震があった。[*1] 津波早期警報システムは想定通り機能し、津波警報が鳴った。[*2]

地震発生を受け、アチェの人々は、津波警報サイレンがならなかった地域でも、「地震が来たら津波が来る」という知識に基づいて避難行動をとった。[*3] しかし、それによりいくつかの課題が明らかになった。[*4]

一つは、津波警報を受けて人々が行った避難行動が訓練通りにいかなかったことである。特に、大勢の住民が避難路に殺到して渋滞が発生した。渋滞の発生はシミュレーションで想定されており、それを防ぐ方法も検討されていたが、実際に渋滞を防ぐことはできなかった。避難

＊1　地震による建物の倒壊や道路のひび割れ等の被害が報告されている。バンダアチェ周辺では、刑務所の壁が倒壊している。また、地震による死者はアチェ州で五人、重体が一人、軽傷が六人だった。死者の多くは心臓発作などによるものだった（『スランビ・インドネシア』二〇一二年四月一三日）。

＊2　（『スランビ・インドネシア』二〇一二年四月一一日）

＊3　北アチェ県では、クルンマネ郡やスヌドン郡、クルングク郡の住民が屋外に出て、丘陵地や海岸から遠く標高が高い地区に避難した（『スランビ・インドネシア』二〇一二年四月一一日）。

＊4　この地震の避難行動に対する防災の専門家による評価報

行動の際に起きた混乱は「パニック」として受け止められ、地震や津波警報に対して人々は恐怖心が先に立ち、冷静な判断ができなかったと評価された。

もう一つの課題は、津波警報が解除された後も人々が避難先から帰宅しなかったことである。地震によりバンダアチェ市内で停電が起こり、電話回線に障害が生じた[5]。停電したときに津波警報の解除をどのように伝えるかは訓練に含まれていなかったため、人々は避難先で津波警報が解除されたかどうかわからなかった。余震が続いたため[6]、避難棟や高い建物に避難した人々は停電した市内[7]の移動を避け、そのまま一夜を過ごした[8]。高い建物があるシアクアラ大学や津波避難棟として設計されていたＴＤＭＲＣにも周辺から住民が避難してきたが、対応した人々も誰が何をすべきかわからなかったという。

また、停電により通信が困難になり、現地の情報が正確につかめなかったこともあり、実際にどの規模の津波がいつどこに到達したのかという情報が錯綜した。地元紙のインターネットサイトでは、午後五時過ぎの時点で、太平洋津波警報センターの情報として各地域で想定される津波到達時間を掲載した[9]。国家災害対策庁は、地震発生のメカニズムから想定して大規模な津波は発生しにくいとの見解を午後四時過ぎに発表していたが、気象気候地球物理庁（ＢＭＫＧ）のウェブサイトはアクセス不能になっていた。また、アチェ西南海岸部で六メートルの津波が観測されたとの報道が出た。

午後五時四三分の余震で再び津波の発生が懸念され、国家災害対策庁は警戒を呼び掛けた。この地震は日本やイギリスでも報じられ、被害の程度によっては国際的な救援活動が必要になることが想定されるほどの規模だった。午後六時過ぎには、ＢＭＫＧが観測した津波の高さとして、ムラボで午後五時四分に八〇センチ、サバンで午後五時に六〇センチの津波があったと

告には、たとえば［Goto *et al.* 2012］がある。

*5 バンダアチェ市だけでなく、アチェ州や北スマトラ州の各地で停電が起きた。

*6 午後四時二八分にはマグニチュード六・五（震源はシムル県の西南五一〇キロメートル、震源の深さ四二キロメートル）の地震が発生し、その後も午後五時四三分までのあいだにマグニチュード六・一から八・一（シムル県の西南四八三キロメートル、深さ一〇キロメートル）の余震が四回発生している。さらにその後も余震が続き、一四回にのぼった（『スランビ・インドネシア』二〇一一年四月一一日）。また、翌四月一二日にも余震が一〇回あったことが報告されている。

発表された。

この地震はアチェの防災関係者によって苦い経験として位置付けられた。地震や津波の発生メカニズムについての科学的な知識や地震や津波が発生した際にとる行動を記した防災マニュアルに通じていた防災関係者自身が適切な避難行動をとれなかったためである。災害について熟知していても、実際の災害対応に役立てるには、災害時にそれぞれが担う役割を具体的に想定しておく必要があることが確認された。

もう一つの課題は、地震が起きたら津波が発生するという知識のために人々は迅速な避難行動をとったが、その避難行動が恐怖と不安に基づいていたことである。科学的知識の普及によって人々の不安は払しょくされ、災害時に冷静に行動できると考えられていたが、実際に人々の避難行動を促したのは恐怖や不安だった。科学的知識の普及に努めたことが結果として人々の不安を促す方向に作用したのではないかという考えが生まれた。

これらのことは、アチェの防災研究・防災教育が先進国のモデルをそのまま受け入れていたことに起因しており、そのまま受け入れるのではなく、アチェ社会の事情に即して知識を受け入れて訓練を行わなければならないという反省に繋がった。

二〇一三年ガヨ地震

アチェの災害対応力が問われたもう一つの地震は二〇一三年のガヨ地震である。二〇一三年七月二日の午後二時三七分（現地時間）にマグニチュード六・一の地震が発生した。ビルン県の南方五五キロメートルを震源とし、震源の深さは一〇キロメートルだった。内陸部の中アチェ県とベネルムリア県を中心に家屋の倒壊や地すべりなどの被害が出たほか、震源地から五

*7 バンダアチェの停電は、四月一二日の夜より段階的に回復した（『スランビ・インドネシア』二〇一二年四月一三日）。

*8 避難所の一つとなっていたスルタン・イスカンダルムダ空港にも大勢の住民が避難していた。国家災害対策庁の報告によれば、アチェ州で一万人が避難先で一夜を過ごした（『スランビ・インドネシア』二〇一二年四月一二日）。

*9 『スランビ・インドネシア』二〇一二年四月一二日

一〇キロ離れているバンダアチェや、マラッカ海峡の対岸のマレーシア各地でも揺れが感じられた。余震は一五回に及び、地震による死者は四二名、避難者は五万人を超えた。家屋倒壊は中アチェ県とベネルムリア県あわせて三〇〇〇棟以上にのぼり、住民の多くは倒壊・半倒壊した住宅で過ごすことに不安を感じて屋外で一夜を過ごした。地震による土砂崩れや地すべりが発生したため、テント等の救援物資はなかなか現地に届けられなかった。被災地は山間地であり、被災状況の全体像の把握に手間取った。

　ベネルムリア県と中アチェ県は内陸部にあり、二〇〇四年の津波ではほとんど被害を受けなかった。津波の被災地となった沿岸部とは住民の多数が文化的・歴史的に異なる背景を持つ地域である。[*10]

　ガヨ地震は、その被害規模から、国家的災害ではなく州レベルで対応すべき災害とされ、アチェ州にとって外部からの公的支援なしに自分たちだけでの対応が求められる初めての地震となった。ガヨ地震への対応過程でいくつかの課題が明らかになった。

　第一に、バンダアチェの州政府では被災地についての情報を十分に集められなかった。交通や通信が途絶して情報を得にくかったことのほかにいくつかの背景がある。そもそも被害が集中したベネルムリア県は二〇〇三年一二月に新設された県で、かねてより県政府の人材不足が指摘されていた。また、ベネルムリア県と中アチェ県にも県レベルの災害対策局が設置されていたが、内陸部にあって二〇〇四年の津波で被害をほとんど受けなかったため、災害時の現場での経験が少なかった。さらに、もともと内陸部に対する関心が低く、被災地の情報が提供されても、被災地がどのような地域で、それぞれの地名がどの地点にあるかといった基本情報がバンダアチェの州政府に不足していた。

---

*10　本書24ページならびに［岩淵 1994］を参照。

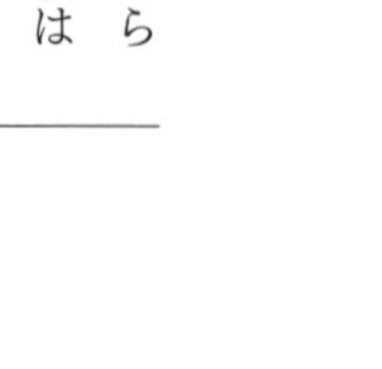

第二に、災害対応現場での調整が十分に行われなかった。インドネシア医師連合会アチェ支部によれば、緊急医療支援のため現地に医師団を派遣したが、地元行政が十分に機能せず、国際人道支援団体もほとんど入っていない状況で、現場ではインドネシア国軍が緊急支援を調整しており、医師は現地に到達しても被災地に配置されず、医療活動を十分に行えなかった。ガヨ地震は、アチェ州内で緊急事態が発生した時に、軍・政府、省庁、州政府と各県政府の間で情報を共有し、適切な連携が取れる体制になっていないことを露呈させた。

図9−1　アチェ州から内陸の県を分立させる動きについての風刺漫画
（『コントラス』第335号、2006年12月）

　このことの背景には、アチェ内陸部に居住する人々が沿岸部に居住する人々と民族や言語が異なっており、生業や生活環境も大きく異なっていることから、内陸部の住民はアチェ州で少数派と見なされていたことがある。沿岸部の住民は、しばしば内陸部の人々を山や森の中に住んで文明から離れたところで暮らしている人々と見てきた。アチェ州はもともと州内の民族的多様性を認めており、アチェ独立運動においてもそのことは意識されていたが、その一方で、海岸部と内陸部の文化的・歴史的相違は常に明確に意識されていた。その意識は内陸部の住民によっても共

有されており、アチェ州をインドネシア共和国から分離独立させようとする動きに対して、それは沿岸部住民による動きであって内陸部住民はそのような動きに同調したくないという意味で、アチェ内陸部をアチェ州から分離させようとする動きもあった[*11]（図9-1）。

インドネシアの他地域とは文化的に異なる独自のアチェ民族を唱えてインドネシアからの分離独立を主張したのに対し、アチェ州内で文化的・歴史的に異なると見られていた内陸部もアチェ州からの分離を唱えるという入れ子構造が見られる。津波を契機にインドネシアの枠内で発展する道を選んだアチェ社会は、ガヨ地震を契機に内陸部がアチェ州から分離しようとしたことの意味を理解したのではないだろうか。

アチェ州政府の各部局はガヨ地震への取り組みを重点課題として掲げた。州開発計画局ではアチェ地理空間データセンター（PDGA、英語略称AGDC）を置いて州内の各種情報のデータベースの整備を進めてきており、社会開発分野でも地理情報を活用して情報の統合的な利用に積極的に取り組もうとしていた。ガヨ地震に対してアチェ地理空間データセンターは自分たちの取り組むべき課題であると強く意識し、ガヨ地震の被害状況と救援・復興過程を記録するとともに、それを簡便な形で他の県・市でも共有できるような仕組み作りを二〇一四年の重点目標に掲げている。

一般の人々も内陸部の地震被災者に関心と支援を向けている。バンダアチェの街角では「ガヨの被災者に募金を」と記した募金箱を掲げた若者たちを交差点で見かけることができる。募金箱を持っている人々は海岸部の人たちである。そして、バンダアチェでは内陸部の産品であるガヨ・コーヒーが熱心に勧められている。

被災前の課題の解決という点からアチェの復興を考える上では、アチェ州全体が復興事業を

*11　アチェ州内陸部の六県市（ベネルムリア県、中アチェ県、ガヨルス県、東南アチェ県、スブルサラム市、アチェシンキル県）をアチェ州から切り離して新たにアチェルサアンタラ（Aceh Lueser Antara, ALA）州を設置することを求める動きは二〇〇一年八月頃から見られる。二〇〇〇年五月に始められたGAMとインドネシア政府との間の戦闘一時休止合意の成果が十分見られない中で、インドネシア政府によるGAM掃討作戦が再開される一方で、アチェ州の自治を強化する二〇〇一年第一八号法律が制定された時期のことだった。その後も州分立の動きが消えることはなく、二〇〇四年九月に同州の分立法案が国会に提出されていた。詳しくはスマトラ沖地震・津波関連情報サイトの二〇〇四年スマトラ沖地震・津波　アチェ・ニアス復

通じて経済的に回復したかどうかと別に、アチェ州内に被災前から存在した沿岸部と内陸部の確執や、それによって生じていた地域間格差が解消されるかどうかを見ることも重要だろう。

2　行政改革とイスラム——特別自治州のジレンマ

津波被災九周年記念式典

二〇一三年一二月二六日にバンダアチェで行われた津波被災九周年の記念式典では、被災から九年を迎えたアチェが抱える課題が明らかになった。式典には、元アチェ州副知事で現在は中央政府の行政改革大臣であるアズワル・アブバカルと、独立紛争期に北アチェ県知事を務め、能吏としてしばしば州知事候補に名前があがり、今は中央政府の内務省でコミュニティ・村落開発総局局長を務めるタルミジ・カリムが来賓として招かれた。

記念式典のホスト役として開会挨拶に立ったバンダアチェ副市長は、九年前に津波を受けたときのことを思い起こし、二人の来賓の対応を讃えた。津波に襲われた際に迅速に対応し、救援復興に心血を注いで取り組んだのは、当時、収賄容疑で収監されていた州知事にかわって暫定州知事としてアチェ州行政を支えたアズワル氏をはじめとする行政官たちだったことが強調された。アズワル氏は来賓挨拶の中でこれに応え、バンダアチェの救援と復興に貢献したのはバンダアチェの市民一人一人であり、また、復興再建庁やインドネシア内外の企業やNGOをはじめとする民間組織であったことを強調した。

この演説が言外に示していたのは、現在のアチェ州において政治的に大きな勢力を持ってい

興関連情報(4)の「アチェ・ルサ・アンタラ州の分立案」の項を参照。

る元独立派ゲリラは、津波発生時の救援と復興で重要な貢献をしなかったという主張である。二〇〇五年八月の和平合意にもとづいて元独立派ゲリラの政党結成および政治参加が認められ、現在では元独立派ゲリラの政治家が州議会や県・市議会で多くの議席を占めているが、彼らの多くは被災時にアチェにおらず、救援復興にも遅れて参加した。しかし、その後の選挙により議会で多数の議席を占めると民意を錦の御旗にしてアチェの開発行政などを政治主導で決めてしまい、州全体を考慮に入れて開発を進めたい行政官たちからよく思われていなかった。

副市長は加えて、現在の体制では州政府に大きな権限が付されており、県・市レベルで行政官が力を尽くしても限りがあること、したがって州政府が主導権を発揮して津波復興後のアチェの地域振興にかじ取りをしてもらう必要があることを訴えた。

アチェ州政府が旗問題やワリ・ナングロ（州元首）問題[*12]で内務省と軋轢を抱える中で、二〇一四年に総選挙を控えているアチェ州において行政官の貢献が強調されたことの意味は何か。ガヨ地震の際に県政府や州政府が緊急事態に十分に対応できず、国軍が調整役となったことが危機感をもって語られていることとあわせて考えるならば、二〇〇四年の津波のときに復興再建庁が非常事態に対応したように、非常事態に民間や行政官が主導する形で対応したいとの願いが見える。

アチェ特別州

インドネシアではスハルト体制が崩壊した一九九八年以来、州の権限を県・市に委譲し、県・市政府を強化する制度づくりが進められてきた。ただし、分離独立運動を抱えていたアチェ州では、県・市政府ではなく州政府に権限を集中させてきた。こうした中で、アチェ州で

*12　アチェ州議会は二〇一三年三月、アチェ州の州旗と州章をかつてのGAMの旗に酷似した赤地に月と星を配したデザインにする州法令を可決した。中央政府はアチェ州政府に対して法令の妥当性を再検討するよう求めたほか、インドネシア独立記念式典の際にこの旗を掲げることを禁じた。

は権限と財政が集中した州知事の汚職が問題となり、二〇〇四年の津波の前に州知事が逮捕される事態になっていた。

二〇〇六年に制定されたアチェ統治法でも、アチェ州ではほかの州と異なり州政府に権限と財政を集中させた。二〇〇六年末に行われた州知事選挙ではイルワンディが、そして二〇一二年に行われた州知事選挙ではザイニ・アブドゥラが州知事に選出された。いずれもGAM出身者で、経済開発や行政分野での活動経験に乏しかった。

図9−2 アチェ州でのインドネシア総選挙の様子（2009年6月、バンダアチェ）

津波前のアチェ州知事は、行政官として経験を積んできた人物や、経済開発の専門家や知識人として指導力が期待される人物が選ばれてきた。[*13] 地域開発は中央政府から予算や事業資金を調達することによって実現すると考えられており、ジャカルタの行政官、とりわけ、国家開発庁と内務省の高官から信頼され、交渉できる能力が重視されてきた。これらの州知事は、中央政府の意向はうかがうけれど一般住民の意向を汲み取ることができないといった批判や、インドネシア国軍による人権侵害問題やGAMの台頭といった想定外の事態に迅速に対応できないといった批判を

＊13 たとえばイブラヒム・ハサン州知事（任期一九八六〜一九九三年）はシアクアラ大学学長を一〇年間務めた。シャムスディン・マフムド州知事（一九九三〜二〇〇〇年）はベルギーのゲント大学で博士号を取得し、シアクアラ大学経済学部長（一九七七〜一九八一年）、アチェ州開発計画局長（一九八二〜一九九三年）を歴任している。

しばしば受けてきた。

二〇〇六年のアチェ統治法制定により、住民が投票で選んだ政党によって州政府が組織されるようになった。銃弾という武器による実力行使ではなく、投票による民意という武器を得ることで州政府に対して要求できるようになった。しかし、このようにして民意を反映させたはずの州政府が十分に機能しないとの批判が出ている。州開発計画局では、州財政の全体像を把握し、州内の各分野における発展状況の情報を整理し、優先順位をつけて財政配分を決めてきた。しかし、現在では予算は議会で各地方の利害を背負った議員たちが自分たちの都合で配分を決めてしまうために、州全体のバランスをもとに優先順位を決める発想がなじまなくなっているという。

この問題は、復興支援事業のために域外から予算や事業が投入されていた時期が終わったことで顕在化した。さらに、ガヨ地震が発生し、緊急事態に州政府のイニシアチブで対応しなければならなくなった際に州政府の調整機能が十分に機能しなかったことで調整役としての軍の介入を許し、行政が危機対応を帯びることで、武装勢力のプレゼンスが増す事態を招き、そのことがもう一つの武装勢力であったＧＡＭを母体とする政党勢力が議会を通じて州行政に影響力を及ぼしていることと重ねて受け止められて深刻な問題であると捉えられるようになっている。

アチェ党とイスラム的価値のゆくえ

津波記念式典で行政官の重要性が強調されたのに対し、来賓の一人で元ＧＡＭメンバーであるムザキル・マナフ州副知事は、イスラム教の価値を強調し、救援・復興支援の過程で「脱

色」されたアチェ社会を再びイスラム教の色に染めていこうとする態度を見せた。それを象徴するのが、「集団埋葬地に木を植えて埋葬地を緑で埋めよう、なぜなら緑はイスラムの色だから」という発言である。

集団埋葬地は、世界中から訪れた人道支援団体が復興事業に取り組む中で、固有の宗教や文化の色を付さないところが特徴の一つだった。掲示は最小限にとどめ、どのような立場や文化的背景の人でも等しく犠牲者の前で津波被災を思うことができる場としてつくられていた。インドネシアにおいてはイスラム教徒の墓地に木を植える習慣があるが、集団埋葬地では埋葬された場所に木が植えられることはなく、見晴らしがよくしつらえてあり、そのことがこの埋葬地に眠る人々が信仰や立場にかかわりなく人類社会の一人として亡くなったことを思わせていた。

イスラム的価値の強調は、州知事のザイニ・アブドゥラの方向性に沿ったものである。ザイニ[*14]は、一九七六年にGAMが活動を開始して以来、ハサン・ティロを補佐し、一九八一年からはハサン・ティロとともにスウェーデンに亡命し、アチェ亡命政府の「外務大臣」を務めてきた人物で、長くアチェの外を生活の拠点としてきた。

ザイニは、GAMの現地司令官としてアチェにおけるゲリラ戦を指揮していたムザキル・マナフを州副知事候補に伴って、二〇一二年のアチェ州知事選挙に出馬した。出馬当時、ザイニは七二歳、ムザキル・マナフは三九歳で、GAMの旧世代と若手世代が組んだと評された。ザイニは選挙運動でイスラム的価値の強化とヘルシンキ合意の遂行を訴えた。支持政党のアチェ党[*15]は、元GAMメンバーを母体とし、二〇〇九年の州議会選挙で多数派となった政党である。

現在の主な争点は森林伐採問題である。ザイニはアチェの生物多様性を保全すると唱えてい

---

*14　一九四〇年にピディ県ブルヌンで生まれた。父親のアブドゥラ・ハナフィは、一九五〇年代にアチェ反乱を率いたダウド・ブルエと行動をともにしていた。ザイニは高校までアチェで学び、北スマトラ大学の医学部で学んだ後、東アチェ県とメダンの病院で勤務した。ザイニの弟ハスビ・アブドゥラはアチェ州議会議長を務める。

*15　二〇〇七年から党首はムザキル・マナフ。ムザキル・マナフは、一九六四年、北アチェ県生まれ。高校まで北アチェ県で学び、一九八六年から八九年までリビアで軍事訓練を受けた。二〇〇二年、GAMのアチェ司令官が死去すると司令官に抜擢される。二〇〇五年にアチェ委譲委員会（KPA）の委員長になった。

たが、森林伐採がやまないことについて批判が相次いでいる。もう一つは、後述する州旗とワリ・ナングロの問題、そして真実究明委員会[*16]の設置をめぐる問題である。

ワリ・ナングロと旗問題――マリク・マフムド

アチェ州にワリ・ナングロ（州元首）と州の象徴（州旗）を独自に設けるという規定は、アチェ統治法が初めてではない[*17]。今回が以前と異なるのは、州旗とされた月星旗がGAM旗に酷似していることと、ワリ・ナングロにGAM幹部だったマリク・マフムド[*18]を据え、これを第九代ワリ・ナングロと呼んでいることである[*19]。マリク・マフムドは二〇一三年一二月に第九代ワリ・ナングロに就任した。ワリ・ナングロについて定めた州法は二〇一三年一一月に州議会で可決したばかりなのにすでに第九代であるのは、アチェ戦争の英雄ムハンマド・サマン（トゥンク・チ・ディティロ）を第一代と数え、第八代をハサン・ティロとしているためである[*20]。これにより、GAMが従来掲げていたアチェが独立国であるという歴史観があたかも正史として認められたかに見えることになる。インドネシア政府は、GAM旗との違いを明確にするために州旗は上下の白黒線を排除して月星だけにすることを求めた。インドネシア国旗とアチェ州旗は並び立つものであり、どちらか一方が他方を排除するのでない限り問題ないと考えることもできるが、GAM旗とインドネシアの旗が同じ扱いを受けているようにも見えるため、インドネシア国軍をはじめ、これに抵抗がある勢力も多いことは理解できる。

いずれにせよ、アチェの人々がアチェの独自性を強調するためにワリ・ナングロや州旗をGAMに重ねていると考えるのは少しずれているかもしれない。現在のアチェでは、GAMに夢を託した人々の思いを受け止めた上で、社会との軋轢を作らないようにしながら自然に別の形

---

*16　二〇〇五年のヘルシンキ和平合意にもとづき、二〇〇六年アチェ統治法で人権侵害問題に取り組む真実和解委員会をアチェに設置することが定められた（同法第二二九条）。しかし、二〇〇六年末、インドネシアにおける真実和解委員会について定めた真実和解委員会法（二〇〇四年第二七条法律）に最高裁で違憲判決が出たこともあり、アチェの真実和解委員会の設置はとん挫していた。二〇一三年一二月、アチェ州議会はインドネシアの真実和解委員会についての法律制定を待たずにアチェ真実和解委員会地方政令（二〇一三年第一七号地方政令）を施行した。

*17　「ナングロ」とはインドネシア語の「ヌグリ」にあたるアチェ語で、国（くに）を意味する。内戦が激化する中、二〇〇

に解消させることが課題となっている。GAM幹部の多くは長く海外を拠点にしており、ヘルシンキ合意後にアチェに戻ったため、彼らの処遇も一つの課題となった。最高指導者だったハサン・ティロは二〇一〇年に高齢のため死去した。ずっとシンガポールにいて、アチェから避難してくるGAMメンバーの面倒を見たり、ヨーロッパにいるハサン・ティロとアチェのGAMとの橋渡しを担ってきたマリク・マフムドに象徴的な存在であるワリ・ナングロの椅子を渡すことは、GAMメンバーを無碍にすることなく実権を持たせない名誉職に就かせるというアチェの人々の一つの知恵だったと考えられる。

図9-3　GAM元司令官を党主とするアチェ党の地区事務所（バンダアチェ）

イスラム化

津波後のアチェで顕著に見られることの一つにイスラム化がある。これは、異教徒に対する宣教や信仰の強制ではなく、イスラム教徒に向けられたものである。スハルト期のアチェで、社会風俗に関する規制としてしばしば新聞沙汰になっていたのは賭け事と不倫・売買春だった。アチェの特別自治が制度化される中で、イスラム教に関しては、女性の服装に対する規制（服装検問）、鞭打ち刑の実

一年に「アチェに対する特別自治法」（二〇〇一年第一八号法律）が施行され、インドネシアの他の州にはない特別な地方自治がアチェ州に認められていた。同法では、州知事公選制の導入、石油・ガス収入の特別配分（通常は地方政府の取り分は石油収入一五％、ガス収入三〇％だが、アチェ州には石油・ガス収入ともに七〇％を配分）といった州政府の権限を強化する施策に加えて、アチェ州住民の一体性の象徴としてワリ・ナングロという役職が新たに設置された。このほかにも地方政令を「カヌン」、郡レベルの地方行政体を「サゴ・チュ」と呼ぶなど、地方行政におけるアチェ語の活用が同法により図られた。その後、アチェ州には戒厳令が施行され、同法のもとによる州知事公選は実現せず、ワリ・ナングロも定められなかっ

施、首長選出馬のためのコーラン読誦能力審査がアチェ州の特色ある施策として挙げられる。

3　カフェとヘルメット——違いがわかる楽しみ

行政官と元GAMメンバーの政治家の確執は、しばしばアチェ名産のコーヒーをめぐるやり取りで表現される。

田舎政治家と揶揄されることもある元GAMメンバーは、クダイコピやワルンコピと呼ばれる昔ながらのコーヒー屋に昼間から入り浸っているイメージで語られる（図9-4）。これに対し、街の役所に勤める行政官は、内陸のガヨ地震被災地の深刻さに気付き、オフィスにはガヨ・コーヒーの販売促進ポスターを貼り、外国に行くときはお土産にガヨ・コーヒーのサンプルをカバンに入れていく人たちである（図9-5）。

行政官たちは、政治家たちが昔ながらのワルンコピに入り浸っていると皮肉を言う。それは、昼間から仕事もせずに屯《たむろ》していることへの批判ではなく、議会や役所の外で仲間たちだけでものごとを決めてしまうことへの批判である。これに対し、政治家たちは、ワルンコピで行政官たちを見かけないけれどいったいどこでコーヒーを飲んでいるのかと問いかける。そこに込められた意味は、エアコンの効いたホテルの喫茶室や会議室でコーヒーメーカーで入れたコーヒーを飲んでいるだろうという批判にとどまらない。復興や開発のプロジェクトのためといってジャカルタや外国を頻繁に訪れており、地元アチェにほとんどいないという皮肉である。アチェ独立のために文字通り戦ってきたという自負を持つ政治家たちと、紛争下で行政を

た。

*18　一九三九年、シンガポール生まれ。父はバンダアチェ出身の商人だった。マリク・マフムドはGAM亡命政府の首相としてシンガポールを拠点に、ヨーロッパのGAM幹部とアチェで活動するGAMを仲介する役割を果たしていた。二〇〇五年八月のヘルシンキ和平合意後にアチェ入りした。

*19　ワリ・ナングロは、ヘルシンキ合意の中でアチェはアチェの住民を一つにまとめるための象徴を持つことができるとした部分に起源を持つ。マリク・マフムドを第九代のワリ・ナングロにしたことは、GAMが長年主張してきた「アチェ戦争でアチェはオランダに主権を渡していない、なぜなら、アチェのスルタンはオランダとの

担ってきたという自負を持つ行政官たちは、アチェの将来図をめぐって鋭く対立している。その象徴となっているのがアチェ名産のコーヒーである。

そんな旧世代どうしの対立を尻目に、これまでのアチェになかった新しい価値や発想をもとにアチェの将来図を描いている津波後世代の人たちがいる。

図9－4　ワルンコピで情報交換する男たち（2005年8月、西アチェ）

図9－5　さまざまな種類のコーヒーが売られている
（2013年12月、バンダアチェ）

抵抗戦争をアチェのカリスマ的ウラマーだったムハンマド・サマンに委ね、ムハンマド・サマンはオランダに降伏せずに抵抗を続けたから」という歴史観をアチェの正史にするものと理解できる。

*20　GAMはアチェ独立の根拠として、アチェ王国のスルタンはオランダに対する抵抗戦争をイスラム教指導者のムハンマド・サマンに託した後にオランダに降伏したのであって、アチェ統治の主権はオランダにではなくムハンマド・サマンに継承されたとの歴史観を主張してきた。ムハンマド・サマンに委ねられたアチェの主権は抵抗戦争の指導者に代々引き継がれ、一九七六年にハサン・ティロに継承されたとする［Hasan 1984］。GAMの歴史観や思想的背景については［Isa 1997］

図9−6　無線インターネットつきのカフェで仕事をする若者たち（2013年12月、バンダアチェ）

新しいカフェ文化

津波後世代を象徴するのが、近年バンダアチェ市を中心にたくさん見られるようになったカフェである。カフェには無線インターネットの設備が備えられ、カフェにいる人々はインターネットを通じてカフェにいない人とも繋がっている。多くのカフェで電源は使い放題で、ノートパソコンを広げて動画を見たりデータを送ったりすることもできる。カフェは柱ばかりで壁がなく、誰と誰が会っているかが道路から丸見えのオープンスペースになっている。

このようなカフェの形態は従来のアチェでは見られず、もとは人道支援団体やNGOがアチェで活動するようになった復興再建期にNGOの外国人スタッフ向けに急速に増えたものである。そして今、これらのカフェに通う若者たちは、こうした新しいカフェ文化の中で育った人々である。調査助手や運転手が一緒にテーブルを囲むような関係も増えている。[*21]

カフェの店頭にはオートバイがずらりと並ぶ。これは、カフェに集う若者たちが自家用車に乗って毎日決まった職場に通う定職を持った「バパ」[*22]たちではないことを示している。彼らは仲間づくりの拠点としてカフェを利用している。支援事業の申請書をいくつも抱え、募集に応じて仲間を組み替えて、新しい事業を柔軟に作る。そんなカフェに立ち寄ると、いま日本では

を参照。

*21 アチェ（インドネシア）の常識に従えば調査助手や運転手は食堂やコーヒー店では自分の雇い主と同じテーブルにつくことはない。

*22 バパ（bapak）とはインドネシア語で父を示す言葉で、年長の男性に対する呼称でもある。庇護すべき子あるいは子分（anak buah）を持つ社会的地位にあることも意味している。

何が流行っているのかとか、日本の支援団体に出すプロジェクトの申請書を読んで助言してくれないかとか話しかけられることも多い。

カフェに集う若者たちは、ＧＡＭとインドネシア政府の激しい対立が終わった後に成人した世代である。ＧＡＭとインドネシア政府のどちらの色がついているかを見定められてしまう旧世代と異なり、どちらの色もついていない。特定の組織やグループに属することなく、自分の理想を実現しやすい場所や仕事を求めて、状況に応じて自らの所属を変えることもやぶさかではない。その中には、アチェで生まれ育った人ばかりでなく、津波後にアチェにやってきたアチェ域外の出身者もいる。

ファッション・ヘルメットの流行と新しい情報環境

カフェの店頭にバイクが並んでいるように、個人の移動の手段も様変わりした。バイクの割賦払いが定着し、少ない元手でバイクを購入できるようになった。女子学生も例外でなく、ベールの上にさまざまな意匠を凝らしたファッショナブルなヘルメットをかぶって通学する人が増えた。洋服やスマートフォンのカバーと同じように、ヘルメットのデザインは多種多様で他人と同じにならないようになっている。

そのかわり、公共交通機関が衰退した。かつてはラビラビと呼ばれるミニバスがバンダアチェ市内各所と大学を結んでおり、大通りでは常時数台が競い合うように走っていたが、今は数分に一台程度の間隔でしか見かけなくなった。

メディアの状況にも変化が見られる。アチェの地元新聞社であるスランビ・インドネシア社はインターネットによる記事提供サービスを向上させ、アチェにいなくても昼過ぎにはその日

図9−7　色とりどりのヘルメット（2013年8月、バンダアチェ）

の新聞がオンラインで読めるようになった。津波後にアチェを訪れた人々がそれぞれの国に帰ってもアチェに関心を持ち続けるようにするためであり、また、アチェから域外に出て行った人たちとの繋がりを維持するためでもあるという。

　また、新聞が市民記者コーナーを充実させていることには、『スランビ・インドネシア』を通じてアチェと域外の結びつきを維持させようという狙いが見て取れる。インターネットとスマートフォンが普及することで新聞が読まれなくなっているという問題に対応するため、経営の多角化をはかっている。印刷工場を活かして外部から印刷の注文をとり、カレンダーや報告書、チラシや招待状などなんでも引き受け、選挙の時はポスターやチラシなどたくさんの注文が入るという。また、自家用車に乗る人が増え、以前よりもカーラジオの影響力が増しているため、ラジオ放送を開始してニュースを配信している。

4　津波後世代の誕生――マルチメディアを体現する人々

二〇〇四年の地震・津波では、世界各地の支援団体や支援者がアチェを訪れ、さまざまな支

援プログラムを実施した。それらの多くは、支援者の出身社会でも実現できていないだろうと思われるほどの理想的で世界標準のプログラムであり、支援対象者の意向がどうであるかにかかわらず、善意の押し売りをしているかのようにも見えた。人道支援は、それがよい価値だと思ってもさまざまな事情で出身社会では実現できないものを事業地に持ち込んで実施しており、その意味でアチェは救援・復興支援の「実験場」となっていた。津波直後から一年、二年と経ち、多くの支援団体が撤退していく中で、外から持ち込まれた世界標準はどこまで定着するのか疑わしいという印象を抱いていた。

しかしながら、被災から八、九年が経ち、津波直後に小中学生だった世代が大学を卒業して仕事に就くようになると、救援・復興支援の「実験場」でアチェの子どもたちに伝えられていた価値観や考え方がアチェの若い世代に定着していると実感することが増えた。ものごとを相談し、決めるときには関係する人たちの間で透明性や公平性を高くし、それぞれの貢献に対する評価を公正に行うべきと考えるなど、救援・復興プログラムが持ち込んだ価値観や考え方が広く受け入れられている。

しかも、彼らは、目の前で家族や知人が津波にさらわれたり、自分自身も海を漂流して助かったりした経験があり、両親や兄弟姉妹が亡くなる中で自分一人が生き残ったことの意味を考えている。また、多くの国から支援の手が差し伸べられたことで勉強を続けたり生活を再建したりできたとの思いが強く、それに報いることがいま生かされている自分の生を全うすることだという意識を強く抱いている。

彼らは新しいファッションやデザインを使いこなし、新しい情報を取り入れ、新しい人間関係の中でアチェの将来図を描こうとしている。大学や大学院を卒業し、社会のさまざまな現場

でそれぞれの活動を始めた津波後世代は、旧世代の対立を乗り越えて新しいアチェを作りだし、それを外の世界にも伝えていくだろう。以下、そのような津波後世代の若者たちを何人か紹介してみたい。

バイクで移動図書館——日本のマンガで育ったイマム・ムナンダル

イマム・ムナンダルは、バンダアチェ市街のパサールアチェで、家族とともに津波に巻き込まれた。一九八三年にピディ県で生まれたイマムは、津波当時は大学生だった。津波前に父を、津波で母と姉を失って孤児となったイマムは、大阪ガスの奨学金によって大学を卒業した。子どもの頃から日本のマンガを読み漁っていたイマムは、日本の企業の奨学金を得たことを誇りに思っている。シアクアラ大学に入学すると、ＴＤＭＲＣのリダ副センター長がイマムを養子にした。イマムは家族のうち自分だけ生き残ったことの意味をずっと考え続けている。大学時代、友人たちと移動図書館の活動をした。はじめはバイクの後ろに台車をつけて本を運んだだけの簡単なものだったが、後に助成金が得られたのでミニバンを使って少し遠く離れた小学校にも行けるようになった。自分が子ども時代にマンガを読むことで毎日を楽しく過ごしたように、子どもたちに本を読む喜びを伝えたいと思ってこの活動を始めたという。

二〇〇八年からはＴＤＭＲＣの地理情報システム（ＧＩＳ）部門で仕事をしている。二〇一一年にはシアクアラ大学大学院防災学研究科に入学した。イラストを描くのが好きで、同世代の友人たちと協力してマンガやアニメーションを使って災害に関する知識を子どもたちに伝えたいと考えている。自然を相手に生業を営んでいる漁民や農民には暮らしを守る知恵が受け継がれているが、現在はこうした知恵が継承されなくなっている。マンガやアニメを使うことで

子どもたちにも関心を持ってもらえると考えている。

小説で防災教育――妻とともに歩むアルフィ・ラフマン

アルフィ・ラフマンは、一九七七年にアチェ西南海岸部のアチェシンキル県で生まれた。中学時代はリアウ州で過ごし、高校はバンダアチェで通った。津波後に勉強を再開し、二〇一二年にシアクアラ大学大学院防災学研究科に入った。

図9－8　イマムと移動図書館を利用する子どもたち

大アチェ県カジュ地区に住んでいたアルフィは、津波で親戚二〇人を失った。自分も津波にのまれたが、泳いで木によじ登って一命をとりとめた。被災する前日に婚約したばかりで、婚約者も無事だったため、結婚式は少し延期して二〇〇五年四月に結婚した。物書きをしている妻[*23]や新聞記者をしている叔父の影響を受けて、津波後に文章を書いて発表するようになった。小説やノンフィクションを通じて防災・減災に取り組み、受賞した作品もある。災害や防災・減災に関心を持たない人にメッセージを伝えるには、読者がいま何に関心を持っているかにあわせてテーマを設定する必要があり、メッセージはシンプルでなければならないと考えている。

津波直後は津波で家族が行方不明になった子どもの物語を書いたが、それ以降は津波以前のアチェ紛争の話や恋愛の要素をとりいれた話を書いてきた。一見すると災害に直接関係ないように見えるが、災害に特化した物語ではなく、人々の暮らしのリアリティに即して、人々が重

---

*23 チュ・ジャヌアリタ（Cut Januarita）は、一九七六年バンダアチェ生まれ。シアクアラ大学理学部卒。ジャカルタの雑誌『アンニダ』（Annida）のアチェ州特派員。アチェ州ペン・サークル・フォーラムのメンバーで、詩や記事や短編作品を執筆し、『スランビ・インドネシア』、『ワスパダ』などに寄稿している。二〇〇五年にアチェ＝日本文学者連盟（Aliansi Sastrawan Aceh-Japan Net）が編集したアチェの詩人四〇人の詩を集めた詩集『Lagu Kelu』にも寄稿している。

図9－9　**文筆業で復興・防災に取り組むアルフィ**（津波直後に執筆した小説 *Ketika Musim Jemblang Tiba* を手に）

要だと思っている要素を織り込むことで人々が読みたいと思う作品にするためである。

インドネシアではインドネシア人による旅行記が人気を博している。災害対策の先進国である日本やさまざまな地域を旅行して、それぞれの地域で行われている災害対策の知恵を見聞録の形にまとめれば、読み物としても魅力的で、知らず知らずのうちに災害対応の知恵を人々に伝えることになるとアルフィは考えている。

復興・再建を映像でつなぐ――マルチタレントのヌルジャナ

ヌルジャナはアチェ出身ではない。一九七三年にジャカルタで生まれたヌルジャナは、一九九五年にツーリズムの専門学校を卒業し、ジョグジャカルタに移って観光の仕事をしていた。そのかたわらジョグジャカルタの大学で学んで都市工学の学位を取得した。その後、ジョグジャカルタで国際医療隊（ＩＭＣ）の物資調達部門を担当し、二〇〇七年にはカトリック系の国際ＮＧＯであるイエズス会難民サービス（ＪＲＳ）の南アチェ県での事業に参加した。はじめは住宅再建・学校再建事業で現場の建設事業管理を担当し、二〇〇八年からは防災教育を担当した。

二〇一一年にバンダアチェに移り、アチェの地域経済活性化のための事業を展開していたオーストラリアの支援団体*24のバンダアチェ事務所で事業を担当した。この間も、短期の調査事

＊24　アチェのＮＧＯと連携して、アチェで産出されるココアの市場競争力を高め、農民の所得向上をはかる活動に取り組んでいた。

図9-10　企画書を作成中のヌルジャナ（2013年8月、大アチェ県）

業を手伝ったり、民間企業や政府の仕事を個人で請け負ったりしてきた。二〇一一年にシアクアラ大学大学院防災学研究科の一期生として入学し、二〇一二年に最初の卒業生の一人として修士号を取得した。修士論文では、津波堆積物と伝承をもとに過去の津波の実態を探った。現在は、アチェの津波被災一〇周年の節目を迎えるにあたって、アチェの復興再建に関わるさまざまな取り組みをドキュメンタリー作品として紹介するプロジェクトに取り組んでいる。

ヌルジャナはさまざまな現場で職業経験を積み、それぞれの分野で専門知識を身につけてきた。アチェの復興再建の過程が移り変わるのに合わせて関わる分野を変えてきた。アチェの復興再建を映像で記録する取り組みも行っている。そこでは、アチェがさまざまな支援活動の「実験場」となってきたことに着目し、各分野での先端的な取り組みがアチェを舞台に行われてきたことを紹介することに意義があると考えている。それは、アチェの外からアチェの再建に関わろうとしてきた人々の思いを汲み取って記録するという意味だけでなく、時代のニーズに合わせて柔軟に仕事を変えてきた自分自身が時代の波の先端にいたことを確かめるという意味もあるように思われる。

公平性や透明性のある会計を――フィルダ

自身や家族は直接被災していないが、同世代が津波被災を通じて経験した痛みを間近で見て育った人たちも、津波後のアチェに自分がどのように貢献できるかを考えている。

図9-11　裏方として京都＝アチェ国際ワークショップ開催を支えたフィルダ
(2012年6月、京都)

フィルダは津波前からいつも一緒に過ごしてきた親友のディーバが自宅で津波に襲われた。ディーバはソファにつかまって助かったが、目の前で妹たちが津波に流されていった。フィルダは大学で経済学を専攻し、アルバイトで国連開発計画（ＵＮＤＰ）の支援プロジェクトの会計事務を手伝った。フィルダ自身は防災や減災を専門の仕事にするつもりはないが、ＵＮＤＰの人たちからいつも聞いていたような透明性や公平性が確保された社会を作らなければならないと考えている。同世代の仲間たちは、人には簡単に打ち明けられない壮絶な経験をしており、たくさんの人が亡くなる中で生き残ったという思いを抱いている。そうした仲間たちのためにも、自分に支えられた仕事を一つずつ丁寧にやっていきたいし、プロジェクトを始めるために仲間を探している人がいたら、互いに紹介して人と人とを繋げていきたいと考えている。

おわりに

「思いのほか明るい表情」をどう理解するか

「はじめに」（14ページ）に掲げた九つの問いに順に答えながら、アチェの被災と復興の九年間を振り返り、アチェの被災者に見られた「思いのほか明るい表情」の意味について考えてみたい。

「アチェの沿岸部に住む人々は津波の危険性について知らなかったのか」。アチェの沿岸部に住む人々は、津波の危険性について知らなかった。アチェとその周辺地域に住む人々は過去に津波を伴う地震を経験していたが、その経験は現在を生きる人々にはほとんど伝えられていなかった。また、一部の専門家や政府関係部局のあいだではアチェ沿岸部における津波対策の必要性が指摘されていたが、具体的な対策はとられていなかった。

「インドネシア国軍はなぜ外国による支援活動を妨害しようとしたのか」。二〇〇四年のアチェは地震・津波の直前に戒厳令下にあり、人道支援や報道を含めて外国人の立ち入りは制限されていた。外部世界の目の届かないところで、インドネシア国軍によるGAM掃討作戦が行われていた。戒厳令下のアチェでは、国際社会で受け入れられている人権などの規範と必ずしも一致しない独自の規範が通用しており、囲い込みを解除して政府や治安当局と異なる規範を持つ勢力をアチェに立ち入らせることは、インドネシア国軍や政府の正統性に対する脅威となる懸念があった。政府や治安当局にとって望ましいのは、外部世界の支援を受け入れつつ、その

アチェにて、2005年以降に撮影

活動や資金の管理を独占することだった。それゆえに、外部からアチェに入った報道や人道支援関係者は自分たちの活動が歓迎されていないとの印象を持つことになった。

「日本のNGOの緊急・復興支援はアチェにとって本当に意味があったのか」。アチェの緊急・復興支援に参加した日本のNGOはアチェの復興に重要な役割を果たした。日本のNGOは、欧米の人道支援団体と比べて規模が小さく、国際人道支援業界におけるプレゼンスも決して大きくない。このため、国際人道支援の原則を積極的に担い、支援対象者のニーズ調査を踏まえ、公平性や平等性を明示して事業を実施した。また、支援対象地の政府当局の意向に従うと同時に、正規軍を含めた軍事勢力と距離を置くという原則に従った。紛争地は支援対象としない立場を明確にし、インドネシア国軍により立ち入りを禁じられた地域には立ち入らず、隣接した地域で災害被災者支援事業を実施した。その結果、紛争地として囲い込まれていた地域を開放した。これはNGOの直接の目的から外れているためにNGOによる評価では言及されないかもしれないが、一歩引いたところから見たときにはこのような意味もあった。

「被災者たちが外国からの支援者を楽しそうに迎えていたのはなぜか」。被災者たちは多くの支援者たちの想像と違い、明るい表情を見せていた。この背景には、被災を契機に、アチェが被災前に長らく直面していた課題である孤立から解放され、多くの人々が出入りする社会になったことがある。被災はアチェに外部世界との新たな繋がりをもたらした。被災は人々から多くのものを奪ったが、同時に、新しい関係ももたらした。アチェの外から来た人々を交えて進められる復興には、被災した人々の個人個人の復興との食い違いも生じるが、食い違いから生まれる違和感を機知とユーモアによって笑いにかえ、地元社会の中で話題として共有する知恵やたくましさも見られた。被災前のアチェは紛争によって深い亀裂が生じており、社会の中で共有できる話題が限定されていた。被災は、アチェ社会の内部で共有できる話題ももたらした。こうしたなかで、人々の表情の明るさを理解することができる。

「津波の犠牲者はどのように埋葬され、どのように弔われたのか」。津波の犠牲者の多くは、遺体の身元を確認できないまま集団埋葬地に埋葬された。集団埋葬地に墓碑は立てらず、集団埋葬地は社会全体で津波犠牲者を弔う場となった。こうした社会全体での弔いでは埋められない思いを抱える人たちは、それぞれのやり方で身近な人々の喪失を思い、弔う工夫を重ねている。

「支援団体が建てた復興住宅に空き家が多く見られたのはなぜか」。アチェではおよそ五〇万人が住宅を失い、一二万戸の住宅が復興支援事業を通じて再建されたが、支援団体が建てた復興住宅にははじめのうち空き家が多く見られた。支援者は供与した住宅に人が住まないことを約束違反と考えるし、空き家が生じるような住宅再建は失敗であったと見えるかもしれないが、空き家が生じるのには、支援団体によって再建された住居に入居できるのは権利者か権利者の親族でなければならないという支援団体の決まりを住民が忠実に守ったなどの理由があった。

「インドネシアの他の地域の人はアチェの被災をどのように受け止めたのか」。アチェの被災はインドネシアの他の地域の人々にとって、従来の「ファナティックなアチェ人」像を修正するきっかけとなった。現地入りする報道や人道支援関係者を通じて、これまで紛争のために閉ざされ、「あぶない土地」と認識されていたアチェの具体的な姿がインドネシアのほかの地域でも共有されるようになった。アチェの被災はインドネシアのほかの地域の人々とアチェの人々にともに克服すべき課題としてあらわれ、実際に協業する経験をもたらした。

「外国にいる私たちはアチェの経験をどのように知ることができるのか」。アチェの被災と復興の経験は、外国にいる私たちにとっても、アチェを実際に訪れることによって知ることができるようになっている。アチェでは被災と復興の経験を外国の人たちに理解してもらえる形に変えることで、自分たちと世界との繋がりがより豊かになることが期待されている。アチェを実際に訪れた人がたとえ地元の言葉がわからなかったとして

も、被災の衝撃と復興の進展がわかるように津波遺構が残されているし、津波博物館は建物そのものが津波被災の跡をたどれる構造になっている。デジタル化とデータベースによりアチェに行かなくてもアチェの様子がある程度わかる仕組みも作られている。

「津波と復興を経てアチェの人々や社会はどのように変わったのか」。津波と復興を経てアチェの人々や社会は大きく変わった。紛争下にあったアチェが抱えていた世界との繋がりの断絶、アチェ社会内部の亀裂、インドネシアのほかの地域との亀裂が修復され、新しい関係がつくられるようになった。人道支援がアチェに持ち込んだ新しい考え方に馴染んだ津波後世代が登場し、自分が生き残ったのはなぜかを考えながら、被災と復興の過程を世界に伝えていこうとしている。

これらの問いを総合して巻頭の答いに答えるならば、アチェの人々が被災後に思いのほか明るい表情をしていた背景には、紛争に長年にわたり苦しんできたアチェの人々が、被災が新しい関係を切り開く契機となっていることに強い期待を寄せていたことがあり、同時に、アチェに支援のために現地入りした人々の活動がアチェの人々の期待にこたえつつあったということかもしれない。

社会の復興と個人の復興

内戦下で他の地域と切り離され、閉ざされていたアチェは、被災をきっかけに世界に開かれ、インドネシア国内の他の地域からだけでなく世界中から人々がアチェを訪れ、アチェの復興・再建に関わることになった。災害からの復興を考える上では、個人の復興と社会の復興がそれぞれあることを考えなければならない。災害は、個人的な経験であるとともに社会的な経験でもある。一人一人がそれぞれ異なる被害を受け、それぞれ異なる復興の過程を歩むとともに、社会全体で被害を受け、社会全体でも復興の過程を歩むことになる。社会全体の復興においては、制度やインフラのような社会全体が共通に直面している課題への対応が進められる。

それゆえに、災害からの復興においては、社会全体の歩みと一人一人の歩みに食い違いが生じることになる。

これは、アチェに限らず、社会全体で取り組まなければならない課題に直面した社会が必ず経験することである。これに加えて、アチェでは国際的な復興支援事業が展開する中の復興過程となったことで、この食い違いがさまざまな場面であらわれることになった。それにもかかわらず、これらの食い違いが表面化して深刻な亀裂をもたらすまでには至らなかった。このことをどのように考えればよいのか。

「援助のツナミ」への懸念——支援は適切に行われたか

この問いは、アチェの復興支援は適切に行われたのかという問いと重なる。アチェの復興再建事業は外部から多額の資金が投入され、アチェの外から来た人たちが多数参加する中で進められた。「援助のツナミ」と呼ばれるほど、多数の支援事業が実施され、支援者が事業地や被災者を奪い合う「支援競争」ともいうべき状況が見られた。こうした状況下で行われたアチェの復興再建支援事業は、支援者の質と支援の質の二つの面で評価が問われた。

支援者の専門性や経験という点で、支援者の質は多様だった。たとえば、アチェの復興支援には多額の寄付金が集まり、もともと緊急人道支援を専門とする団体が復興支援事業を手掛けるようになった。また、アチェの復興支援をきっかけに支援事業を行うようになった団体や人々もいた。このことを踏まえてアチェの復興支援は適切に行われたのかという問いに戻るならば、支援事業の専門性という観点からみて、「支援の素人」ともいうべき人々が支援者としてアチェで事業を展開し、ずさんなニーズ調査やずさんな引き渡しを行って支援の質を悪くしていたのではないかという懸念があった。

支援者は、通常、事業の平等性や公平性を確保するためにさまざまな規範を持っている。特定の個人を恣意的に支援することを避け、たとえば、所得が低い、寡婦である、子どもがいるといったように条件を付けて援助対象者を定める。支援対象者にグループをつくらせ、個人ではなくコミュニティを対象にした支援を行う。

一つの支援事業の中では、支援対象者に対する支援内容は平等にし、供与した家や資材が他に譲渡されることは禁止する。ただし、多様な支援者が支援事業を行うなかでは、こうした人道支援の規範から外れた事業も行われた。[*1]

援助が短期間に集中的に行われ、外部からの支援者が復興に関与する度合いが高くなると、被災した社会の実情にそぐわない支援の押し付けや支援事業への依存が生まれやすくなる。これを防ぐため、復興期の「外助」においては、地元文化への配慮にくわえて地元社会にあった社会保護のメカニズムの再建がはかられることが期待される。[*2]アチェの復興支援事業でも、外からの支援が地元社会や被災者の自立的な復興を妨げるのではないかとの懸念があった。[*3]

地元社会の対応――逸脱か調節か

これに対して、アチェではさまざまな形で外部からの支援を調節する試みがされていた。その一つの対応が第2章で検討したポスコである。外部からの支援者がコンソーシアム型の支援を組織することで公平性や平等性を確保し、支援の質を維持しようとする一方で、地元社会はポスコを組織することでコンソーシアム型支援では対応できない問題に対応した（第2章）。支援の重複を避けることで広い範囲に効果的に支援を行おうとするコンソーシアムの考え方に対して、ポスコは支援をやりとりする窓口を何通りにも設置することで支援をやりとりする機会を増やそうとする地元社会の戦略である。一人の人が複数のポスコに登録することもできるため、支援の二重取りを招くこともあるが、行政単位で行われる支援から漏れてしまう他村への避難者や自宅避難者にも支援が漏れなくいきわたるための仕組みとして十分に機能していた（第3章）。

個別の支援現場では、公平性や平等性の理念のもとで進められる住宅再建や生業支援事業だけでは十分に対応できない問題があることが明らかになっていた。そのなかで、トルコ村のように住宅を再建しても空き家となる事態も生まれていた（第6章）。しかし、空き家となっていたのは支援事業者が供与した住宅の譲渡を認め

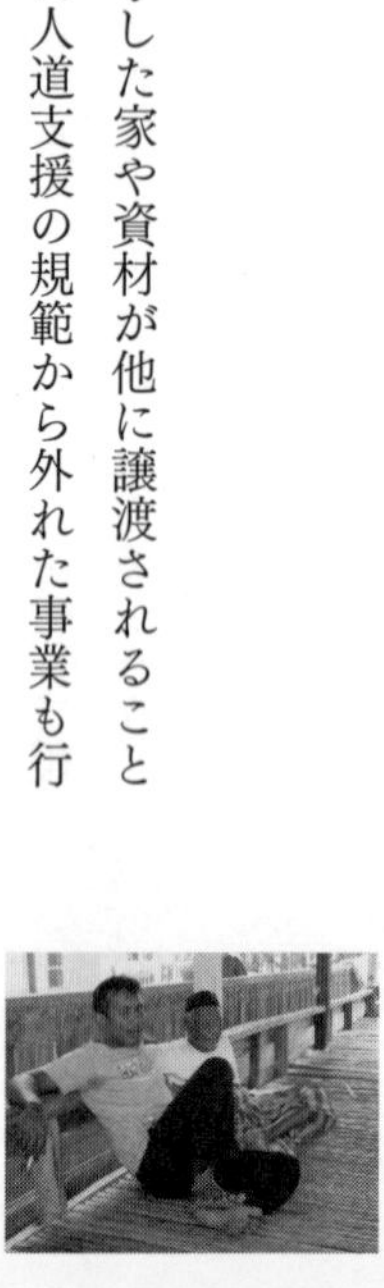

なかった場合であって、住宅の譲渡や転用が可能になると、中国村のように住民が入れ替わりながら復興住宅が活用されていた。譲渡や転用は支援の原則から考えれば逸脱であるが、外部から来た支援団体は事業期間が終わると撤退するため、このような逸脱は許容されていた。このような逸脱が生じることは外部から支援事業を行うことの限界であるともいえるが、他方で、逸脱が許容されることで地元社会による調節が可能となったとみることができる。

地元社会が本来担うべき復興を外部からの支援者が肩代わりした結果、地元社会の自立的復興を遅らせたのではないかという指摘や、外部から持ち込まれた人道支援の考え方は地元社会の伝統的な相互扶助の考え方になじまなかったのではないかという懸念については、中長期的な観察にもとづいて評価する必要がある。*4 第9章でみたように、復興再建期に成長した津波後世代には、公平性や透明性の理念を実際の支援事業の中で見聞きし、それを踏まえて新しい社会の実現をめざす人々が生まれつつある。

こうした状況を可能にするうえで、復興再建庁（ＢＲＲ）の役割は大きかったと思われる。ＢＲＲは特定のミッションの実現のために一定期間だけ機能する暫定的な機関で、終わりがあることが最初からはっきりしていた。その限りにおいて、専門性にもとづき実力主義で地域の外からの人材も投入しながら実動部隊が組織さ

*1 たとえば第6章第1節のヌルガハヤの事例。ただし、アチェの住宅再建事業の遅れや引き渡しをめぐる問題の背景には、短期間に大量の住宅建設が行われたことによる建材不足や労働者不足もあった。

*2 [Christoplos & Treena 2012] は在来の社会保護のメカニズムの再建に資するものになっていたかどうかという見地からアチェ津波被災地復興支援の評価を試みている。

*3 津波被災地支援について、外部からの支援のネガティブな側面を意識した研究に [真崎 2010] [佐伯 2008] [佐藤 2008] がある。

*4 被災前の状況に戻せばよいとは限らない。被災が被災前の社会の課題を露わにすると同時に、被災が地域社会に新たな戦略や組織化の契機を与え、住民が被災後の状況に柔軟に対応することで住民の力を強めていく側面に注目した研究としては、二〇〇四年スマトラ島沖地震・津波被災地となったタイの土地問題の事例を扱った [佐藤 2008] がある。

れた。

BRRは、アチェで支援事業を行う団体に対してファシリテーターとして支援に必要な情報を提供すると同時に、支援団体の情報を求めた。また、支援を求める被災者に支援者の情報を提供した。ポスコとコンソーシアムの両方の側面を持った情報共有のハブとして、アチェの復興再建事業が誰によりどこでどう行われているかを整理して公開することで、多様な支援団体の活動を互いにモニターできる状況をつくった。アチェの災害は未曾有の災害であり、復興は世界が注視する中で進められた。BRRは支援団体に対する強制力を持っていなかったが、情報の共有と公開を通じて、多様な人々によって取り組まれるアチェの復興再建事業を緩く方向付けしていたといえる。

アチェの被災の経験は、第1章でみたように、情報の偏りや不在が被害を大きくさせることや、救援復興にあたっては情報が必要であることを人々に認識させるものだった。復興支援事業を進めるにあたって情報拠点であるBRRが調整機能を持ちえた背景には、情報に対するこうした認識もあったと思われる。

亀裂の共有と修復

社会全体の復興と個人の復興の進み具合に食い違いが生じるのは、物理的復興の分野だけでなく、精神的復興や社会関係の復興においても同様である。災害は人々のリアリティに亀裂を入れる。被災は社会の様相を変え、被災前の社会と被災後の社会との間に断絶をもたらす。また、同じ災害であっても被災の状況は一人一人に異なる形であらわれ、被災した人と被災しなかった人の間で、また、被災した人どうしの間でもリアリティは異なってくる。さらに、災害によって突然家族や知人を失った者は、亡くなった犠牲者と生き残った自分との間に生じた亀裂をどのように受け止めればよいかという課題に直面する。そして、こうした亀裂は人々に自分がこの世に生きてあることの社会的意味を見失わせる。[*5]

被災前に内戦下にあったアチェでは、これに加えて被災前から人々は三つの亀裂に直面していた。アチェに

は戒厳令がしかれて他の地域との交流が制限され、インドネシアのほかの地域とも、また世界のほかの地域とも切り離されていた。アチェ社会内部では、紛争に巻き込まれて亡くなった人を社会として弔えないという状況を招いていた。

津波後のアチェでは、このようにさまざまなレベルで生じる亀裂を修復する試みが見られた。第4章では、津波に被災した自分たちの状況を機知とユーモアにより対話の材料にかえ、言葉や文化を同じくする者どうしで共有している様子を見た。被災と復興の現場で生じる不満や違和感を個人で抱え込まずに笑いに変えて社会で共有することで、被災した人と被災していない人、支援する人と支援される人、個人の復興と社会全体の復興の間で生じる亀裂を克服しようとしていた。これは、被災した者どうしで共有できる心情を確かめ合うことでもある。

第5章では津波後の死者の弔いについて見た。身元を確認できないまま大勢の人を埋葬せざるを得ない状況の中で、アチェでは集団埋葬地という新しい方法を取り入れることで津波犠牲者は弔われた。集団埋葬地は、大勢の人々が不慮の死を遂げた際に、特定の誰かにその責めを負わせないことによって犠牲となった人たちの死を社会で共有し悼むための工夫である。集団埋葬地による弔いによっては埋められない思いもあり、個人として犠牲者を弔う試みはそれぞれによって静かに続けられている。しかし、ムラクサの集団埋葬地の扉の言葉には、誰かを責めることによって埋められない思いを晴らすのではなく、生き残った自分たちの生き様を通じて亡くなった人たちの無念を受け止めるという覚悟が示されている。このような集団埋葬地のあり方は、紛争

*5　これと関連して、[Daly & Yenny 2012] は大規模な災害に見舞われた社会のコミュニティの復興・再建には、被災前の社会で共有されていた文脈や価値体系との連続性を維持することが重要であるとする。ただし、連続性を維持するといったときには、被災前社会の伝統文化を復興させることに力点があるのではなく、被災前社会の文脈や価値体系と接合させる工夫が必要であるという点である。

の犠牲となった人たちを社会として弔うことができないという津波前のアチェの課題に対応するものでもあった。

よりよい社会を目指して——災害復興を通じた社会の課題への取り組み

被災と復興の過程で生じるさまざまな食い違いが調節されてきた背景には、津波からの復興に被災前の社会が抱えていた課題への対応が重ねられていたこともあったかもしれない。アチェの復興再建事業においては、アチェが被災前に内戦下にあったことから、紛争下にある被災地支援という課題に人々は挑戦することになった。その結果、被災地に対する支援事業が展開する過程でアチェの内戦は終結に向かった。このことをどのように考えればよいか[*6]。

津波被災地支援が解いたアチェの「囲い込み」

アチェの歴史を紐解くと、この地域の繁栄は地域で産出される産品を域外に移出することによって支えられてきたことがわかる。古くはスマトラ島内陸部で産出する金や林産資源を東西の交易商人に売ることで港市国家として繁栄した。その後も、コショウ、木材、丁子、コーヒーといった世界市場で売れる産品が地域経済を支えてきた。これらの産品を外部世界に届ける経路をいかに確保するかが重要であり、この経路を掌握することがこの地域を統治することだった。

アチェ王国の時代にこれらの産品を域外に運び出す経路は河川だった。アチェ北海岸部にはマラッカ海峡に流れ出る小さな川がいくつもあり、河口付近に町が作られた。それらの町は互いに競合しながら港町として発展し、マラッカ海峡の対岸にあるペナンやシンガポールといった国際交易港との取引も活発に行われていた。そうした港町の最大のものが王都バンダアチェだった。ところが、アチェがオランダの植民地統治下に入り、さらにインドネシアの国民経済のなかに組み込まれていく過程で、アチェの海岸沿いの港町は交易拠点として

の機能をしだいに失っていった。アチェは隣接する北スマトラ州の後背地となり、アチェの産品は、アチェ北海岸部と西南海岸部の二つの幹線道路を通って北スマトラ州の州都メダンに運ばれ、そこで加工されることで初めて商品となるようになった。

内戦はアチェの多くの人々にとってアチェの産品を域外に運び出すために通らなければならない幹線道路にＧＡＭや国軍の兵士がいて護衛料や通行料を請求されて困る事態と見えていた。支払いを拒否すれば産品は商品にならない。アチェと外部世界を結ぶ経路が海岸沿いの幹線道路しかない中で、アチェの物流は「住民の庇護者」を自認する軍事勢力によって囲い込まれた状況にあった。

津波被災を契機にアチェに多数の支援者が入域し、さまざまな事業を展開したことは、この構造を変えるきっかけとなった。第2章で見たように、国軍はアチェが「あぶない土地」であることを根拠に、域外から持ち込まれる支援物資の配給に同行したり、支援事業を代行しようとしたりして、支援事業を管理しようとした。しかし、そうした干渉をきらった支援者たちは紛争地を避けて事業を展開し、また、海岸沿いの幹線道路を経由しない自前の経路を確保しようとした。

支援の内容が多彩であったことも国軍による統制が効力を失った背景の一つとして指摘できる。外部から運び込まれるものが、毛布や食料のように誰でも運搬・運用できる物資であれば、国軍は分配を請け負うことができる。しかし、専門的な知識が必要な支援事業であれば、国軍は事業を代行することができない。津波後の

*6　なお、自然災害被災地に対する人道支援事業が被災地の紛争を必ず解消するというわけではない。アチェと同様に長年にわたる武力紛争で知られていたスリランカも二〇〇四年スマトラ島沖地震・津波の被災地となったが、人道支援事業は紛争の和解には繋がらなかった。また、二〇〇八年のミャンマー・サイクロン災害の際には、ミャンマーの軍政統治批判と国際社会による人道支援事業が結びつけて理解され、災害が「政治化」されたために国際社会とミャンマー政府の連携による災害支援の実施が滞ったことが指摘されている［岡本 2009］。

アチェでは、医療、教育、建設などさまざまな分野で専門的な知識を必要とする支援事業が展開され、その多くに対して国軍は干渉できなかった。[*7] 国軍と政府はアチェの戒厳令を解消して、アチェ全域が支援の対象となるようにした上で、国軍は復興支援事業者の一つとして活動するようになった。

スマトラ島沖地震・津波は世界の人々がアチェに向ける関心を「紛争地」から「被災地」へと変えた。被災を契機に国内外からさまざまな人が訪れて支援事業が行われたことは、アチェの人々が域外の人々と結びつく経路を多様化し、経路の独占が困難な状況をもたらしたといえる。

このような変化を支えたもう一つの背景として、津波を契機に被災前からアチェが抱えていた内戦という課題を改善しようとした一人一人の取り組みがあったことも忘れてはならないだろう。復興再建事業に加わった人たちの中には、内戦下のアチェから域外に避難していた人たちや、紛争犠牲者の保護や平和構築の活動に取り組みながら、戒厳令を受けて域外に退去せざるを得なかった人たちが含まれていた。BRRが「被災前よりもよいものを」(Build Back Better) というスローガンを掲げた背景には、繰り返し起こる災害に耐えうる社会を作るためには被災前の状況に戻す復興ではなく、被災前より良い状態を目指す復興でなければならないという防災や人道支援の考え方が反映されていただけでなく、被災前のアチェ社会に関わりを持ちながら、内戦が激化する中、志半ばでアチェへの関わりを断念せざるをえなかった人々の思いも反映されていたといえる。

こうした状況下で、津波被害の拡大や紛争下における人権侵害の責任を追及するあり方よりも起こった事柄を受け止めるあり方が、また、外部からもたらされる事業や情報を独占するよりは共有するあり方が、被災後のアチェで知らず知らずに選ばれていたと言ったら言い過ぎだろうか。

被災を契機に作られる新しい関係とその可能性

内戦下にあった被災前のアチェ社会は、アチェ社会内部の亀裂、インドネシアのほかの地域との亀裂、世界との繋がりの喪失といった課題を抱えていた。復興再建事業が進められていく中では、これらの亀裂や断絶が

修復され、新しい関係が結ばれていく様子を見ることができた（第三部）。この過程は、アチェの自立的発展を支える上で必要不可欠な外部世界との繋がりと社会内部の秩序が回復される過程でもあった。

ＧＡＭと人々の間の亀裂を埋める試みは、暮らしの面では元ＧＡＭゲリラ兵士の社会統合事業という形で、また、政治の面ではＧＡＭの政党化が進められた。[*8] 津波後にアチェで行われた復興再建事業は津波被害が著しかったアチェ西南海岸部とバンダアチェ周辺に偏って行われていたが、「被災地」の範囲を拡大解釈することで、紛争による被害を長年にわたり受けてきた北海岸部や、バンダアチェからもメダンからも遠隔にあり、文化的背景の異なる内陸部を支援の対象とする取り組みが見られた。[*9] 二〇一三年ガヨ地震に対するアチェ州の取り組みのように、スマトラ島沖地震・津波からの復興後も、第二、第三の「復興」が目指されている（第9章）。

アチェとインドネシアのほかの地域との関係についても修復が見られた。スマトラ島沖地震・津波の経験は、インドネシアの市民社会の成熟を促すきっかけとなった。スマトラ島沖地震・津波からの復興に国をあげて取り組み、さらにその後もインドネシアで大規模な災害が相次いだことで、インドネシアでは災害などの危

---

*7 ［西 2012］ならびに本シリーズ第一巻第7章を参照。

*8 これに対する評価は中長期の視点から行う必要があり、本書では扱わない。たとえば、現在のアチェ州政府はたびたび汚職問題が指摘されており、このこととＧＡＭ元兵士を中心とするアチェ党が与党であることや、ＧＡＭ出身者が州知事であることとを結び付けてＧＡＭの社会統合の失敗と捉える向きもあるが、これはアチェのインドネシア化という観点から理解すべきもののように思われる。なお、アチェで製作されているアチェ語のコメディ映画『ウンパン・ブルエ』（Eumpang Breuh）シリーズは、村の「無法者」が起こす騒動を面白おかしく描いて好評を博し、二〇〇六年の第一作目から現在までに一一作目までがＶＣＤにより公開されている。粗暴で常識に欠けた「無法者」は思いもかけない騒動を引き起こして周りの者に迷惑をかけるがどこか憎めず笑いを誘う。紛争下にどこの村でもいただろうこうした若者たちの様子を笑いにかえて楽しむあり方は、アチェの人々の度量の深さを示している。

*9 たとえばＪＩＣＡが行ったアチェ州住民自立支援ネットワーク形成プロジェクトがこれにあたる。

機に見舞われた際にはインドネシアのほかの地域から誰かが助けに来てくれるという経験を重ね、インドネシア社会のボランティア社会化をもたらした。また、BRRという文民組織による非常事態への対応が成功したことにも意義がある。内戦が繰り返されることでインドネシアのお荷物扱いされていたアチェはインドネシアにとって気づきの場になりつつある（第7章）。

アチェと世界との繋がりをどう確保するかという課題をめぐっては、第8章でみたように、被災と復興の経験を踏まえて防災研究拠点や観光拠点として発展させる取り組みが続けられている。被災と復興の経験を経たアチェでは、次の三つの新しい理念が社会の自立を支える理念として期待を寄せられている。公平性や透明性を重視する人道支援の理念、災害に科学技術と社会各層の連携と協業によって対応しようとする災害対応の理念、そして、人智を越えた災いを受け止める上での精神的な支えとしてのイスラム教の理念である。これらの理念が外部世界との繋がりを豊かにし、同時に、社会内部の格差を解消したり調整したりするための秩序を構築する方向にうまく活用されるかどうかは、アチェで暮らす人々の取り組みと、それを外で見守る私たちの関わり方にかかっているといえるだろう。

世界のツナミ犠牲者追悼の地として

アチェの行く末を展望する上では、津波犠牲者を埋葬した集団埋葬地の今後の展開が注目される。アチェの集団埋葬地には津波犠牲者の遺体が埋葬されているが、実際に誰の遺体が埋葬されているのかは誰も知りようがない。そのため、ごく一部の例外を除き、一人ひとりの名前を刻んだ墓碑は置かれていない。死者の名前が記されていないことでは無名戦士の墓に通じる点があるが[*10]、しかしながら、集団埋葬地は無名戦士の墓とは根本的に異なっている。それは、ここに眠っているのは国家のために死んだのではなく自然災害で犠牲になった人たちであることに加え、アチェが単独の国民国家ではないこと、そしてスマトラ島沖地震・津波が多くの国に被害が及ぶ災害だったことによる。アチェはインドネシアという国民国家の一州であるため、アチェ社会が

主催する儀礼は、それが公式のものであっても国家による儀礼とはならない。また、二〇〇四年のスマトラ島沖地震・津波はインド洋沿岸諸国に被害を及ぼし、さらに観光などでこれらの土地を訪れていた外国人にも犠牲が出ていることから、たとえバンダアチェ市内の集団埋葬地にインドネシア人以外の遺体が実際に埋葬されていることがなかったとしても、これらの集団埋葬地はアチェ州やインドネシアの枠を越えた津波犠牲者が抽象化された表象となりえている。津波に耐えた木麻黄の木やモスクがあるウレレー海岸からムラクサの集団埋葬地にかけての一帯が「グラウンド・ゼロ」と名付けられているところに、アチェの津波被災をアチェだけのものとせず、世界のツナミ犠牲者追悼の地として位置付けようとするアチェの人々の思いを見て取ることができる。こうしたアチェの行く末を見守ることは、社会内部の豊かさを失わないまま外部世界との繋がりを維持することは果たして可能かどうかという人類社会が長年取り組んできた課題に対する挑戦を見守ることでもある。

*10 ベネディクト・アンダーソンは『想像の共同体』のなかで無名戦士の墓が無名であるがゆえに近代のナショナリズムを支えてきたことを指摘している。ここでは、無名戦士は、国家のために死んだ者であり、成員を特定の土地や国家に結び付けて限定する共同体の象徴として機能している［アンダーソン 1997: 32］。コミュニティ形成において死者の弔いや喪失の記憶・記録が果たす役割の重要性については［鈴木 2013］を参照。

参考文献

定期刊行物

Acehkita.（『アチェキタ』、バンダアチェ、週刊／月刊）http://www.acehkita.com/

Analisa.（『アナリサ』、メダン、日刊）http://www.analisadaily.com/

Jakarta Post.（『ジャカルタ・ポスト』、ジャカルタ、日刊）http://www.thejakartapost.com/

Kompas.（『コンパス』、ジャカルタ、日刊）http://www.kompas.com/

Kontras.（『コントラス』、バンダアチェ、週刊）http://www.kontras.org/

Republika.（『レプブリカ』、ジャカルタ、日刊）http://www.republika.co.id/

Serambi Indonesia.（『スランビ・インドネシア』、バンダアチェ、日刊）http://aceh.tribunnews.com/

Tempo.（『テンポ』、ジャカルタ、週刊）http://majalah.tempo.co/

Waspada.（『ワスパダ』、メダン、日刊）http://www.waspada.co.id/

ウェブサイト

〔通信社〕

Bernama.（マレーシア国営通信社、http://www.bernama.com/）

Antara.（インドネシア国営通信社、http://www.antaranews.com/）

〔ウェブ・アーカイブ〕

二〇〇四年スマトラ沖地震津波関連情報（スマトラ沖地震津波・災害対応過程研究会、http://homepage2.nifty.com/jams/aceh.html）

アチェ津波モバイル博物館（京都大学地域研究統合情報センター、http://disaster.net.cias.kyoto-u.ac.jp/Aceh/）

インドネシア災害情報データベース（インドネシア国家災害対策庁、http://dibi.bnpb.go.id/DesInventar/dashboard.jsp）

英語文献

Alfian. 1985. "The Ulama in Acehnese Society." Ahmad Ibrahim *et al.* (eds.). *Readings on Islam in Southeast Asia.* Singapore: ISEAS. pp.82–86.

Aspinall, Edward. 2009. *Islam and Nation: Separatist Rebellion in Aceh, Indonesia.* Stanford: Stanford University Press.

——— & Harold Crouch. 2003. *The Aceh Peace Process: Why it Failed.* Washington: East-West Center Washington.

Bowen, John R. 1991. *Sumatran Politics and Poetics: Gayo History, 1900–1989*. New Haven: Yale University Press.

Brown, David. 1994. *The State and Ethnic Politics in Southeast Asia.* London: Routledge.

Christoplos, Ian, & Treena Wu. 2012. "Linking Relief, Rehabilitation and Development (LRRD) to Social Protection: Lessons from the Early Tsunami Response in Aceh." Patrick Daly, R. Michael Feener & Anthony Reid. (eds.). *From the Ground Up: Perspectives on Post-Tsunami and Post-Conflict Aceh.* Singapore: Institute of Southeast Asian Studies. pp.40–56.

Daly, Patrick, R. Michael Feener & Anthony Reid. (eds.). 2012. *From the Ground Up: Perspectives on Post-Tsunami and Post-Conflict Aceh.* Singapore: ISEAS.

Daly, Patrick & Yenny Rahmayati. 2012. "Cultural Heritage and Community Recovery in Post-Tsunami Aceh." Patrick Daly, R. Michael Feener & Anthony Reid. (eds.). *From the Ground Up: Perspectives on Post-Tsunami and Post-Conflict Aceh.* Singapore: Institute of Southeast Asian Studies. pp.57–78.

Davies, Matthew N. 2006. *Indonesia's War over Aceh: Last Stand on Mecca's Porch.* London: Routledge.

Dayan Dawood & Sjafrizal. 1989. "Aceh: the LNG Boom and Enclave Development." Hal Hil. (ed.). *Unity and Diversity: Regional Economic Development in Indonesia since 1970*. Singapore: Oxford University Press. pp. 107–123.

Djik, C. van. 1981. *Rebellion under the Banner of Islam: The Darul Islam in Indonesia.* The Hague: Martinus Nijhoff.

Farid Husain. 2007. *To See the Unseen: Scenes behind the Aceh Peace Treaty.* Jakarta: Health and Hospital Indonesia.

Feener, R. Michael, Patrick Daly & Anthony Reid. (eds.). 2011. *Mapping the Acehnese Past.* Leiden: KITLV Press.

Gade Ismail, Muhammad. 1996. "Aceh's Dual Economy during the Late Colonial Period." Lindblad, J. Th. (ed.). *Historical Foundations of a National Economy in Indonesia, 1890s–1990s.* Amsterdam: North-Holland.

———. 1994. "The Economic Position of the Uleebalang in the Late Colonial State; Eastern Aceh, 1900–1942." Rovert Cribb. (ed.). *The Late Colonial State in Indonesia: Political and Economic Foundations of the Netherlands Indies 1880–1942*. Leiden:

KITLV Press. pp. 79–92.

Goto Yozo, Muzailin Affan & Nur Fadli. 2012. *Response of the People in Banda Aceh just after the 2012 April 11 Off-Sumatra Earthquake (Mw8.6)*. (Quick Report No.2). (http://www.eri.u-tokyo.ac.jp/indonesia/reports/Quick_Report_No.2_revised_version.pdf)

Hasan M. Tiro. 1984. *The Price of Freedom: the Unfinished Diary of Tengku Hasan di Tiro.* National Liberation Front of Acheh Sumatra.

Hasjim Djalal & Dini Sari Djalal. 2006. *Seeking Lasting Peace in Aceh.* Jakarta: CSIS.

Hurgronje, C. Snouck. 1906. *The Achenese* . Leyden: E. J. Brill.

International Crisis Group (ICG). 2001. *Aceh: Why Military Force Won't Bring Lasting Peace.* (ICG Asia Report 17). (http://www.crisisgroup.org/~/media/Files/asia/south-east-asia/indonesia/Aceh%20Why%20Military%20Force%20Wont%20Bring%20Lasting%20Peace.pdf).

Herry Yogaswara & Eko Yulianto. 2005. *Smong: Local Knowlegde and Strategies on Tsunami Preparedness in Simeulue Island, Nangroe Aceh Darussalam.* Jakarta: UNESCO-LIPI.

Kell, Tim. 1995. *Roots of Acehnese Rebellion, 1989–1992*. Ithaca: Cornell Modern Indonesia Project.

Kingsbury, Damien. (ed.). 2005. *Violence in Between: Conflict and Security in Archipelagic Southeast Asia.* Singapore: ISEAS.

———. 2006. *Peace in Aceh: A Personal Account of the Helsinki Peace Process.* Jakarta: Equinox Publishing Indonesia.

——— & Lesley McCulloch. 2006. "Military Business in Aceh." Anthony Reid. (ed.). *Verandah of Violence: The Background to the Aceh Problem.* Singapore: Singapore University Press. pp. 199–224.

Lee Kam Hing. 1995. *The Sultanate of Aceh: Relations with the British, 1760–1824*. Kuala Lumpur: Oxford University Press.

Leo Suryadinata, Evi Nurvidya Arifin & Aris Ananta. 2003. *Indonesia's Population: Ethnicity and Religion in a Changing Political Landscape.* Singapore: ISEAS.

Martinkus, John. 2004. *Indonesia's Secret War in Aceh.* Sydney: Random House Australia.

McCulloch, Lesley. 2005. "Greed: the Silent Force of Conflict in Aceh." Damien Kingsbury. (ed.). *Violence in Between: Conflict and Security in Archipelagic Southeast Asia.* Singapore: ISEAS. pp. 203–230.

Morris, Eric Eugene. 1983. *Islam and Politics in Aceh: A Study of Center-Periphery Relations in Indonesia.* (Ph.D. Dissertation, Cornell University).

———. 1985. “Aceh: Social Revolution and the Islamic Vision.” Kahin. A.R. (ed.). *Regional Dynamics of the Indonesian Revolution: Unity from Diversity.* Honolulu: University of Hawaii Press.

MSR. 2009. *Multi-Stakeholder Review of Post-Conflict Programming in Aceh: Identifying the Foundations for Sustainable Peace and Development in Aceh.* Banda Aceh/ Jakarta: MSR.

Nazaruddin Sjamsuddin. 1985. *The Republican Revolt: A Study of the Acehnese Rebellion.* Singapore: ISEAS.

Reid, Anthony. 1969. *The Contest for North Sumatra: Atjeh, the Netherlands, and Britain, 1858–1898.* Kuala Lumpur: University of Malaya Press.

———. 1974. *Indonesian National Revolution, 1945–1950.* Hawthorn, Vic.: Longman.

———. 1979. *The Blood of the People: Revolution and the End of Traditional Rule in Northern Sumatra.* Kuala Lumpur: Oxford University Press.

———. 2005. *An Indonesian Frontier: Acehnese & Other Histories of Sumatra.* Singapore: Singapore University Press.

———. (ed.). 2006. *Verandah of Violence: The Background to the Aceh Problem.* Singapore: Singapore University Press.

Robinson, Geoffrey. 1998. “Rawan is as Rawan Does: The Origins of Disorder in New Order Aceh.” *Indonesia.* 66. pp. 127–156.

Siapno, Jacqueline Aquino. 2002. *Gender, Islam, Nationalism and the State in Aceh: The Paradox of Power, Co-optation and Resistance.* London: Routledge Curzon.

Siegel, James T. 1969. *The Rope of God.* Berkeley: University of California Press.

Snouck Hurgronje, C. 1984. *The Achenese.* Tr. by A.W.S. O’Sullivan New York: AMS Press. [1906. *De Atjéhers.* Leyden: E.J. Brill.]

Yong Mun Cheong. 2003. *The Indonesian Revolution and the Singapore Connection 1945–1949.* Leiden: KITLV Press.

Tagliacozzo, Eric. 2005. *Secret Trades, Porous Borders: Smuggling and States Along a Southeast Asian Frontier, 1865–1915.* New Haven: Yale University Press.

インドネシア語文献

Agus Budi Wivowo & Rusdi Sufi. 2005. *Kisah di Balik Peristiwa Gempa dan Tsunami 26 Desember 2004 di Aceh.* Banda Aceh: Dinas Pariwisata Provinsi Nanggroe Aceh Darussalam.

Al-Chaidar, Sayed Mudhahar Hamid & Yarmen Dinamika. 1999. *Aceh Bersimbah Darah: Menungkap Status Daerah Operasi Militer di Aceh 1989–1998*. Jakarta: Pustaka Al-Kaustar.

Amran Zamzami. 2001. *Tragedi Anak Bangsa: Pembantaian Teungku Bantaqiah dan Santri-Santrinya.* Jakarta: Bina Rena Pariwara.

Badan Arsip Provinsi Nanggroe Aceh Darussalam. 2005. *Tsunami dan Kisah Mereka.* Banda Aceh: Badan Arsip Provinsi Nanggroe Aceh Darussalam.

Bambang Triatmodjo. 1999. *Teknik Pantai.* Yogjakarta: Beta Offset.

Cahanar, P. 2005. *Bencana Gempa dan Tsunami: Nanggroe Aceh Darussalam & Sumatera Utara.* Jakarta: Kompas Media Nusantara.

Ella Yulaelawati & Usman Syihab. 2008. *Mencerdasi Bencana: Gempa, Tsunami, Gunung Api, Banjir, Tanah Longsor, Kebakaran.* Jakarta: Grasindo.

Evi Rine Hartuti. 2009. *Buku Pintar Gempa.* Jogjakarta: DIVA Press.

Hamid Awaludin. 2008. *Damai di Aceh.* Jakarta: CSIS.

Hardi. 1993. *Daerah Istimewa Aceh: Latar Belakang Politik dan Masa Depannya.* Jakarta: Cita Panca Serangkai.

Hasan M. Tiro. 1958 (1999). *Demokrasi untuk Indonesia.* Banda Aceh: Sulawah Atjeh [Jakarta: Teplok Press] .

Ibrahim Alfian. 1987. *Perang di Jalan Allah: Perang Aceh, 1873–1912*. Jakarta: Sinar Harapan.

Ibrahim Hasan. 2003. *Namaku Ibrahim Hasan: Menebah Tantangan Zaman.* Jakarta: Yayasan Malem Putra.

Isa Sulaiman. 1997. *Sejarah Aceh: Sebuah Gugatan Terhadap Tradisi.* Jakarta: Sinar Harapan.

———. 2000. *Aceh Merdeka: Ideologi, Kepemimpinan dan Gerakan.* Jakarta: Pustaka AL-Kautsar.

Jacobi, A.K. 1992. Aceh Daerah Modal: Long March ke Medan Area. Jakarta: Yayasan “Seulawah RI–001”.

Kaoy Syah & Lukman Hakiem. 2000. *Keistimewaan Aceh dalam Lintasan Sejarah: Proses Pembentukan UU No.44/1999*. Jakarta: Pengurus Besar Al-Jami'iyatul Washliyah.

Komisi Independen. 1999. *Laporan: Komisi Independen Pengusutan Tindak Kekerasan di Aceh.* Jakarta.

Linda Christanty. 2009. *Dari Jawa Menuju Atjeh: Kumpulan Tulisan tentang Politik, Islam dan Gay.* Jakarta: Kepustakaan Populer Gramedia.

Lombard, Denys. 2006. *Kerajaan Aceh: Zaman Sultan Iskandar Muda (1607–1636)*. translated by Winarsih Arifin. Jakarta: Kepustakaan Populer Gramedia. (*Le Sultanat d'Atjéh au temps d'Iskandar Muda (1607–1636)*, Paris: École française d'Extrême-Orient. 1967).

Made Sandiago. 2009. *Indonesia Rawan Bencana Tahun 2010–2014: Kenali Tandanya dan Ketahui Cara Menyiasatinya!*. Jakarta: Kompas Gramedia.

Mudfi Mubarok. 2009. *Awas!! Indonesia Rawan Bencana* (*Gempa Bumi, Tsunami, Banjir, Abrasi, Human Error...*). Surabaya: Java Pustaka Media Utama.

Muslim Ibrahim. 2004. “Langkah-Langkah Penerapan Syariat di Aceh” Salim Segaf Al-Jufri. (*et al.*). *Penerapan Syariat Islam di Indonesia: Antara Peluang dan Tantangan*. Jakarta: Globalmedia. pp. 177–191.

Nur El Ibrahimy. 1986. *Teungku Muhammad Daud Beureueh: Peranannya dalam Pergolakan di Aceh*. Jakarta: Gunung Agung.

Otto Syamsuddin Ishak. 2001. *Suara dari Aceh: Identifikasi Kebutuhan dan Keinginan Rakyat Aceh*. Jakarta: Yappika.

Piet Rusdi. 2005. “Ie Beuna di Aceh,” *Haba*. No.54. Banda Aceh. pp. 5–8.

Rusdi Sufi. 1998. *Gerakan Nasoinalisme di Aceh (1900–1942)*. Banda Aceh: Departemen Pendidikan dan Kebudayaan Balai Kajian Sejarah dan Nilai Tradisional Banda Aceh.

Sugiono MP. 2004. *Biografi Seorang Guru di Aceh: Kisah Syamsuddin Mahmud kepada Sugiono MP*. Jakarta: Universitas Syiah Kuala.

Syarifudin T. 2000. *Antagonisme Masyarakat Aceh terhadap TNI: Introspeksi dalam Perspektif HAM dan Demokrasi*. Banda Aceh: Aceh Media Grafika.

Tim Redaksi Tatanusa. 2006. *Pemerintahan Aceh: Undang-Undang Nomor 11 Tahun 2006 tentang Pemerintahan Aceh*. Jakarta: Tatanusa.

Yarmen Dinamika. (*et al.*). 2006. *Tsunami Aceh Getaran Dunia*. Banda Aceh: Gramedia Jakarta.

日本語文献

アンダーソン、ベネディクト（白石さや・白石隆訳）1997『増補　想像の共同体――ナショナリズムの起源と流行』NTT出版。

アンダーソン、メアリー・B（大平剛訳）2006『諸刃の援助――紛争地での援助の二面性』明石書店。

井筒俊彦訳 2009『コーラン　中』（岩波文庫）、岩波書店。

井東猛 1985「一七世紀のアチェ王国における法統治について――土着の法慣行とイスラム法の係わりを中心として」『東南アジア歴史と文化』第14号、pp. 44–66.

井上治 1997「インドネシアの独立アチェ運動」『海外事情』第45巻第7号、pp. 113–123.
——2012「アチェ州知事選挙から見えたこと」『インドネシア・ニュースレター』第80号、pp. 54–64.
岩淵聡文 1994「アチェ特別州南東部へのトバ・バタク族の移民」『東南アジア研究』第32巻第1号、pp. 120–137.
植村泰夫 1997『世界恐慌とジャワ農村社会』勁草書房。
遠藤聡 2007「インドネシアにおけるアチェ和平のプロセス：アチェ統治法を中心に」『外国の立法』第232号、pp. 126–143.
遠藤環 2011『都市を生きる人々——バンコク・都市下層民のリスク対応』京都大学学術出版会。
岡本郁子 2009「ミャンマー・サイクロン被災（二〇〇八年）——政治化された災害と復興支援」『アジ研ワールド・トレンド』第165号、pp. 11–14.
柏村彰夫 2011「ただ悲嘆だけでなく——インドネシア短編小説に描かれた被災者イメージの諸相」『早稲田文学』第4号、pp. 197–202.
カトゥリ・メリカリオ（脇阪紀行訳）2007『平和構築の仕事——フィンランド前大統領アハティサーリとアチェ和平交渉』明石書店。
木股文昭・田中重好・木村玲欧編著 2006『超巨大地震がやってきた——スマトラ沖地震津波に学べ』時事通信社。
金光男 1991「北スマトラ石油帰属問題、一九四五～五七年——軍の石油管理への足がかり」『アジア経済』第32巻第10号、pp. 2–26.
——2011「アチェの資源開発と紛争に関する一考察」『ユーラシア研究』（アジアヨーロッパ未来学会）、第8巻第1号 pp. 155–185.
河野毅 2005「アチェとパプアにおける選挙——紛争地域における選挙の意味」松井和久・川村晃一編著『インドネシア総選挙と新政権の始動——メガワティからユドヨノへ』明石書店、pp. 231–254.
佐伯奈津子 2005『アチェの声——戦争・日常・津波』コモンズ。
——2008「グローバル援助の問題と課題——スマトラ沖地震・津波復興援助の現場から」幡谷則子・下川雅嗣編『貧困・開発・紛争——グローバル／ローカルの相互作用』上智大学出版、pp. 149–180.
坂本勇 2005「インド洋大津波による図書館、文書館被害と今後の課題」『カレントアウェアネス』第286号。
——2010「インドネシア・アチェ州からの報告と危機管理」『土地家屋調査士』第639号、pp. 5–11.
佐藤仁 2008「タイ津波被災地のモラル・エコノミー」竹中千春・高橋伸夫・山本信人編『現代アジア研究2 市民社会』慶應義塾

大学出版会、pp. 361–378.
清水展 2003『噴火のこだま――ピナトゥボ・アエタの被災と新生をめぐる文化・開発・ＮＧＯ』九州大学出版会。
白石さや 1975「日本軍政下のアチェ」『東南アジア　歴史と文化』第5号、pp. 132–146.
白石隆 1996『新版　インドネシア――国家と政治』ＮＴＴ出版。
鈴木謙介 2013『ウェブ社会のゆくえ――〈多孔化〉した現実のなかで』（ＮＨＫブックス）、ＮＨＫ出版。
鈴木恒之 1976「アチェー西海岸におけるコショウ栽培の発展と新ナングルの形成：一八世紀末から一九世紀前半の」『東南アジア　歴史と文化』第6号、pp. 62–93.
「大災害と国際協力」研究会（明石靖・大島賢三監修、柳沢香枝編）2013『大災害に立ち向かう世界と日本――災害と国際協力』、佐伯印刷。
高藤洋子 2013「災害経験伝承が防災教育に果たす役割――インドネシア・シムル島における事例を通じて」『社会貢献学研究』第1巻第1号。
Tapol（南風島渉訳）2001『暗黒のアチェ――インドネシア軍による人権侵害』コモンズ。
土屋健治 1988「インドネシアの社会統合――フロンティア空間についての覚え書き」平野健一郎ほか『アジアにおける国民統合――歴史・文化・国際関係』東京大学出版会、pp. 143–188.
利光正文 1995「植民地期アチェのムハマディヤ運動」『東南アジア　歴史と文化』第24号、pp. 76–99.
内藤洋介 2013『蘭印戦跡紀行――インドネシアに「日本」を見に行く』彩流社。
永積昭 1980『インドネシア民族意識の形成』東京大学出版会。
永渕康之 2003「アチェ社会に見る伝統文化の困惑」『理戦』夏号、pp. 70–81.
永松伸吾 2011『キャッシュ・フォー・ワーク――震災復興の新しいしくみ』岩波書店。
中村安秀・山本博之編 2009『開かれた社会への支援を求めて――アチェ地震津波支援学際調査』（文部科学省「世界を対象としたニーズ対応型地域研究推進事業」「人道支援に対する地域研究からの国際協力と評価」報告書）、大阪大学大学院人間科学研究科グローバル人間学専攻。
西芳実 2001「アチェ紛争：ポスト・スハルト体制下の分離主義的運動の発展」比較政治学会編『民族共存の条件』（比較政治学会年報第3号）、早稲田大学出版部、pp. 103–121.
――― 2005a「被災者と救援車を結ぶ経路を確保する」『JAMS News』（日本マレーシア学会）、第32号、pp. 36–40。

——— 2005b「自然災害と人々の記憶——古写本がもたらす新たな関係」『JAMS News』（日本マレーシア学会）、第33号、pp. 37–39.

——— 2006「アチェ紛争の起源と展開——被災を契機とした紛争の非軍事化」『ODYSSEUS』（東京大学大学院総合文化研究科地域文化研究専攻紀要）第11号、pp. 51–63.

——— 2007「経路をめぐる紛争としてのアチェ紛争」城山英明・石田勇治・遠藤乾編『紛争現場からの平和構築——国際刑事司法の役割と課題』東信堂、pp. 50–57.

——— 2008a「インド洋津波はアチェに何をもたらすのか——「囲い込み」を解くためのさまざまな繋がり方」『自然と文化そしてことば』第4号（特集　インド洋海域世界——人とモノの移動）、葫蘆舎、pp. 22–32.

——— 2008b「二〇〇六年アチェ統治法の意義と展望——マレー世界におけるリージョナリズム」『地域研究』第8巻第1号、pp. 116–127.

——— 2008c「「犠牲者の物語」を乗り越えて——「スルタンの杖」を知るために」『すばる』第30巻第5号、pp. 129–136.

——— 2010a「裏切られる津波被災者像——災害は私たちに何を乗り越えさせるのか」［林勲男編著『自然災害と復興支援』、明石書店、pp. 383–402.］.

——— 2010b「現代インドネシアの公正／正義——リスク社会における災害対応の観点から」西尾寛治・山本博之編著『マレー世界における公正／正義概念の展開』（CIAS Discussion Paper No.10）、京都大学地域研究統合情報センター、pp. 48–56.

——— 2010c「インドネシアのアチェ紛争とディアスポラ」首藤もと子編著『東南・南アジアのディアスポラ』明石書店、pp. 67–86.

——— 2011「災害からの復興と紛争からの復興——二〇〇四年スマトラ沖地震津波の経験から」『地域研究』第11巻第2号（総特集　災害対応と地域研究）、pp. 92–105.

——— 2012「災害・紛争と地域研究——スマトラ沖地震・津波における現場で伝わる知」『地域研究』第12巻第2号（総特集　地域研究方法論）、pp. 181–197.

——— 2013a「信仰と共生：バリ島爆弾テロ事件以降のインドネシアの自画像」『地域研究』第13巻第2号（総特集　混成アジア映画の海）、pp. 176–200.

——— 2013b「インドネシア　世界にさらされる小さな英雄たち」『地域研究』第13巻第2号（総特集　混成アジア映画の海）、pp. 304–312.

林勲男編著 2010『自然災害と復興支援』（みんぱく実践人類学シリーズ9）、明石書店。
弘末雅士 2004『東南アジアの港市世界——地域社会の形成と世界秩序』岩波書店。
広瀬公巳 2007『海神襲来——インド洋大津波・生存者たちの証言』草思社。
総山孝雄 1992『インドネシアの独立と日本人の心——独立戦争に参画した人々が語るアジア解放への熱望と歴史の真実』展転社。
藤原岩市 2012『F機関』バジリコ。
プラムディヤ・アナンタ・トゥール（押川典昭訳）1986『人間の大地』（下）めこん［1980. *Bumi Manusia*. Jakarta: Hasta Mitra.］.
細川月子 2006「植民地期北アチェにおけるウレーバランの社会的地位に関する一考察」『史学研究』第253号、pp. 20–42.
堀場明子 2013「活かされない専門家と市民の力——アチェの和平プロセスにおける教訓」福武慎太郎・堀場明子編著『現場〈フィールド〉からの平和構築論——アジア地域の紛争と日本の和平関与』勁草書房、pp. 44–62.
本田忠尚 1990『パランと爆薬——スマトラ残留兵記』西田書店。
本名純 2013『民主化のパラドックス——インドネシアにみるアジア政治の深層』岩波書店。
牧紀男 2011『災害の住宅誌——人々の移動とすまい』鹿島出版会。
———・山本直彦 2010「バンダアチェの住宅再建——現地再建と再定住地」［林編著 2010: 331–360］.
真崎克彦 2010「無条件の「歓待」の裏に何があるのか：南インドの津波復興支援」真崎克彦『支援・発想転換・NGO——国際協力の「裏舞台」から』新評論、pp. 58–80.
増原綾子 2010『スハルト体制のインドネシア——個人支配の変容と一九九八年政変』東京大学出版会。
家島彦一 2006『海域から見た歴史——インド洋と地中海を結ぶ交流史』名古屋大学出版会。
山本博之 2007「津波後のアチェに見る外部社会と被災社会の交わりの形」林勲男編『二〇〇四年インド洋地震津波災害被災地の現状と復興への課題』（国立民族学博物館調査報告73号）、国立民族学博物館、pp. 71–82.
——— 2008「ポスト・インド洋津波の時代の災害地域情報：災害地域情報プラットフォームの構築に向けて」『アジア遊学』第113巻、勉誠出版、pp. 103–109.
——— 2009「書評：Eric Tagliacozzo, *Secret Trades, Porous Borders: Smuggling and States along a Southeast Asian Frontier, 1865–1915*」『アジア研究』第55巻第1号、pp. 100–104.
——— 2010a「人道支援活動とコミュニティの形成」［林編著 2010: 361–382］.
——— 2010b「転用・改築に強い耐震技術を——インドネシアが日本の防災に期待するもの」『建築雑誌』第125巻第1604号、

pp. 38–39.
———・西芳実編著 2012『災害遺産と創造的復興——地域情報学の知見を活用して』（CIAS Discussion Paper No. 25）、京都大学地域研究統合情報センター。
矢守克也 2009『防災人間科学』東京大学出版会。
——— 2013『巨大災害のリスク・コミュニケーション——災害情報の新しいかたち』ミネルヴァ書房。
Linda Christanty（上野太郎・野上暁訳）2008「スルタンの杖」『すばる』第30巻第5号、pp. 107–128.

あとがき

初めてアチェを訪問してから二〇年、大学院の博士課程に進学してアチェを本格的に研究対象としてから一八年が経った。

内戦が続き、人々の間で互いに異なる歴史観が並存しているアチェの歴史をどのようにまとめればよいのかと迷っている間にアチェでの武力紛争は激化し、戒厳令で現地調査に入ることができなくなった。さらに、二〇〇〇年に一度という未曾有の大災害に襲われ、アチェ滞在中にお世話になった多くの友人・知人と再会がかなわぬままとなった。その津波被災からも九年が経った。アチェの九年の歩みをたどる本書をまとめるにあたって思うのは、アチェの歴史は多様な背景を持った外の人と内の人との協働の中で展開してきたこと、そして、本書で紹介したリンダ・クリスタンティが述べているように、ものごとは一人一人のちょっとした思いや行動が少しずつ積み重なって大きな力となり、流れを変えていくということである。

それは、紛争が激化していくときに外部世界の関心が「独立か統合か」の二者択一になり、アチェの人々の選択肢がどんどん狭められていったことや、津波後にアチェに向けられる関心が紛争地から被災地へと変わり、その中でアチェの内戦状態が解消されていったことによく表れていた。

アチェの人々と関わるなかで印象づけられたのは、知識や情報に対する強い期待だった。この世には自分たちが知らないことがたくさんあり、それらを知ることで自分たちの暮らしがより豊かで意味のあるものになるはずだという信念が感じられた。

アチェでは、人が出会った時の一番のもてなしは話をすることだ。ためになる話をすることは、とりわけよそから来た者にとっては責務といえるほどだ。それは、糖尿病にきく新しい薬が出たとか、日本へ留学するときは誰それを頼れとか、いまジャカルタでは旅行記の出版が流行っているといったいかにも実利に結びつきそうな話から、自分の失敗談や感動した話、泣ける話、トラブルの解決方法、そして家族のいまわの際の話など、聞いている人と一緒に笑ったり泣いたりできる話まで含まれる。そして、来客を出迎える側も、食事を出すとともに話をしてもてなそうとする。

そんな風にして互いの話を交換し共有してきたアチェの人々にアチェの歴史について尋ねると、自分が経験したことや誰かから聞いた話をしてくれる。噂話や新聞やテレビから耳にしたり目にしたりした情報も付け加えて、それぞれが思い描く物語を話してくれる。アチェの歴史について学びたいといってアチェで暮らすようになった私のもとには、言葉が通じるようになればなるほどたくさんの物語が届くようになった。互いによく話をし、よく話を聞くアチェの人たちは、直接会ったこともない人たちの話を自分のことのように知っている。

津波以降、日本でも多くの人がアチェに関わりを持つようになった。それぞれの人がそれぞれの持ち場でアチェの人々と交流し、それぞれのアチェの姿と物語が形づくられてきたことと思う。それらの姿や物語が多様になるほど、アチェの物語は豊かになる。本書がアチェに関わる人々が持つそれぞれのアチェの物語を豊かにするための土台の一つになればと願っている。

私たちはともすれば自分でも気づかぬうちに他人の劇的な物語を欲し、それがまた相手に劇的な物語を語らせてしまう。そのような語り聞かせの性を止めることができないならば、むしろ積極的に、それぞれにとってよりよい物語を求めて互いの物語を話して聞かせるような対話を続けることが、時間はかかるけれども、多くの人にとって災いでなく幸いを招く物語を得る最短の道なのではないだろうか。

津波を契機に世界に開かれ紛争を終結させ、物理的な復興を遂げたアチェは、何度目かの岐路を迎えている。社会の凝集力を高めることで外部世界との結びつきをより強固なものにする方向に向かうのではなく、遊びや逸脱を許しながら外部世界との多様な関係性を維持してアチェがさらに発展していくことを願っている。

本書は、私が二〇〇七年に東京大学大学院総合文化研究科に提出した博士論文「現代アチェ紛争の展開と構造——ポスト・スハルト体制期における紛争と災害」の一部をもとに、これまでに発表した次の論稿を再構成し、書き下ろしの文章を付け加えたものである。博士論文ではアチェ紛争の歴史的背景や津波以前に見られた紛争およびアチェ問題解決に向けた試みが記述の多くを占めたが、本書では災害からの復興過程に焦点を当てたためにアチェ紛争の背景や展開に関する記述は最小限にとどめている。

「外来者との繋がりが保証する自立性——アチェ近現代史をふりかえる」『JAMS News』第31号、2005, pp. 22–27.（はじめに）

「情報拠点の被災と復興——二〇〇四年インド洋地震・津波後のインドネシア・アチェ州の事例から」『アジ研ワールド・トレンド』第210号、2013, pp. 32–33.（第1章第4節）

「スマトラ沖地震・津波／インドネシア（二〇〇四年）——変革の契機としての自然災害」『アジ研ワールド・トレンド』、No. 165, 2009, pp. 19–22.（第2章第4節）

「裏切られる津波被災者像——災害は私たちに何を乗り越えさせるのか」林勲男編著『自然災害と復興支援』、明石書店、2010, pp. 383–402.（第4章第1節、第5章第1・2・4節）

「災害からの復興と紛争からの復興——二〇〇四年スマトラ沖地震津波の経験から」『地域研究』、第11巻第2号、2011, pp. 92–105.（第2章第3節、第5章第1・3節）

「自然災害と地域の再建——二〇〇四年インド洋大津波とバンダアチェの住宅再建」『すまいろん』第89号、2009, pp. 29–33.（第6章）

「ハッサン・ティロの死——インドネシア人として死んだアチェ独立運動の創始者」『JAMS News』第46号、

2010, pp. 10–11.（第7章第1節）

「二〇〇六年アチェ統治法の意義と展望――マレー世界のリージョナリズム」『地域研究』第8巻第1号、2008, pp. 116–127.（第7章第1節）

「現代インドネシアの公正／正義――リスク社会における災害対応の観点から」西尾寛治・山本博之編著『マレー世界における公正／正義概念の展開』京都大学地域研究統合情報センター、2010, pp. 48–56.（第7章第2節）

「『犠牲者の物語』を乗り越えて――「スルタンの杖」を知るために」『すばる』第30巻第5号、2008, pp. 129–136.（第7章第3節）

「記憶や歴史を結び直す――二〇〇四年スマトラ沖地震津波被災地におけるコミュニティ再生の試み」『季刊民族学』、第138号、2011, pp. 83–88.（第7章第4節）

「ワークショップという方法――アチェの創造的復興と学術交流」西芳実・山本博之編著『スマトラにおける災害遺産と創造的復興――地域情報学の知見を活用して』京都大学地域研究統合情報センター、2012, pp. 142–143.（第8章第1節）

本書のもととなる調査・研究は、以下の研究助成によって行われた。なかでも、中村安秀先生を代表とする「世界を対象としたニーズ対応型地域研究推進事業」と佐竹健治先生を代表とする地球規模課題対応国際科学技術協力事業に参加する機会を得たことは、アチェを見る視点を広げる上で、また、研究の社会における位置づけを自覚するうえで大きな刺激となった。前者は地域研究という学術研究の研究成果を実践の現場で役立たせることを狙いとし、後者は「科学技術振興のための外交、外交のための科学技術振興」を謳っていたように、実務の現場と学術研究のあいだを架橋すること、そして、日本に暮らす自分たちが生きる場が世界と地続きに繋がっていることを強く意識した研究プロジェクトだった。また、これまでに職を得た東京大学大学院総合文化研究科「人間の安全保障」プログラム、立教大学ＡＩＩＣ（アジアにおける知的協働と社会デザイン研究）、そして現在の職場である京都大学地域研究統合情報センターは、いずれも現代世界が直面する諸問題に地域の視点から取り組む先端的な取り組みを行っている。新しい学問領域を切り開こうと切磋琢磨し、学術研究を通じた社会貢献に真摯に取り組む同僚や先輩とともに教育・研究に携わる機会を得たことは本書をまとめる上で大きな糧となっている。

りそなアジア・オセアニア財団調査研究・国際交流活動助成「オランダ植民地期アチェにおける政治社会運動」（研究代表者：東京大学大学院・西芳実、2005–2006）。

科学研究費補助金（奨励研究）「自然災害の救援・復興活動がアチェ地域紛争の解決過程に果たす役割に関する研究」（研究代表者：東京大学大学院・西芳実、2005–2006）。

トヨタ財団研究助成「インドネシア・アチェ州の災害対応過程における情報の整理と発信に関する調査研究」（研究代表者：国立民族学博物館・山本博之、2005–2007）。

文部科学省「世界を対象としたニーズ対応型地域研究推進事業」「人道支援に対する地域研究からの国際協力と評価——被災社会との共生を実現する復興・開発をめざして」（研究代表者：大阪大学・中村安秀、2006–2010）。

ＪＳＴ–ＪＩＣＡ地球規模課題対応国際科学技術協力事業「インドネシアにおける地震火山の総合防災策」（研究代表者：東京大学・佐竹健治、2008–2011）。

科学研究費補助金（若手Ｂ）「社会秩序の再編過程における移民の役割——インドネシア・アチェ紛争の事例から」（研究代表者：東京大学・西芳実、2008–2011）。

科学研究費補助金（基盤Ｃ）「移民コミュニティの動態に関する研究——マレーシアのインドネシア人学校の変遷を中心に」（研究代表者：京都大学・西芳実、2011–2014）。

科学研究費補助金（基盤A）「災害対応の地域研究の創出――「防災スマトラ・モデル」の構築とその実践的活用」（研究代表者：京都大学・山本博之）。

京都大学地域研究統合情報センター「災害対応の地域研究」プロジェクト（研究代表者：山本博之、2011–）。

学生時代から勢いだけだった私を辛抱強く指導してくださった古田元夫先生をはじめとする東京大学駒場キャンパスの先生方の後押しがなければ博士論文の完成はなかった。古田ゼミでは、一人一人が自分以外の人のためを思って持ち出しで努力することで場が維持され、それが結局は自分を生かすことをよく学んだ。古田ゼミの仲間たち、とりわけ、アチェの津波被災に際して地域情報を発信するホームページを立ち上げ、それぞれの専門性からアチェの被災と復興の調査・研究にともに取り組んだ山本博之さんと篠崎香織さんからは、調査や議論を通じて多くの刺激を受け、それは本書の基礎を形づくっている。むろん本書の内容は私の責任でまとめたものである。現在の職場である京都大学地域研究統合情報センターでは、京都＝アチェ国際ワークショップをはじめとするアチェの研究機関との交流にセンターの同僚や事務スタッフの多大なる協力を得ている。本書の出版にあたっては、京都大学学術出版会の鈴木哲也さん、福島祐子さんにひとかたならずお世話になった。

最後に、赤羽と奥沢のそれぞれで筆者を見守ってくれている両親と、ある日突然やってきた筆者を快く「娘」として迎え入れてくれたバンダアチェの両親にあらためて感謝したい。とりわけ、会う度に全身で歓迎の意を示してくれ、いつになったらおまえの研究は結果を出すのかと尋ねることで励まし続けてくれた今は亡きバンダアチェの「父」に本書を捧げたい。

二〇一四年三月

西芳実

[た行]

［さ行］

索　引

著者略歴

西 芳実（にし よしみ）

1971年東京生まれ。1993年東京大学教養学部卒業。1997年～2000年にインドネシア・シアクアラ大学教育学部歴史学科の留学生としてインドネシア・アチェ州に滞在。2004年、東京大学大学院総合文化研究科博士課程・地域文化研究専攻単位取得満期退学。大東文化大学非常勤講師、東京大学大学院総合文化研究科特任助手、同研究科助教（「人間の安全保障」プログラム）、立教大学 AIIC 助教を経て2011年より京都大学地域研究統合情報センター准教授。博士（学術）。専門はインドネシア地域研究、アチェ近現代史。主な研究テーマは多言語・多宗教地域の紛争・災害対応過程。

主な著作に、「経路をめぐる紛争としてのアチェ紛争」（城山英明ほか編『紛争現場からの平和構築――国際刑事司法の役割と課題』東信堂、2007)、「裏切られる津波被災者像：災害は私たちに何を乗り越えさせるのか」（林勲男編著『自然災害と復興支援』明石書店、2010)、「災害・紛争と地域研究：スマトラ沖地震・津波における現場で伝わる知」(『地域研究』第12巻第２号)、「信仰と共生：バリ島爆弾テロ事件以降のインドネシアの自画像」(『地域研究』第13巻第２号）など。

災害復興で内戦を乗り越える
――スマトラ島沖地震・津波とアチェ紛争
（災害対応の地域研究２）

2014年３月31日　初版第一刷発行

著　者　西　芳　実
発行人　檜山爲次郎
発行所　京都大学学術出版会
京都市左京区吉田近衛町69番地
京都大学吉田南構内（〒606-8315）
電　話（０７５）７６１－６１８２
FAX（０７５）７６１－６１９０
URL http://www.kyoto-up.or.jp
振　替　０１０００－８－６４６７７

ISBN978-4-87698-492-3
Printed in Japan

印刷・製本　亜細亜印刷株式会社
装　幀　鷺草デザイン事務所
定価はカバーに表示してあります